高等教育经济管理类"十四五"系列教材

U0641669

高级财务会计

GAOJI CAIWU KUAIJI

主　编　林　波　刘　薇

副主编　敖　艳　项　柳

华中科技大学出版社
http://press.hust.edu.cn
中国·武汉

图书在版编目(CIP)数据

高级财务会计/林波,刘薇主编.—武汉:华中科技大学出版社,2023.9
ISBN 978-7-5680-9945-5

Ⅰ.①高… Ⅱ.①林… ②刘… Ⅲ.①财务会计-教材 Ⅳ.①F234.4

中国国家版本馆 CIP 数据核字(2023)第 156618 号

高级财务会计
Gaoji Caiwu Kuaiji

林波 刘薇 主编

策划编辑:聂亚文
责任编辑:刘姝甜
封面设计:孢　子
责任监印:朱　玢
出版发行:华中科技大学出版社(中国·武汉)　　电话:(027)81321913
　　　　　武汉市东湖新技术开发区华工科技园　　邮编:430223
录　排:武汉创易图文工作室
印　刷:武汉市洪林印务有限公司
开　本:787mm×1092mm　1/16
印　张:15.25
字　数:397千字
版　次:2023年9月第1版第1次印刷
定　价:45.00元

会计人才的培养要适应经济与社会的发展变化,尤其是要适应构建高水平社会主义市场经济体制的需要,而优秀的教材对于会计人才的培养显得尤为重要。

高级财务会计是会计专业的一门主干课程,与基础会计、中级财务会计等课程共同构成财务会计学科的完整体系,反映的主要是会计核算中面临的"特殊业务、特殊行业、特殊呈报"。其中,"特殊业务"包括本教材中涉及的企业合并会计、外币会计、所得税会计、租赁会计、衍生金融工具会计、股份支付会计和企业重组与清算会计;而"特殊呈报"包括本教材涉及的合并财务报表、中期报告与分部报告。高级财务会计不是中级财务会计课程的简单延伸,二者之间的划分没有明显界限,因此,不同学者所编写的《高级财务会计》教材在内容、结构上也并不统一。本教材在编写上主要体现以下特色:

一是教学与考证需求相结合。在本教材编写过程中,编者力求将会计专业技术资格考试大纲中的知识点编写入教材,满足学生参加会计考试的需求。同时,编者针对每一章的知识点设置了思考题、练习题等,便于学生对知识理解,巩固学习成果。

二是重视实务操作的可能性。会计是一门实务性很强的学科,课程内容应强调实际应用。在本教材内容选取上,编者选择了实际工作中常发生的业务,以达到学以致用的目的。在教材中编者编写了许多贴合实际的案例,通过案例的学习,学生能够掌握实务操作技能。

三是与最新会计准则相协调。为适应准则的变化,在本教材内容组织上,编者以我国企业会计准则为主要依据,注意具体准则的阐述,吸收新准则的精神,以反映我国财务会计发展现状。

另外,本教材还提供丰富的教学电子资源,包括教学电子课件、辅助阅读资料、课后习题解答等,以满足广大师生的教学与学习需求。

　　本教材由武汉华夏理工学院林波老师、武昌首义学院刘薇老师主编,武汉华夏理工学院商学院财会系部分其他老师也参与了编写。具体分工如下:林波编写第一章、第三章;李百意编写第二章;敖艳编写第四章;项柳编写第五章;刘薇编写第六章;王振秀编写第七章;芦静编写第八章;徐玄玄编写第九章;吴安妮编写第十章。

　　由于编者水平有限,本教材中难免出现错误或偏颇,不当之处,恳请读者不吝赐教,以便在再版时及时修正。

编者
2023 年 3 月

目录
Contents

第一章 企业合并会计

· 学习目标 ·

通过本章学习,学生应了解企业合并的含义及其分类,熟悉同一控制下企业合并与非同一控制下企业合并会计确认与计量的基本要求,掌握同一控制下企业合并与非同一控制下企业合并的账务处理。

· 课前导读 ·

20 世纪 80 年代以来,随着经济体制改革的深入,我国掀起了企业间合并的浪潮,从而实现经济资源配置优化、产业结构调整、经营效益提高,进而推动社会生产力的发展。

企业扩大经营规模,常有两种方式:一是筹集权益资本及信贷资本或动用盈余来进行生产设备的购置、厂房的购建、新产品研制与开发,以达到扩大其市场份额、提升竞争优势的目的;二是收购其他的同类生产厂家或者与其他厂家进行股权联合。后一种方式就是我们所说的企业合并。企业合并的动机主要有:第一,企业可以在尽可能短的时间内扩大生产规模,达到快速扩张的目的;第二,企业以合并的形式扩大企业的规模可以缓解资金压力,节约企业扩张的成本;第三,对于管理者来说,通过成功的企业合并扩大企业规模、提高企业经营效益,能够在市场中提高自身的社会地位和市场价值;第四,在激烈的市场竞争中,企业通过合并扩大规模,可以保护自己、保存竞争优势,防止被大企业吞并。总体上,企业选择合并的动因是多维的,除上述动机外还包括谋求协同效应、合理避税、获得特殊资产、降低代理成本、减少不确定性等因素。

企业并购的动机

中国作为世界第二大经济体和最大的新兴经济国家,越来越多的中国企业正在"走出去",并在越来越广泛的地区和领域进行跨国并购投资。

引导案例

华润三九并购昆药集团

2022 年 11 月 29 日,华润三九医药股份有限公司(简称"华润三九")公告称,公司董事会审议通过了《重大资产购买报告书(草案)》,公司拟以 29.02 亿元收购华立医药和华立集团持有的昆药集团 2.12 亿股股份,占后者总股本的 28%,交易完成后,华润三九将成为昆药集团的控股股东。

华润三九是大型国有控股医药上市公司,主要从事医药产品的研发、生产、销售及相关健康服务,主营核心业务定位于消费者保健(consumer healthcare,CHC)消费品和处方药领域,产品覆盖领域广,产品线丰富。上市以来,公司多次获评中国主板上市公司"金牛百强""价值百强"企业。昆药集团为国内领先的天然植物药制造企业,业务领域覆盖医药产业链中的医药制造及流通环节。公司重要支柱是三七系列产品。三七是传统名贵中药材,栽培历史已有400多年,主产于云南。三七药用价值高,具有止血、活血散瘀、消肿止痛及滋补强壮等作用。华润三九在并购预案中表示,未来将在华润三九良好的品牌运作能力基础上,探索将"昆中药1381""昆中药"打造为精品国药品牌,以此承载更多具有历史沉淀的产品,推动以三七为代表的中医药产业链高质量发展,打造三七产业链龙头企业。

问题:
(1)该案例中华润三九并购昆药集团的动机是什么?
(2)如何判断该案例中的企业合并类型与方式?

第一节　企业合并概述

一、企业合并的含义

企业合并是企业在竞争日益激烈的市场经济环境下扩张规模、拓展经营业务和市场的有效途径,西方发达国家已出现多次企业合并浪潮,我国企业合并案例也越来越多,特别是互联网企业的合并,如美团和大众点评、携程和去哪儿网、滴滴打车和快的打车合并等。企业合并是一个企业与另一个企业实行股权联合或获得另一个企业净资产的控制权和经营权,将各独立的企业组成一个经济实体或一个企业集团的行为。我国《企业会计准则第20号——企业合并》指出,企业合并是将两个或两个以上单独的企业合并形成一个报告主体的交易或事项。

理解企业合并的定义时,应注意:"单独的企业"即单独的,既是独立的法人主体也是独立的报告主体,而"合并形成一个报告主体"是指多个主体合并后形成合并体,该合并体是经济意义上的一个整体,而从法律意义上看可能是一个法人主体,也可能是多个法人主体。"交易或事项"是指企业合并的性质可能是一项交易也可能是一个事项,企业合并的"交易"性将决定公允价值的使用,而合并"事项"只能使用账面价值进行企业合并的确认与计量。

【例1-1】　现有A、B两个企业。如果A取得B全部净资产后,B注销法人资格,合并后的报告主体是A企业;如果以A、B全部净资产为基础合并创立一个新企业C,合并后的报告主体是C企业;如果A取得对B的控股权,A、B作为独立的法人主体依然存在,则A、B虽然互为独立的法律主体但却构成一个经济意义上的整体,从编制合并财务报表的角度来看,这个整体就是一个报告主体。

二、企业合并的分类

企业合并的方式多种多样,可以按不同的标准加以分类。

(一)按合并后主体的法律形式分类

企业合并按照合并后主体的法律形式不同,可以分为吸收合并、新设合并和控股合并。吸收合并、新设合并中由于合并后都只有一个法人主体存在,因此不会形成母子公司关系,而控股合并中由于参与合并企业都保持法人资格,因此会形成母子公司关系。

吸收合并,也称兼并,是指合并方在企业合并中取得被合并方的全部净资产,并将有关资产、负债并入合并方自身的账簿和报表进行核算。企业合并后,注销被合并方的法人资格,由合并方持有合并中取得的被合并方的资产、负债。

新设合并,是指参与合并的各方在企业合并后法人资格均被注销,重新注册成立一家新的企业,由新注册成立的企业持有参与合并各企业的资产、负债。

控股合并,是指合并方(或购买方,下同)通过企业合并交易或事项取得对被合并方(或被购买方,下同)的控制权,企业合并后能够通过所取得的股权等主导被合并方的生产经营决策并自被合并方的生产经营活动中获益,被合并方在企业合并后仍维持其独立法人资格继续经营。在控股合并的情况下,控股企业称为母公司,被控股企业称为子公司。以母公司为中心,连同它所控制的子公司,称为企业集团。

(二)按企业合并所涉及的行业分类

企业合并按照其所涉及的行业不同,可以分为横向合并、纵向合并和混合合并。

横向合并,又称水平式合并,是指生产或销售同类产品,或者提供同种服务而处于相互竞争中的企业之间的合并,如某房地产开发公司与另一房地产开发公司所进行的合并。横向合并通常具有以下两个目的:一是通过企业规模的扩张来扩大经营规模,提高该产品的市场占有率,从而降低管理成本与费用、增强竞争优势、获取规模效益;二是拓展行业专属管理资源,使自身的管理能力得到充分有效的发挥。

纵向合并,又称垂直式合并,是指在同一产业中处于不同经济层次(上下游)或者经营环节且通常具有某种交易关系的企业间的合并。参与合并的各家企业,其产品相互配套,或有一定的内在联系,形成供产销一条龙,保证原材料的供应和产成品的销售;或其提供的劳务具有前后的联系。纵向合并的初衷在于将市场行为内部化,即通过纵向并购,将上下游企业的交易转化为同一企业内部或同一集团内部的交易,从而降低协调成本,并获得税收上的好处。

混合合并,又称多种经营合并,是指没有内在联系的多种产品生产和劳务供应企业之间所进行的合并,如某商业集团与宾馆酒店、证券交易的合并,某机械制造企业合并房地产开发企业。这种合并的主要目的在于通过合并从事多元化经营,能有效分散投资风险,挖掘新的市场机会,稳定企业的现金流量,提高企业的生存和发展能力。

(三)按参与合并的各方在合并前后是否受同一方最终控制分类

企业合并按照参与合并的各方在合并前后是否受同一方最终控制,可以分为同一控制下的企业合并和非同一控制下的企业合并。

同一控制下的企业合并,是指参与合并的企业在合并前后均受同一方或相同的多方最终控制且该控制并非暂时性的。这里的"同一方",是指对参与合并的企业在合并前后均实施最终控制的投资者,如企业集团的母公司。这里的"相同的多方",通常是指根据投资者之间的协议约定,在对被投资单位的生产经营决策行使表决权时发表一致意见的两个或两个以上的投资者。这里的"控制并非暂时性",是指参与合并的各方在合并前后较长的时间内受同一方或相同的多方最终控制。"较长的时间"通常是指在企业合并之前,参与合并各方在最终控制方的控制下的时间一般在1年以上(含1年),企业合并后形成的报告主体在最终控制方的控制下的时间也应在 1 年以上(含 1 年)。

对企业合并是否是同一控制下的企业合并的判断,应当遵循实质重于形式的要求。一般情况下,同一企业集团内部各子公司之间、母公司与子公司之间进行的合并均属于同一控制下的企业合并。但同受国家控制的企业之间发生的合并,不应仅仅因为参与合并各方在合并前后均受国家控制而将其作为同一控制下的企业合并。

【例 1-2】　A、B 公司均为甲公司的子公司,B 公司拥有 C 公司 80% 的股权并控制 C 公司的财务和经营决策,现 A 公司从 B 公司处购买了其所持 C 公司 80% 的股权,从而使 C 公司成为 A 公司的子公司,此项合并就属于同一控制下的企业合并,如图 1-1 所示。

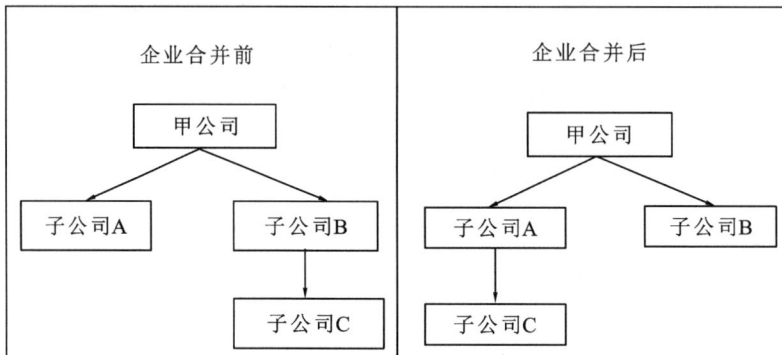

图 1-1　同一控制下的企业合并

非同一控制下的企业合并,是指参与合并的各方在合并前后不受同一方或相同的多方控制的企业合并。

【例 1-3】　假定 A 公司和 B 公司为没有关联的两个企业,现 A 公司从 B 公司处购买其所持有的 C 公司 80% 的股权,从而使 C 公司成为 A 公司的子公司,此项合并就属于非同一控制下的企业合并,如图 1-2 所示。

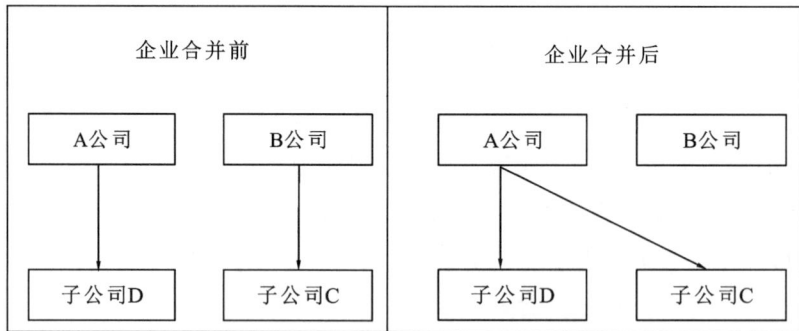

图 1-2　非同一控制下的企业合并

三、企业合并的会计处理内容

企业合并的会计处理主要涉及以下两方面的内容:一是合并日(或购买日)合并方(或购买方)对企业合并交易或事项进行确认与计量;二是合并日(或购买日)需要编制合并财务报表。上述两项内容中,对合并交易或事项的确认与计量在本章进行介绍,而合并财务报表编制问题则在第二章介绍。

企业合并的结果有两种情况:一是不形成母子公司关系(如吸收合并、新设合并);二是形成母子公司关系(如控股合并)。无论哪种企业合并,合并方都需要支付合并对价,也都会发生合并费用。合并方(或购买方)在合并日(或购买日)对企业合并进行确认和计量的账务处理基本框架如表1-1所示。

表1-1 企业合并账务处理基本框架

吸收合并、新设合并		控股合并	
借:有关资产账户 贷:有关负债账户	[取得的净资产]	借:长期股权投资	[取得的股权]

银行存款
无形资产
应付债券
股本等
	[支付的合并对价]	贷:银行存款
		  无形资产
		  应付债券
		  股本等
			[支付的合并对价]

银行存款等	[支付的合并费用]	银行存款等	[支付的合并费用]

从合并方(或购买方)在合并日(或购买日)对企业合并进行确认和计量的基本账务处理中可以看出,企业合并的会计处理需要解决的主要问题有:

(1)合并方(或购买方)对合并日(或购买日)取得的净资产或股权应如何计量,是按账面价值还是按公允价值?

(2)支付的合并对价如何计量,是按账面价值还是按公允价值?

(3)两者之间如果有差异如何处理,是确认为商誉还是调整权益?

(4)支付的合并费用如何处理,是计入损益还是计入购买成本?

对这些问题的不同处理形成了两种企业合并会计处理方法:权益结合法和购买法。权益结合法把企业合并看作参加合并的所有企业的所有者(或股东)权益的结合,参与合并的各个企业的资产、负债以账面价值记入存续企业的账簿中,合并过程中不产生商誉。而购买法则把企业合并看作购买方购买被购买方净资产的一项交易,因此,购买方取得的被购买方净资产应按公允价值入账,支付的购买成本大于被购买方可辨认净资产公允价值的差额,确认为商誉,反之则计入当期损益。

第二节 同一控制下企业合并的会计处理

同一控制下企业合并中参与合并的各方在合并前后均受同一方或相同的多方最终控制,其中,取得对其他参与合并企业控制权的一方为合并方,其他参与合并的企业为被合并方,而企业控制权发生转移的日期为合并日。

一、同一控制下企业合并会计确认与计量的基本要求

合并方在合并日应按下列基本要求对企业合并活动进行会计确认与计量:

（1）合并方取得的净资产或股权投资应按账面价值入账。同一控制下企业合并的合并方，对吸收合并和新设合并中取得的资产和负债，按照合并日被合并方有关资产、负债的账面价值计量；对控股合并中取得的股权投资，按照合并日享有的被合并方在最终控制方合并财务报表中的净资产的账面价值的份额作为初始投资成本。

（2）合并方支付的合并对价也按账面价值转账。对作为合并对价而付出的资产、发生或承担的负债，合并方按照其账面价值结转；发行股份也按照面值总额记录。也就是说，不需要确认支付的合并对价的转让损益。

（3）股东权益的调整。合并方取得的净资产或长期股权投资的账面价值与所支付的合并对价的账面价值（或发行股份面值总额）之间如有差额，应调整资本公积（股本溢价）；需要调整减少资本公积时，资本公积（股本溢价）不足冲减的，调整减少留存收益。

（4）合并费用的处理。合并方为进行企业合并而发生的审计费用、评估费用、法律服务费用等各项直接相关费用，应当于发生时计入当期损益。

合并方为进行企业合并而发生的其他费用，分以下两种情况处理：合并方为进行企业合并发行的债券或承担其他债务支付的手续费、佣金等，应当计入所发行债券或其他债务的初始计量金额，即构成有关债务的入账价值的组成部分；合并方在企业合并中发行权益性证券发生的手续费、佣金等，应当抵减权益性证券溢价收入，溢价收入不足冲减的，冲减留存收益。

二、同一控制下企业合并的账务处理

不同的企业合并方式会形成不同的法律结果形式。对于吸收合并与新设合并，合并之后只有一个法人主体存在，被合并方的资产、负债均并入合并方，因此，在合并日合并方按取得被合并方的净资产形式来进行核算。而对于控股合并，合并后各参与合并的企业都会保留法人资格继续经营，而合并方会对参与合并的其他企业控股，因此核算时按照股权投资的形式进行。

（一）吸收合并与新设合并

（1）以支付现金、非现金资产作为合并对价的，做如下会计分录：

借：有关资产　　　　　　　（取得被合并方资产的账面价值）
　　管理费用　　　　　　　（发生的企业合并的直接费用）
　　贷：有关负债　　　　　　（承担被合并方负债的账面价值）
　　　　银行存款　　　　　　（以现金支付的合并对价和直接合并费用）
　　　　固定资产清理等　　　（作为合并对价支付的非现金资产的账面价值）
　　　　资本公积　　　　　　（取得净资产的入账价值大于合并对价的差额）

当取得净资产的入账价值小于合并对价时，资本公积账户记借方表示冲销，而其余额不足时，则在借方接着冲销留存收益项目，以下几种情况同理。

【例 1-4】　本例为以支付现金、非现金资产作为合并对价的吸收合并。甲公司和乙公司为 A 公司控制下的两家子公司。2022 年 12 月 31 日，甲公司以一栋原价为 1 000 万元、使用寿命为 40 年、已使用 20 年的办公楼，外加 500 万元银行存款兼并乙公司。合并过程中发生审计费、资产评估费共计 5 万元。合并日甲公司、乙公司的净资产资料如表 1-2 所示。

表 1-2 甲公司和乙公司的净资产

单位:万元

项目	甲公司	乙公司
货币资金	1 500	500
存货	600	500
固定资产	5 400	1 300
短期借款	1 400	680
应付账款	600	120
股本	2 500	500
资本公积(股本溢价)	700	200
盈余公积	800	400
未分配利润	1 500	400
股东权益合计	5 500	1 500

甲公司吸收合并乙公司时,应做如下会计分录(单位:万元):

借:银行存款　　　　　　　　　　　　　　　500
　存货　　　　　　　　　　　　　　　　　　500
　固定资产　　　　　　　　　　　　　　　1 300
　管理费用　　　　　　　　　　　　　　　　　5
　贷:短期借款　　　　　　　　　　　　　　　　　680
　　应付账款　　　　　　　　　　　　　　　　　120
　　固定资产清理　　　　　　　　　　　　　　　500
　　银行存款　　　　　　　　　　　　　　　　　505
　　资本公积　　　　　　　　　　　　　　　　　500

(2)以发行债券作为合并对价的,做如下会计分录:

借:有关资产　　　　　　　(取得被合并方资产的账面价值)
　管理费用　　　　　　　　(发生的企业合并的直接费用)
　贷:有关负债　　　　　　　(承担被合并方负债的账面价值)
　　应付债券　　　　　　　(债券发行面值扣除发行费用后的余额)
　　银行存款　　　　　　　(以现金支付的直接合并费用和债券发行费用)
　　资本公积　　　　　　　(取得净资产的入账价值大于合并对价的差额)

(3)以发行权益性证券作为合并对价的,做如下会计分录:

借:有关资产　　　　　　　(取得被合并方资产的账面价值)
　管理费用　　　　　　　　(发生的企业合并的直接费用)
　贷:有关负债　　　　　　　(承担被合并方负债的账面价值)
　　股本　　　　　　　　　(发行股票的面值)

银行存款	（以现金支付的直接合并费用和股票发行费用）
资本公积	（股票发行的手续费用）
资本公积	（取得净资产的入账价值大于合并对价的差额）

【例 1-5】 本例为以发行权益性证券作为合并对价的吸收合并。甲公司和乙公司为 A 公司控制下的两家子公司,假设甲公司定向增发每股面值为 1 元的普通股 1 000 万股作为合并对价来吸收合并乙公司。合并过程中发生审计费、资产评估费共计 5 万元,发行股票时产生股票发行手续费 10 万元。其余资料同例 1-4。

甲公司吸收合并乙公司时,应做如下会计分录（单位:万元）:

借:银行存款	500	
存货	500	
固定资产	1 300	
管理费用	5	
贷:短期借款		680
应付账款		120
股本		1 000
银行存款		15
资本公积		490

(二)控股合并

按照《企业会计准则第 2 号——长期股权投资》的规定,同一控制下企业合并形成的长期股权投资,应当在合并日按照所取得的被合并方在最终控制方合并财务报表中的净资产的账面价值的份额作为长期股权投资的初始投资成本。被合并方在合并日的净资产账面价值为负数的,长期股权投资成本按零确定,同时在备查簿中予以登记。如果被合并方在合并前是由最终控制方通过非同一控制下的企业合并所控制的,则合并方长期股权投资的初始投资成本还应包括相关的商誉金额。其账务处理如下:

借:长期股权投资	（合并日被合并方在最终控制方合并财务报表中所有者权益账面价值×合并方持股比例）
管理费用	（发生的企业合并的直接费用）
贷:银行存款	（支付的合并对价和合并费用）
固定资产清理等	（转让的非现金资产的账面价值）
应付债券	（债券发行面值扣除发行费用后的余额）
股本	（发行股票的面值）
资本公积	（股票发行的手续费用）
资本公积	（股权投资的入账价值大于合并对价的差额）

【例 1-6】 本例为以支付现金、非现金资产作为合并对价的控股合并。甲公司和乙公司为 A 公司控制下的两家子公司,假设 2022 年末,甲公司以一栋原价为 1 000 万元、使用寿命为 40 年、已使用 20 年的办公楼,外加 500 万元银行存款取得乙公司 100% 的股权,乙公司资产、负债在最终控制方 A 公司的账面价值仍见表 1-2。合并过程中发生审计费、资产评估费共计 5 万元。其余资料同例 1-4。

甲公司控股合并乙公司时,应做如下会计分录（单位:万元）:

借：长期股权投资	1 500	
管理费用	5	
贷：固定资产清理		500
银行存款		505
资本公积		500

【例 1-7】　本例为以发行权益性证券作为合并对价的控股合并。甲公司和乙公司为 A 公司控制下的两家子公司，假设甲公司定向增发每股面值为 1 元的普通股 1 000 万股作为合并对价取得乙公司 100% 的股权，乙公司资产、负债在最终控制方 A 公司的账面价值仍见表 1-2。合并过程中发生审计费、资产评估费共计 5 万元，发行股票时产生股票发行手续费 10 万元。其余资料同例 1-4。

甲公司控股合并乙公司时，应做如下会计分录（单位：万元）：

借：长期股权投资	1 500	
管理费用	5	
贷：股本		1 000
银行存款		15
资本公积		490

【例 1-8】　本例为以发行权益性证券作为合并对价取得对方大部分股权的控股合并。甲公司和乙公司为 A 公司控制下的两家子公司，假设甲公司定向增发每股面值为 1 元的普通股 1 000 万股作为合并对价取得乙公司 60% 的股权，乙公司资产、负债在最终控制方 A 公司的账面价值仍见表 1-2。合并过程中发生审计费、资产评估费共计 5 万元，发行股票时产生股票发行手续费 10 万元。其余资料同例 1-4。

$$长期股权投资 = 1\ 500\ 万元 \times 60\% = 900\ 万元$$
$$合并对价 = 500\ 万元 + 500\ 万元 = 1\ 000\ 万元$$

合并对价高于长期股权投资的入账价值的差额为 100 万元，该差额冲销资本公积，同时股票发行的手续费用也应对资本公积做冲销处理。

甲公司控股合并乙公司时，应做如下会计分录（单位：万元）：

借：长期股权投资	900	
管理费用	5	
资本公积	110	
贷：股本		1 000
银行存款		15

三、同一控制下企业合并有关信息的披露

《企业会计准则第 20 号——企业合并》规定，合并方应当在合并当期附注中披露与同一控制下企业合并有关的下列信息：

（1）参与合并企业的基本情况。

（2）属于同一控制下企业合并的判断依据。

（3）合并日的确定依据。

（4）以支付现金、转让非现金资产以及承担债务作为合并对价的，所支付对价在合并日的

账面价值;以发行权益性证券作为合并对价的,合并中发行权益性证券的数量及定价原则,以及参与合并各方交换有表决权股份的比例。

(5)被合并方的资产、负债在上一会计期间资产负债表日及合并日的账面价值;被合并方自合并当期期初至合并日的收入、净利润、现金流量等情况。

(6)合并合同或协议约定将承担被合并方或有负债的情况。

(7)被合并方采用的会计政策与合并方不一致所做调整情况的说明。

(8)合并后已处置或拟处置被合并方资产、负债的账面价值、处置价格等。

第三节　非同一控制下企业合并的会计处理

非同一控制下企业合并是指参与合并的各方在合并前后不受同一方或相同的多方最终控制。非同一控制下的企业合并中,取得对其他参与合并企业控制权的一方为购买方,参与合并的其他企业为被购买方,而企业控制权发生转移的日期为购买日。

一、企业合并成本在取得的可辨认资产和负债之间的分配

非同一控制下的企业合并中,购买方取得了对被购买方净资产的控制权。控股合并的情况下,购买方在其个别财务报表中应确认所形成的对被购买方的长期股权投资,该长期股权投资所代表的是购买方对合并中取得的被购买方各项资产、负债享有的份额,具体体现在合并财务报表中应列示的有关资产、负债;吸收合并的情况下,合并中取得的被购买方各项可辨认资产、负债等直接体现为购买方账簿及个别财务报表中的资产、负债项目。

(一)可辨认资产、负债的确认原则

(1)购买方在企业合并中取得的被购买方各项可辨认资产和负债,要作为本企业的资产、负债(或合并财务报表中的资产、负债)进行确认,在购买日,应当满足资产、负债的确认条件。有关的确认条件包括:合并中取得的被购买方的各项资产(无形资产除外),其所带来的未来经济利益预期能够流入企业且公允价值能够可靠计量的,应单独作为资产确认;合并中取得的被购买方的各项负债(或有负债除外),履行有关的义务预期会导致经济利益流出企业且公允价值能够可靠计量的,应单独作为负债确认。

(2)企业合并中取得的无形资产在其公允价值能够可靠计量的情况下应单独确认。

企业合并中取得的需要区别于商誉单独确认的无形资产一般是按照合同或法律产生的权利。某些并非产生于合同或法律规定的无形资产,需要区别于商誉单独确认的条件是能够对其进行区分,即能够区别于被购买企业的其他资产并且能够单独出售、转让、出租等。公允价值能够可靠计量的情况下,应区别于商誉单独确认的无形资产一般包括:商标、版权及与其相关的许可协议、特许权、分销权等类似权利、专利技术、专有技术等。

(3)对于购买方在企业合并时可能需要代被购买方承担的或有负债,在其公允价值能够可靠计量的情况下,应作为合并中取得的负债单独确认。

(二)可辨认资产、负债的计量

企业合并中取得的资产、负债在满足确认条件后,应以其公允价值计量。一般情况下,购

入的可辨认资产和承担的负债的公允价值应按下列方法确定：

（1）有价证券，按确定公允价值确定。

（2）应收账款，按账面价值扣除估计坏账后的净额确定，或者按未来应收取金额及实际利率计算的贴现值扣除估计坏账后的净额确定。

（3）产成品、库存商品和在产品，按可变现净值确定。

（4）原材料，按重置成本确定。

（5）长期投资，按评估价值确定。

（6）房屋建筑物、机器设备、无形资产，存在活跃市场的，应以购买日的市场价格为基础确定公允价值；不存在活跃市场，但同类或类似资产存在活跃市场的，应参照同类或类似资产的市场价格确定其公允价值；同类或类似资产也不存在活跃市场的，应采用估值技术确定其公允价值。

（7）负债类项目，短期负债，一般按照应支付的金额确定其公允价值；长期负债，应以按适当的折现率折现后的现值作为其公允价值。

二、非同一控制下企业合并会计确认与计量的基本要求

（1）购买取得的可辨认净资产按其公允价值入账，取得的长期股权投资按合并成本作为初始投资成本。

非同一控制下的企业合并，其实质是一项"交易"。对于购买交易中取得的资产、承担的负债或取得的股权，需要采用公允价值计量，而不应该用账面价值计量。对于吸收合并和新设合并，购买方需要将取得的被购买方可辨认净资产按其公允价值入账。而对于控股合并，购买方应当在购买日按所确定的合并成本作为长期股权投资的初始投资成本入账，以确认取得的被购买方的股权份额。

（2）购买方合并成本的确定。购买方的合并成本一般等于购买日为取得对被购买方的控制权而付出的资产、发生的负债以及发行的权益性证券的公允价值。这就意味着：一方面，购买方在合并中付出的资产（或发生的负债），其公允价值构成合并成本；另一方面，购买方在将合并中付出的资产按其账面价值予以注销的同时，需将相关资产公允价值与账面价值的差额，作为资产转让损益计入当期损益。

关于计入合并成本的预计负债：在合并合同或协议中对可能影响合并成本的未来事项做出约定的情况下，购买日估计未来事项很可能发生并且对合并成本的影响金额能够可靠计量的，购买方应将其计入合并成本。

（3）购买方对合并成本与取得的被购买方可辨认净资产或股权的公允价值份额之间差额的处理。

企业合并成本大于合并中取得的被购买方可辨认净资产公允价值份额的差额，在控股合并的情况下，该差额是指在合并财务报表中应予列示的商誉，即长期股权投资的成本与购买日按照持股比例计算确定应享有被购买方可辨认净资产公允价值份额之间的差额；在吸收合并的情况下，该差额是购买方在其账簿及个别财务报表中应确认的商誉。

商誉代表的是合并中取得的由于不符合确认条件未予确认的资产以及被购买方有关资产产生的协同效应或合并赢利能力。商誉在确认以后，持有期间不要求摊销，应当按照《企业会计准则第 8 号——资产减值》的规定对其价值进行测试，按照账面价值与可收回金额孰低的原

则计量,对于可收回金额低于账面价值的部分,计提减值准备;有关减值准备在提取以后,不能够转回。

企业合并成本小于合并中取得的被购买方可辨认净资产公允价值份额的部分,应计入合并当期损益。购买方首先要对合并中取得的资产、负债的公允价值、作为合并对价的非现金资产或发行的权益性证券等的公允价值进行复核,如果复核结果表明所确定的各项资产和负债的公允价值是恰当的,应将企业合并成本低于取得的被购买方可辨认净资产公允价值份额之间的差额,计入合并当期的营业外收入,并在会计报表附注中予以说明。在吸收合并的情况下,上述企业合并成本小于合并中取得的被购买方可辨认净资产公允价值份额的差额,应记入购买方合并当期的个别利润表;在控股合并的情况下,上述差额应体现在购买方合并当期的合并利润表中,不影响购买方的个别利润表。

知识链接

《国际会计准则》有关商誉的规定

国际会计准则委员会(IASC)自1973年成立,到2001年4月改组为国际会计准则理事会(IASB)。2004年3月31日,IASB发布的《国际财务报告准则第3号——企业合并》(IFRS 3)正式生效,取代了1998年发布的《国际会计准则第22号——企业合并》和《解释公告第22号——企业合并:初始报告的公允价值和商誉的后续调整》。至此,代表国际上会计准则潮流的国际会计准则将商誉由原来的按期摊销改为不摊销。

(1)商誉的确认与计量。IFRS 3规定:企业合并日,购买成本超过被购企业可辨认资产和负债的公允价值的股权份额的部分,应作为商誉并确认为一项资产。在IFRS 3中,商誉被描述为由不可单独辨认和分开确认的资产引起的未来经济利益。IASB认为外购商誉由以下四部分构成:①被收购企业持续经营要素的公允价值;②预期双方净资产合并所产生的协同效应价值和其他经济利益价值;③收购企业多支付的价值;④计量和确认误差所产生的偏差。

(2)商誉的会计处理方法。2002年国际会计准则理事会(IASB)在企业合并会计准则的第一阶段讨论中采取和美国同样的态度,随后在IFRS 3中规定:确认商誉后,商誉不得摊销,应按照《国际会计准则第36号——资产减值》(IAS 36)的规定每年对其进行减值测试,采用资产的净售价或可收回金额与使用价值孰高进行计量。当单项资产的可收回金额无法估计时,确定和资产相关的现金产出单元。现金产出单元为不依赖于其他资产或资产组合而从持续使用中产生现金流入的一组可辨认的最小资产。若商誉存在减值迹象,应确定其所属的现金产出单元的可收回金额,然后将其可收回金额与其账面价值比较,确认减值损失,将减值损失减抵商誉的账面价值;企业必须确认这些差额是由于商誉的减值还是其他资产的减值造成。如果超过账面价值,超过部分按照现金产出单元中各项资产的账面价值,按比例减抵其他资产。如果现金产出单元结构发生了变化,则要重新进行减值测试。

(3)商誉的披露。IASB在IFRS 3中规定,对于合并商誉,财务报表应披露商誉当期期初、期末账面金额的调节,分别列示如下:①期初账面总额和累计减值损失;②当期在企业合并中增加的商誉减去在处置组中包含的商誉,该处置组符合按照国际财务报告准则(IFRS)归类为持有待售的标准;③当期后续确认的对递延所得税资产的调整;④按照IFRS的规定归类为持有待售的处置组中包含的商誉,以及当期终止确认的、前期期末包含在持有待售的处置组中的商誉;⑤当期按照 IAS 36 的规定确认的减值损失;⑥当期按照 IAS 21(《汇率变动的影响》)的规定,产生的汇兑差额;⑦当期账面金额的其他变动;⑧当期期末的账面总额和累计减值损失。除了上述所要求披露的信息以外,主体还应按照 IAS 36 的规定披露关于商誉的可收回金额和减值的信息。IASB 同时规定:在当期实现的企业合并的信息披露中,要对导致商誉确认成本的影响因素进行说明——包括独立于商誉单独确认的所有无形资产的说明以及该无形资产的公允价值不能可靠计量的解释,或者对确认的差额的性质的说明。

(4)负商誉的相关处理。IFRS 3 规定将收购的净资产的公允价值超过收购成本的差额全部确认为负商誉,作为正商誉的减项,并对负商誉会计处理做出规定:①重新评估被购买方可辨认资产、负债与或有负债的认定与计量,以及企业合并成本的计量;②重新评估后依然存在的差额应立即确认为损益。

三、非同一控制下企业合并的账务处理

(一)吸收合并与新设合并

(1)以支付现金、非现金资产作为合并对价的,做如下会计分录:

借:有关资产　　　　　　　(取得被合并方资产的公允价值)
　　管理费用　　　　　　　(发生的企业合并的直接费用)
　　商誉　　　　　　　　　(合并成本大于取得的可辨认净资产的公允价值的差额)
　　贷:有关负债　　　　　　(承担被合并方负债的公允价值)
　　　　银行存款　　　　　　(以现金支付的合并对价和直接合并费用)
　　　　固定资产清理等　　　(作为合并对价支付的非现金资产的账面价值)
　　　　资产处置损益　　　　(非现金资产的账面价值与公允价值之间的差额)
　　　　营业外收入　　　　　(合并成本小于取得的可辨认净资产的公允价值的差额)

【例 1-9】　本例为以支付现金、非现金资产作为合并对价的吸收合并。甲公司和乙公司没有关联方关系。2022 年 12 月 31 日,甲公司以一栋原价为 1 000 万元、使用寿命为 40 年、已使用 20 年的办公楼(其市场评估价为 700 万元),外加 1 000 万元银行存款兼并乙公司。合并过程中发生审计费、资产评估费共计 5 万元。合并日甲公司、乙公司的净资产资料如表 1-3 所示。

表 1-3　甲公司和乙公司的净资产

单位:万元

项目	甲公司		乙公司	
	账面价值	公允价值	账面价值	公允价值
货币资金	1 500	1 500	500	500
存货	600	700	500	500
固定资产	5 400	5 800	1 300	1 500
短期借款	1 400	1 400	680	680
应付账款	600	800	120	220

续表

项目	甲公司		乙公司	
	账面价值	公允价值	账面价值	公允价值
股本	2 500	2 500	500	500
资本公积(股本溢价)	700	1 000	200	300
盈余公积	800	800	400	400
未分配利润	1 500	1 500	400	400
股东权益合计	5 500	5 800	1 500	1 600

甲公司取得的可辨认净资产的公允价值＝(500＋500＋1 500)万元－(680＋220)万元

＝1600万元

甲公司的合并成本＝700万元＋1 000万元＝1 700万元

合并成本大于取得的可辨认净资产公允价值的差额为100万元,确认为商誉。

甲公司吸收合并乙公司时,应做如下会计分录(单位:万元):

借:银行存款   500
  存货   500
  固定资产   1 500
  管理费用   5
  商誉   100
  贷:短期借款   680
    应付账款   220
    银行存款   1 005
    固定资产清理   500
    营业外收入   200

(2)以发行债券作为合并对价的,做如下会计分录:

借:有关资产   (取得被合并方资产的公允价值)
  管理费用   (发生的企业合并的直接费用)
  商誉   (合并成本大于取得的可辨认净资产的公允价值的差额)
  贷:有关负债   (承担被合并方负债的公允价值)
    应付债券   (债券发行收入扣除发行费用后的余额)
    银行存款   (以现金支付的直接合并费用和债券发行费用)
    营业外收入   (合并成本小于取得的可辨认净资产的公允价值的差额)

(3)以发行权益性证券作为合并对价的,做如下会计分录:

借:有关资产   (取得被合并方资产的公允价值)
  管理费用   (发生的企业合并的直接费用)
  商誉   (合并成本大于取得的可辨认净资产的公允价值的差额)
  贷:有关负债   (承担被合并方负债的公允价值)
    股本   (发行股票的面值)

银行存款	（以现金支付的直接合并费用和股票发行费用）
资本公积	（股票发行溢价扣除发行的手续费用后的余额）
营业外收入	（合并成本小于取得的可辨认净资产的公允价值的差额）

【例 1-10】 本例为以发行权益性证券作为合并对价的吸收合并。甲公司和乙公司没有关联方关系,假设甲公司定向增发每股面值为 1 元、每股市价为 2 元的普通股 1 000 万股作为合并对价来吸收合并乙公司。合并过程中发生审计费、资产评估费共计 5 万元,发行股票时产生股票发行手续费 10 万元。其余资料同例 1-9。

$$甲公司取得的可辨认净资产的公允价值 = (500 + 500 + 1\ 500) 万元 - (680 + 220) 万元$$
$$= 1\ 600\ 万元$$

$$甲公司的合并成本 = 2\ 元/股 \times 1\ 000\ 万股 = 2\ 000\ 万元$$

合并成本大于取得的可辨认净资产公允价值的差额为 400 万元,确认为商誉。

甲公司吸收合并乙公司时,应做如下会计分录(单位:万元):

借:银行存款	500	
存货	500	
固定资产	1 500	
管理费用	5	
商誉	400	
贷:短期借款		680
应付账款		220
股本		1 000
银行存款		15
资本公积		990

(二)控股合并

在非同一控制下的控股合并中,购买方的长期股权投资按其合并成本入账,因此,在购买方个别财务报表中不会体现出合并成本与取得的净资产公允价值的份额之间的差额,该差额在合并财务报表中进行合并成本分配时体现。对于控股合并通常可以做如下会计分录:

借:长期股权投资	（支付的合并对价的公允价值）
管理费用	（发生的企业合并的直接费用）
贷:银行存款	（以现金支付的合并对价和直接合并费用）
固定资产清理等	（作为合并对价支付的非现金资产的账面价值）
资产处置损益	（非现金资产的账面价值与公允价值之间的差额）
应付债券	（债券发行收入扣除发行费用后的余额）
股本	（发行股票的面值）
资本公积	（股票发行溢价扣除发行的手续费用后的余额）

【例 1-11】 本例为以支付现金、非现金资产作为合并对价的控股合并。甲公司和乙公司没有关联方关系,假设 2022 年末,甲公司以一栋原价为 1 000 万元、使用寿命为 40 年、已使用 20 年的办公楼(其市场评估价为 700 万元),外加 1 000 万元银行存款取得乙公司 100% 的股权。合并过程中发生审计费、资产评估费共计 5 万元。其余资料同例 1-9。

甲公司控股合并乙公司时,应做如下会计分录(单位:万元):

借:长期股权投资　　　　　　　　　　　　　　　　　　1 700

　　管理费用　　　　　　　　　　　　　　　　　　　　　　5

　　贷:固定资产清理　　　　　　　　　　　　　　　　　　　　　　500

　　　银行存款　　　　　　　　　　　　　　　　　　　　　　1 005

　　　营业外收入　　　　　　　　　　　　　　　　　　　　　　200

【例1-12】 本例为以发行权益性证券作为合并对价取得对方大部分股权的控股合并。甲公司和乙公司没有关联方关系,假设甲公司定向增发每股面值为1元、每股市价2元的普通股1 000万股作为合并对价取得乙公司60%的股权。合并过程中发生审计费、资产评估费共计5万元,发行股票时产生股票发行手续费10万元。

甲公司控股合并乙公司时,应做如下会计分录(单位:万元):

借:长期股权投资　　　　　　　　　　　　　　　　　　2 000

　　管理费用　　　　　　　　　　　　　　　　　　　　　　5

　　贷:股本　　　　　　　　　　　　　　　　　　　　　　　1 000

　　　银行存款　　　　　　　　　　　　　　　　　　　　　　15

　　　资本公积　　　　　　　　　　　　　　　　　　　　　　990

四、非同一控制下企业合并有关信息的披露

《企业会计准则第20号——企业合并》规定,购买方应当在合并当期附注中披露与非同一控制下企业合并有关的下列信息:

(1)参与合并企业的基本情况。

(2)购买日的确定依据。

(3)合并成本的构成及其账面价值、公允价值及公允价值的确定方法。

(4)被购买方各项可辨认资产、负债在上一会计期间资产负债表日及购买日的账面价值和公允价值。

(5)合并合同或协议约定将承担被购买方或有负债的情况。

(6)被购买方自购买日起至报告期期末的收入、净利润和现金流量等情况。

(7)商誉的金额及其确定方法。

(8)因合并成本小于合并中取得的被购买方可辨认净资产公允价值的份额计入当期损益的金额。

(9)合并后已处置或拟处置被购买方资产、负债的账面价值、处置价格等。

本章小结

企业合并是一个企业与另一个企业实行股权联合或获得另一个企业净资产的控制权和经营权,将各独立的企业组成一个经济实体或一个企业集团的行为。

企业合并按照合并后主体的法律形式不同,可以分为吸收合并、新设合并和控股合并;按照其所涉及的行业不同,可以分为横向合并、纵向合并和混合合并;按照参与合并的各方在合并前后是否受同一方最终控制,可以分为同一控制下的企业合并和非同一控制下的企业合并。

企业合并的会计处理主要涉及以下两方面的内容:一是合并日(或购买日)合并方(或购买方)对企业合并交易或事项进行确认与计量;二是合并日(或购买日)需要编制合并财务报表。

我国企业会计准则规定,同一控制下的企业合并应按照被合并方的账面价值进行账务处理,会计确认与计量的基本要求包括:①合并方取得的净资产或股权投资应按账面价值入账;②合并方支付的合并对价也按账面价值转账;③合并方取得的净资产或长期股权投资的账面价值与所支付的合并对价的账面价值(或发行股份面值总额)之间如有差额,应调整资本公积(股本溢价)或留存收益;④合并方为进行企业合并而发生的直接相关费用,应当于发生时计入当期损益。同时,合并方应当在合并当期财务报告附注中披露与同一控制下企业合并相关的信息。

非同一控制下的企业合并中,合并成本应当在取得的可辨认资产、负债之间进行分配。而取得的可辨认资产、负债在满足确认条件后,应以其公允价值计量。一般情况下,购入的可辨认资产和承担的负债的公允价值应按该资产或负债的类别分别加以确定。

我国企业会计准则对非同一控制下的企业合并会计确认与计量的基本要求包括:①购买取得的可辨认净资产按其公允价值入账,取得的长期股权投资按合并成本作为初始投资成本。②购买方的合并成本一般等于购买日为取得对被购买方的控制权而付出的资产、发生的负债以及发行的权益性证券的公允价值。③企业合并成本大于合并中取得的被购买方可辨认净资产公允价值份额的差额,在吸收合并中确认为商誉;企业合并成本小于合并中取得的被购买方可辨认净资产公允价值份额的部分,在吸收合并中计入合并当期损益。同时,购买方应当在合并当期财务报告附注中披露与非同一控制下企业合并相关的信息。

思政园地

跨国并购促进我国外向型经济发展

2017年6月,中国化工完成收购瑞士农化巨头先正达股份,成为迄今为止最大的中国企业海外并购案。5年之后,先正达集团带着一份令人赞叹的成绩单,以全新面貌再次出现在公众视野。在整合了中化集团、中国化工旗下的农业业务后,先正达集团已经实现植保全球第一、种子全球第三、作物营养国内第一、数字化农业服务全球领先……不管是从企业规模、业务版图、行业地位还是从创新实力来看,先正达集团已经成为一家在全球农业技术和创新领域极具竞争力的巨头。据先正达招股书披露,2020年,先正达集团全年取得销售收入1 520亿元,按2020年平均汇率折合220亿美元,超越拜耳215亿美元和科迪华142亿美元的年度销售额,已当仁不让成为全球行业执牛耳者。

跨国并购可以整合全球先进技术与优势资源,扩大海外市场,在增强企业竞争力的同时,促进我国外向型经济的发展。

思考题

1.什么是同一控制下的企业合并?我国企业会计准则对同一控制下企业合并的确认与计量有哪些要求?

2.什么是非同一控制下的企业合并?我国企业会计准则对非同一控制下企业合并的确认与计量有哪些要求?

3.权益结合法与购买法在运用上有何差异?

练 习 题

1. 表 1-4、表 1-5 分别是甲公司、乙公司 2020 年 12 月 31 日的资产负债表(简表)。

表 1-4　资产负债表

编制单位:甲公司 　　　　　　　2020 年 12 月 31 日 　　　　　　　单位:万元

资产(年末数)		负债及股东权益(年末数)	
流动资产:		流动负债:	
货币资金	1 000	短期借款	280
应收账款	50	应付账款	180
存货	350	其他应付款	140
固定资产:		长期负债:	
固定资产原价	4 000	长期借款	2 000
减:累计折旧	600	股东权益:	
固定资产净值	3 400	股本	1 600
无形资产:		资本公积	430
无形资产	80	其中:股本溢价	100
		留存收益	250
资产总计	4 880	负债及股东权益合计	4 880

表 1-5　资产负债表

编制单位:乙公司 　　　　　　　2020 年 12 月 31 日 　　　　　　　单位:万元

资产(年末数)		负债及股东权益(年末数)	
流动资产:		流动负债:	
货币资金	600	短期借款	80
应收账款	150	应付账款	300
存货	250	其他应付款	120
固定资产:		长期负债:	
固定资产原价	2 600	长期借款	1 500
减:累计折旧	600	股东权益:	
固定资产净值	2 000	股本	600
无形资产:		资本公积	100
无形资产	0	留存收益	300
资产总计	3 000	负债及股东权益合计	3 000

2021 年 1 月初,甲公司对乙公司进行吸收合并。合并日经评估乙公司固定资产的公允价值为 2 050 万元,其他各项可辨认资产和负债公允价值等于账面价值。甲公司支付的合并对价资料见表 1-6。

表 1-6　甲公司支付的合并对价资料

单位:万元

项目	货币额	账面价值	面值	公允价值
1.银行存款	700			
2.发行股票			200	260
3.发行股票手续费	1			
4.无形资产		300		400

要求:

(1)假定此项合并为同一控制下的企业合并,进行甲公司吸收合并乙公司的账务处理。

(2)假定此项合并为非同一控制下的企业合并,进行甲公司吸收合并乙公司的账务处理。

2.条件资料同上述第 1 题,合并方式改为控股合并,控股比例为 90%。

要求:

(1)假定此项合并为同一控制下的企业合并,进行甲公司控股合并乙公司的账务处理。

(2)假定此项合并为非同一控制下的企业合并,进行甲公司控股合并乙公司的账务处理。

第二章 并购日合并财务报表

通过本章学习,学生应了解合并财务报表的含义、特征和合并理论,明确合并财务报表的合并范围,熟悉合并财务报表的编制原则及流程,掌握股权取得日不同合并类型下合并财务报表的编制方法。

·课前导读·

随着市场经济的不断发展,企业间竞争加剧,为了应对复杂多变的市场,企业往往选择合并,达到"强强联合"或者"取长补短"的目的。以控股合并为例,合并后,母公司和其子公司虽然都是独立的法律实体,但从经济角度看,母公司拥有对子公司的控制权,存在管理与被管理关系,它们实际上形成了一个统一的经济实体。为了综合、全面地反映这一统一经济实体的经营成果、财务状况以及现金流动情况,需要由母公司编制合并报表。编制合并财务报表的意义重大:能够从总体上反映企业集团的财务状况、经营成果和现金流动情况,为股东评判企业集团经营风险、预测投资回报提供全面的信息。

合并财务报表理论

/ 引导案例 /

约 90 亿元! 京东物流正式收购德邦控股

2022 年 7 月 27 日晚间,京东物流宣布于 7 月 26 日完成收购德邦控股股本权益的相关交易。近 90 亿元的并购价格,创下快递行业至今为止最大并购金额。此次交易,致使德邦股份实控人发生变化,京东物流掌握了德邦股份的控制权。

京东物流表示,收购首先可让公司就货运服务快速获取一张覆盖全国的快运网络,有效提升集团网络能力。其次,双方可共享网络资源,提升规模效应。此外,德邦在制造业拥有较好的服务能力和客户群,能帮助公司实现从消费端、流通端到生产端一体化供应链拓展,进一步提升市场份额,持续为客户创造更大价值。

合并后,京东物流 2022 年第三季度财报显示,京东物流首度与德邦于三季度并表,营收达357.7 亿元,同比增长 38.9%;其中,外部客户收入达到 248.7 亿元,同比增长 67.8%。来自德邦股份的收入(2022 年 7 月 26 日至 2022 年 9 月 30 日期间)为 58.2 亿元,占京东物流总收入比重为 16.27%。根据德邦股份此前披露的财报,德邦 2022 年三季度总收入为 80.15 亿元,归属于股东的净利润为 2.56 亿元。

问题:

(1)京东物流的会计人员该如何就此项控股合并进行会计处理?

(2)京东物流的会计人员编制合并财务报表有哪些步骤?

第一节　合并财务报表概述

在第一章我们谈到,企业合并可以分为吸收合并、新设合并与控股合并。不管是吸收合并后存续的企业,还是新设合并后新成立的企业,都是一个法人主体和会计主体,反映合并后主体的报表编制与一般企业相同。而控股合并则不同,由于参与合并企业在合并后都存在,且这些企业之间存在着控股关系,因此,要反映合并后企业集团的会计信息,需要编制合并财务报表。

一、合并财务报表的含义及特点

合并财务报表是指反映母公司及其全部子公司形成的企业集团整体财务状况、经营成果和现金流量的财务报表。控股合并后,母公司及参与合并的子公司仍然作为独立的法人主体继续经营,仍应单独编制各自的财务报表。但是控股合并形成的企业集团,还应对外公开报告企业集团的会计信息,以便母公司、企业集团的投资者、债权人以及其他信息使用者了解企业集团的财务状况、企业集团对外交易的经营成果等信息,所以,还需要编制合并财务报表。

合并财务报表最早出现于美国,第一次世界大战时期,美国在税法中强制规定母公司合并纳税,使得大部分控股公司开始编制合并财务报表。1940 年,美国证券交易委员会规定证券上市公司必须编制和提供合并财务报表,使编报合并财务报表成为证券上市公司的法定义务,由此编制合并报表的企业越来越多。我国从 1992 年开始要求上市公司编制合并财务报表,在2000 年发布的《企业会计制度》中,要求企业集团编制合并会计报表;2006 年财政部发布了《企业会计准则第 33 号——合并财务报表》,该准则于 2014 年修订后印发,自 2014 年 7 月 1 日起在所有执行企业会计准则的企业范围内施行,以规范我国企业合并财务报表的编制。

与个别财务报表比较,合并财务报表具有以下特点:

(1)编制的报表内容不同。合并财务报表反映的是母、子公司所组成的企业集团整体的财务状况和经营成果,其反映的对象是由若干个法人组成的会计主体,是经济意义上的会计主体,而不是法律意义上的主体。而个别财务报表反映的则是单个企业法人的财务状况和经营成果,其反映的对象是企业法人。对于由母公司和若干个子公司组成的企业集团来说,母公司和子公司编制的个别财务报表分别反映母公司本身或子公司本身各自的财务状况和经营成果,而合并财务报表则反映母公司和子公司组成的集团这一会计主体综合的财务状况和经营成果。

(2)编制报表的主体不同。合并财务报表是由企业集团中对其他企业有控制权的控股公司或母公司编制的。也就是说,并不是企业集团中所有企业都必须编制合并财务报表。与此不同的是,个别财务报表是由独立的法人企业编制的,所有企业都需要编制个别财务报表。

(3)编制报表的基础不同。合并财务报表是以纳入合并范围企业的个别财务报表为基础编制的,不需要在现行的会计核算方法体系外再单独设置一套账簿体系。而企业编制个别财务报表,则主要依据日常核算时所编制的记账凭证、登记的会计账簿等有关会计资料。

(4)编制报表的方法不同。编制个别财务报表时,从设置账簿、审核凭证、编制记账凭证、登记会计账簿到编制财务报表,有一套完整的编制方法和程序。而合并财务报表要采用合并工作底稿这一特殊形式,在合并工作底稿中编制调整与抵销分录,对个别报表数据进行加总、抵销调整,计算出合并数,再填列合并财务报表。

合并财务报表与投资有关,但投资并不一定必须编制合并财务报表。在短期投资情况下,投资企业并不谋求对被投资企业的控制,只是想用暂时闲置的资金通过投资取得一定的投资收益,因此,没必要要求投资企业编制合并财务报表。而长期债权投资的投资者只是被投资企业的债权人,不与被投资企业构成一个经济整体,因此也不需要编制合并财务报表。长期股权投资又分为控制、共同控制、重大影响三种情形,根据我国企业会计准则,只有当投资企业对被投资企业能够实施控制时,双方才构成经济意义上的整体,才需编制合并财务报表。

编制合并财务报表与否,与企业合并是否属于同一控制下的企业合并无关,而是与企业合并之后的法律结果有关。在吸收合并后,被合并企业会被注销,只有合并企业这一个法人主体存在,因此,不存在合并财务报表的问题。同样,在新设合并后,参与合并的企业均会被注销,只有新设立的企业作为合并后的法人主体存在,因此,也不会存在合并财务报表的问题。只有在控股合并下,控股企业与被控股企业分别成为企业集团中的母公司与子公司,其共同构成企业集团这一经济意义上的整体,因此,需要编制合并财务报表反映该整体的会计信息。

虽然合并财务报表能够弥补个别财务报表的不足,提供企业集团的会计信息,在一定程度上满足投资者、债权人等有关方面的信息需求,但合并财务报表仍然存在着诸如合并范围受限、无法反映特定会计信息等局限,所以还需通过分部报告、报表附注信息披露等方式进行信息补充。

二、合并财务报表的分类

(一)按编制时间及目的不同进行分类

合并财务报表按照编制时间及目的不同进行分类,可以分为股权取得日合并财务报表和股权取得日后合并财务报表。

股权取得日合并财务报表,是指取得控股权当天所编制的合并财务报表。编制股权取得日合并财务报表,是企业合并的重要会计事项之一。同一控制下企业合并在股权取得日,需要编制合并资产负债表、期初至股权取得日的合并利润表和合并现金流量表;非同一控制下企业合并在股权取得日,只需要编制合并资产负债表。

股权取得日后合并财务报表,是指股权取得日后的每一个资产负债表日所编制的合并财务报表。由于股权取得日后的每一个报告期内都发生了内部交易、利润分配等经济事项,这些都是股权取得日不曾有的,因此需要在合并工作底稿中通过调整与抵销分录对报表数据进行处理,这是与股权取得日合并财务报表所不同之处。

(二)按反映的具体内容不同进行分类

按反映的具体内容,合并财务报表可以分为合并资产负债、合并利润表、合并所有者权益变动表、合并现金流量表以及附注。

合并资产负债表,是指反映母公司和子公司所形成的企业集团某一特定日期财务状况的财务报表。

合并利润表,是指反映母公司和子公司所形成的企业集团在一定期间内经营成果的财务报表。

合并所有者权益变动表,是指反映母公司和子公司所形成的企业集团构成所有者权益各组成部分当期增减变动情况的财务报表。

合并现金流量表,是指反映母公司和子公司所形成的企业集团在一定期间内现金流入、流出量及现金增减变动情况的财务报表。

合并财务报表附注,是合并财务报表不可或缺的组成部分,是指对合并资产负债表、合并利润表、合并所有者权益变动表和合并现金流量表等报表中列示项目的文字描述或明细资料,以及对未能在这些合并报表中列示项目的说明等。

三、合并财务报表的理论

关于合并财务报表的理论,经过长期的会计实践,目前国际上形成了所有权理论、经济实体理论和母公司理论三种编制合并财务报表的理论。这三种理论的区别主要表现在企业集团的界定、合并范围的确定以及少数股权和商誉的处理等方面。

(一)所有权理论

所有权理论也称业主权理论。依据所有权理论,母、子公司之间的关系是拥有与被拥有的关系,编制合并财务报表的目的是向母公司的股东报告其所拥有的资源,而不是满足子公司少数股东的信息需求。基于此,当母公司合并非全资子公司的财务报表时,应采用比例合并法:按母公司实际拥有的股权比例,合并子公司的资产、负债和所有者权益;对于非全资子公司的收入、成本费用和净收益,也只能按母公司的持股比例予以合并。该理论主要表现出以下特点:子公司的资产、负债以公允价值列入合并财务报表,但只列母公司应占的份额,不包括少数股东权益;合并商誉按母公司持股比例计算、返销;合并净收益只反映母公司股东应享有的部分,不反映少数股东权益,对实现的内部交易损益按母公司的股权比例予以剔除;合并财务报表既不会出现"少数股东权益",也不会存在"少数股东损益"。

依据所有权理论编制的合并财务报表强调的是合并母公司所实际拥有的资源,而不是母公司所实际控制的资源。这种做法虽然稳健,但却违背了"控制"的实质。控制一个主体实际上是控制该主体的资产。在母公司控制了子公司后,它不仅可以直接控制其所实际拥有资产的运用,而且可以控制子公司全部资产的运用。按所有权理论采用比例合并法编制合并财务报表,忽略了企业并购中的财务杠杆作用,因此,该理论在实务中采用较少。

(二)经济实体理论

经济实体理论也称为实体理论。依据经济实体理论,合并财务报表应该为合并主体的全体股东服务,而不应该仅仅为母公司的股东提供信息。母公司和子公司之间的关系是控制与被控制的关系,而不是拥有与被拥有的关系。

经济实体理论强调的是企业集团中所有成员企业所构成的经济实体,按照经济实体理论编制的合并财务报表是为整个经济实体服务的。所以,这种理论指导下的合并资产负债表揭示的是合并主体的净资产,包括少数股东拥有的净资产;合并损益表中的净收益揭示的是合并主体的净收益,包括属于少数股东的净收益;企业在合并时的商誉不仅有母公司购买控股权时形成的商誉,也有少数股东的推定购买商誉。经济实体理论的主要特点如下:子公司资产、负债以公允价值合并,市价成本分摊到子公司所有的资产、负债中,包括少数股权;合并商誉由子公司全部市价形成,形成的商誉属于所有股东;子公司少数股权作为合并股东权益的一部分独立反映在合并财务报表中;内部交易及其未实现损益应全部予以抵销;少数股东在子公司应分享的损益视为合并净收益在不同股东之间的利润予以反映。

可见,经济实体理论将合并主体中的少数股东和多数股东同等看待,其合并财务报表正确揭示了合并主体全部的净资产和净收益。这种理论不论在股权集中的情况下还是在股权分散的情况下都是适用的,它对多数股东权益和少数股东权益的处理是比较合理和公正的。

(三)母公司理论

所有权理论和经济实体理论的折中和修正,形成了母公司理论。它继承所有权理论和经济实体理论各自的优点,克服了这两种极端原则的合并观念固有的局限性。母公司理论继承了所有权理论关于合并财务报表是为了满足母公司股东的信息需求而编制的理论,否定了经济实体理论关于合并财务报表是为了合并主体的所有资源提供者而编制的理论。在报告要素合并方法方面,母公司理论摈弃了所有权理论狭隘的拥有观,采纳了经济实体理论所主张的视野更加开阔的控制观。母公司理论的主要特点如下:母公司理论强调母公司的权益,认为编制合并财务报表的目的是向母公司的股东和债权人反映其所控制的资源;将少数股东权益在合并资产负债表中作为负债列示;将少数股东应享有的收益在合并利润表中作为费用列示;母公司以购买方式获取控股权时所形成的商誉,只确认属于母公司的部分,不确认少数股东的商誉。

可见,母公司理论将合并主体中的少数股东作为债权人看待,这种做法的优点是能够满足母公司的股东和债权人对合并财务报表信息的需求,但它混淆了合并中的股东权益和债权人权益,没有通过母、子公司之间的法律关系公正地从合并整体的角度去揭示整个企业集团的财务信息。

编制合并财务报表的目的就是反映和传递在共同控制下的企业集团的财务状况、经营成果和现金流量等情况,满足报表使用者对集团这一特定经济实体的财务会计信息的需求。合并强调的是经济意义上的控制权,而非法律意义上的所有权。所有权理论强调的是合并母公司所实际拥有的而不是其实际控制的资源,显然违背了"控制"的实质。母公司理论尽管不强调"拥有论",继承了经济实体理论所主张的"控制论",但在合并的方法上仍然按母公司的持股比例合并,还是没有完全遵循"控制"这一编制基础。相比之下,经济实体理论充分反映了"控制"这一经济实质。

四、合并财务报表合并范围的确定

合并财务报表合并范围,是指可纳入合并财务报表编制公司的范围,即明确哪些被投资企业应当包括在合并财务报表编制范围之内,哪些被投资企业应当排除在合并财务报表编制范围之外。我国《企业会计准则第33号——合并财务报表》规定,合并财务报表的合并范围应当以控制为基础加以确定。

（一）控制的含义

控制，是指投资方拥有对被投资方的权力，通过参与被投资方的相关活动而享有可变回报，并且有能力运用其对被投资方的权力影响其回报金额。

控制的定义包括三项基本要素，而在判断投资方是否能够控制被投资方时，只有投资方同时具备以下三个要素，才能判断控制关系成立：

（1）投资方拥有对被投资方的权力。权力最常见的产生方式是通过权益工具授予的表决权产生，但也可以通过其他合同安排产生。表决权的有无，是判断控制成立与否的关键。

（2）投资方通过参与被投资方的相关活动而获得可变回报。这里的"相关活动"，是指对被投资方的回报产生重大影响的活动，通常包括购买和出售商品或服务、管理金融资产、购买和处置资产、研发活动以及融资活动等。这里用"可变回报"，是指投资方自被投资方取得的回报可能会随着被投资方业绩的变化而变动。而这里"回报"包括所面临的被投资方的经济风险，可以是正面、负面或两者兼有的。

（3）利用对被投资方的权力影响可变回报的能力。为控制被投资者，投资者不仅拥有对被投资者的相关权力，还会因参与被投资者的相关活动获取可变回报，并且能够通过所拥有的权力影响回报金额。

（二）母公司、子公司的概念

母公司，是指拥有一个或一个以上子公司的企业（或主体，下同）。从母公司的定义可以看出，母公司要求同时具备两个条件：

首先，必须有一个或一个以上的子公司，即必须满足合并报表准则所规定的控制要求，能够决定另一个企业的财务和经营政策，并拥有从该企业的经营活动中获取利益的权力。母公司可以只控制一个子公司，也可以同时控制多个子公司。

其次，母公司可以是企业，如公司法所规范的股份有限公司、有限责任公司，也可以是非企业形式的、但形成会计主体的其他组织，如基金等。

子公司，是指被母公司控制的企业。从子公司的定义可以看出，子公司也要求同时具备两个条件：

首先，作为子公司必须被母公司控制，并且只能由一个母公司控制，不可能也不允许被两个或多个母公司同时控制。被两个或多个公司共同控制的被投资单位是合营企业，而不是子公司。

其次，子公司可以是企业，如公司法所规范的股份有限公司、有限责任公司，也可以是非企业形式的、但形成会计主体的其他组织，如基金以及信托项目等特殊目的主体。

（三）实质性权利和保护性权利

投资方在判断是否拥有对被投资方的权力时，应当仅考虑与被投资方相关的实质性权利，包括自身所享有的实质性权利以及其他方所享有的实质性权利。

（1）实质性权利。实质性权利是持有人在对相关活动进行决策时有实际能力行使的可执行权利。判断一项权利是否为实质性权利，应当综合考虑所有相关因素，包括权利持有人行使该项权利是否存在财务、价格、条款、机制、信息、法律等方面的障碍；当权利由多方持有或行权需要多方同意时，是否存在实际可行的机制使得这些权利持有人在其愿意的情况下能够一致行权；权利持有人是否可从行权中获利等。实质性权利通常是当前可执行的权利，但某些情况下当前不可行使的权利也可能是实质性权利。

（2）保护性权利。保护性权利是仅为了保护权利持有人利益却没有赋予持有人对相关活动的决策权的一项权利，通常包括应由股东大会（或股东会）行使的对修改公司章程、增加或减少注册资本、发行公司债券以及公司合并、分立、解散或变更公司形式等事项持有的表决权。仅享有保护性权利的投资方不拥有对被投资方的权力。

（四）投资方对被投资方拥有权力的情形

前面谈到，权力最常见的产生方式是通过权益工具授予的表决权产生，但也可以通过其他合同安排产生。

（1）投资方持有被投资方半数以上的表决权，拥有对被投资方的权力。投资方直接或通过子公司间接拥有被投资方半数以上的表决权，表明投资方能够控制被投资方，应当将该被投资方认定为子公司，纳入合并财务报表的合并范围。但是，有证据表明母公司不能控制被投资方的除外。

表决权是指对被投资方经营计划、投资方案、年度财务预算和决算方案、利润分配和弥补亏损方案、内部管理机构的设置、聘任或解聘公司经理及其报酬政策、公司的基本管理制度等事项持有的表决权，不包括应当由股东大会（或股东会）行使的对修改公司章程、增加或减少注册资本、发行公司债券以及公司合并、分立、解散或变更公司形式等事项持有的表决权。表决权比例通常与其出资比例或持股比例一致，但是对于有限责任公司，公司章程另有规定的除外。

通常情况下，当母公司拥有被投资方半数以上的表决权时，母公司就拥有对该被投资方的控制权，能够主导该被投资方的股东大会，特别是董事会，并对其生产经营活动和财务政策实施控制。在这种情况下，子公司处在母公司的直接控制和管理下进行日常生产经营活动，子公司的生产经营活动成为事实上的母公司生产经营活动的一个组成部分，母公司与子公司的生产经营活动已经一体化。拥有被投资方半数以上表决权，是母公司对被投资方拥有控制权的最明显的标志，应当将被投资方纳入合并财务报表的合并范围。

母公司拥有被投资方半数以上表决权，通常具有三种情形：①母公司直接拥有被投资单位半数以上表决权。②母公司间接拥有被投资单位半数以上表决权。间接拥有半数以上表决权，是指母公司通过子公司而对子公司的子公司拥有半数以上表决权。③母公司以直接和间接方式合计拥有被投资单位半数以上表决权。以直接和间接方式合计拥有半数以上表决权，是指母公司以直接方式拥有某一被投资方半数以下的表决权，同时又通过其他方式如通过子公司拥有该被投资方一部分的表决权，两者合计拥有该被投资方半数以上的表决权。

【例2-1】　在图2-1中，A公司直接持有B公司90%的具有表决权股份，因此能够直接控制B公司，B公司成为A公司的子公司。B公司直接持有C公司80%的具有表决权股份，因此能够直接控制C公司，同时A公司通过其子公司B间接控制C公司。A公司直接持有D公司40%的具有表决权股份，通过子公司B又间接持有D公司30%的具有表决权股份，两个比例之和超过了半数，因此A公司能够通过直接持股和间接持股相结合的形式控制D公司。

（2）投资方持有被投资方半数或半数以下表决权，但通过与其他表决权持有人之间的协议能够控制半数以上表决权，从而拥有对被投资方的权力。投资方自己持有的表决权虽然只有半数或半数以下，但通过与其他表决权持有人之间的协议，可以持有足以主导被投资方相关活动的表决权，从而拥有对被投资方的权力。

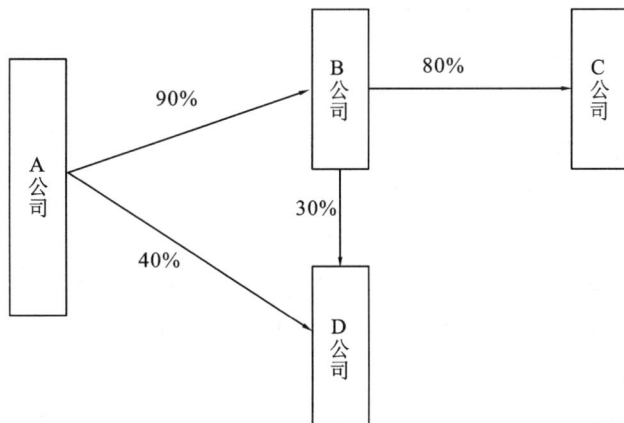

图 2-1　控制关系示例

【例 2-2】 在图 2-2 中,三位投资方 A 公司、B 公司和 C 公司分别持有 D 公司具有表决权股份的比例为 30％、30％和 40％,都没有超过半数。但 B 公司与 C 公司之间签订协议,B 公司将其持有的股权全部委托给 C 公司管理,则 C 公司实际管理的 D 公司具有表决权股份的比例达到了 70％,超过了半数,因此 C 公司能够控制 D 公司。

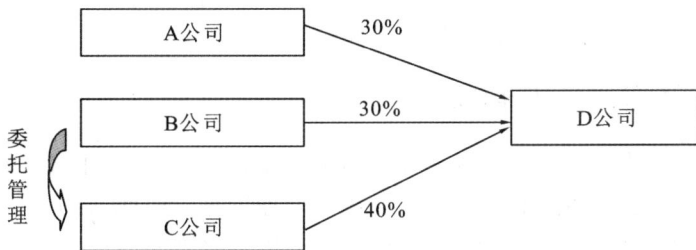

图 2-2　协议控股示例

(3)投资方持有半数或以下表决权但对被投资方拥有权力的其他情形。有时投资方仅持有半数或半数以下的表决权,但综合考虑下列事实和情况后,判断投资方持有的表决权足以使其有能力主导被投资方的相关活动,则视投资方对被投资方拥有权力:①投资方持权份额大小以及其他投资方持权的分散程度;②投资方和其他投资方持有被投资方潜在的表决权;③其他合同安排产生的权力;④被投资方以往的表决权行使情况等。

【例 2-3】 在图 2-3 中,A 公司持有 B 公司 45％的具有表决权股份,B 公司剩余股权由多位小股东分别持有,每位小股东持股比例均不超过 1％,且这些小股东之间没有达成集体决策的协议。虽然 A 公司持股比例未超过半数,但其他每位小股东持股比例相对很小,剩余股权持股情况十分分散,且这些小股东之间没有集体决策的协议,那么可以认为 A 公司是能够主导 B 公司相关活动的,因此 A 公司能够对 B 公司实施控制。

【例 2-4】 投资方 A 公司、B 公司、C 公司分别持有 D 公司 1/3 的具有表决权股份,除权益工具外,投资方 A 公司还持有可在任何时候按固定价格转换成被投资方普通股的债务工具,该工具为蚀价(但非深度蚀价)。如果对该债务工具进行转换,投资方 A 公司将持有被投资方 60％的具有表决权股份。如果该债务工具被转换成普通股,投资方 A 公司将能够从所实

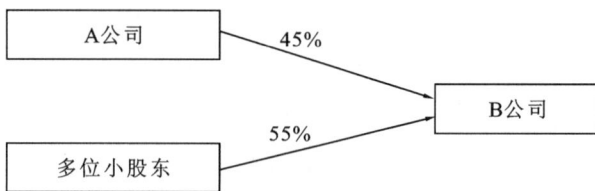

图 2-3   相对控股示例

现的协同效应中获益。综上所述,可以认为投资方 A 公司拥有主导 D 公司的权力,因为 A 公司的持股连同潜在表决权使其有能力在当前主导 D 公司的相关活动。

【例 2-5】   B 公司在引入 A 公司的投资时,在投资协议中约定 A 公司投资 4 000 万元取得 B 公司 40%的股权,但同时 A 公司取得 B 公司董事会中的多数席位。在这种情况下,A 公司拥有主导 B 公司的权力,因为 A 公司通过投资协议主导了 B 公司的权力机构,因而也就能够主导 B 公司的相关活动。

(五)投资方拥有多数表决权但未拥有对被投资方的权力的情形

拥有多数表决权但无法主导被投资方的情形主要有:被投资方的相关活动要服从于法院、政府、接收方、清算者的命令。

根据以上的各种情形,我们了解到,在判断投资方是否拥有主导被投资方的权力时,应遵循实质重于形式的原则,辨识是否存在控制实质。

五、合并财务报表的编制原则

与个别财务报表不同,合并财务报表反映的是母公司和子公司组成的企业集团整体财务情况,反映的是若干个法人共同形成的会计主体的财务情况。因此,合并财务报表的编制除了遵循财务报表编制的一般原则和要求外,还应当遵循以下原则和要求。

(1)以个别财务报表为基础编制。合并财务报表并不是直接根据母公司和子公司的账簿编制的,而是利用母公司和子公司编制的财务报表所提供的数据,通过合并财务报表的特有方法进行编制的。以纳入合并范围的个别财务报表为基础,可以说是客观性原则在合并财务报表编制时的具体体现。

(2)一体性原则。合并财务报表反映的是企业集团的财务状况和经营成果,反映由多个法人企业组成的一个会计主体的财务情况,因此在编制合并财务报表时,应当将母公司和所有子公司作为整体来看待,视为同一会计主体,母公司和子公司发生的经营活动都应当从企业集团这一整体的角度进行考虑。在编制合并财务报表时,对于母公司与子公司、子公司互相之间发生的经济业务,应当分别视为同一会计主体内部业务和同一会计主体之下的不同核算单位的内部业务来进行处理。

(3)重要性原则。与个别财务报表相比,合并财务报表涉及多个法人主体,其涉及的经营活动范围广,而且母公司与子公司的经营活动往往跨越不同行业的界限,有时母公司与子公司经营活动甚至相差很大。合并财务报表要想综合反映这样的会计主体的财务情况,必然要涉及重要性的判断问题,特别是在拥有众多子公司的情况下。在编制合并财务报表时,必须特别强调重要性原则的运用。例如,一些项目对在企业集团中的某一企业具有重要性,但对于整个企业集团则不一定具有重要性,在此情况下应该根据重要性的要求对财务报表项目进行取舍。

六、合并财务报表的编制程序

(一)编制合并财务报表的前期准备事项

合并财务报表的编制涉及若干个子公司,为了使编制的合并财务报表能够真实、全面地提供企业集团的可靠信息,必须做好编制合并财务报表的前期准备事项,具体包括以下工作。

(1)统一母子公司的资产负债表日及会计期间。财务报表反映一定日期的财务状况和一定会计期间的经营成果及现金流量,母公司和子公司的个别财务报表只有在反映财务状况的日期和反映经营成果、现金流量的会计期间一致的情况下才能进行合并。为了编制合并财务报表,必须要求母、子公司的财务报表决算日和会计期间保持一致,并统一企业集团内部各企业的财务报表决算日和会计期间,以便子公司提供相同日期和会计期间的财务报表。对于境外子公司,由于当地法律限制不能与母公司报表决算日和会计期间一致的,可以要求其为编制合并财务报表单独编制与母公司财务报表决算日和会计期间一致的个别财务报表。

(2)统一母子公司的会计政策。会计政策是指企业进行会计核算和编制财务报表时所采用的会计原则、会计程序和会计处理方法,它是编制财务报表的基础,也是保证财务报表各项目反映内容一致的基础。只有在财务报表各项目反映的内容一致的情况下,才能对其进行加总,编制合并财务报表。为此,在编制合并财务报表前,应统一母、子公司的会计政策,要求子公司所采用的会计政策与母公司保持一致。

(3)对子公司以外币表示的财务报表进行折算。对母公司和子公司的财务报表进行合并,其前提必须是母、子公司个别财务报表所采用的货币计量单位一致。在我国,允许外币业务比较多的企业采用某一外币作为记账本位币,境外企业一般也是采用其所在国或地区的货币作为记账本位币;在将这些企业的财务报表纳入合并时,必须将其折算为母公司所采用的记账本位币表示的财务报表。

(4)子公司应提供相关资料。为了编制合并财务报表,子公司除了应当向母公司提供财务报表外,还应当向母公司提供下列有关资料:①采用的与母公司不一致的会计政策及其影响金额;②对与母公司会计期间不一致的说明;③与母公司、其他子公司之间发生的所有内部交易的相关资料(购销业务、债权债务、投资等资料);④所有者权益变动和利润分配的有关资料;⑤编制合并财务报表所需的其他相关资料。

(二)合并财务报表的编制步骤

第一步,开设合并财务报表工作底稿。合并财务报表工作底稿的作用是为合并财务报表的编制提供基础。在合并财务报表工作底稿中,应对母公司和子公司的个别财务报表各项目的金额进行汇总和抵销处理,最终计算得出合并财务报表各项目的金额。合并财务报表工作底稿的基本格式如表 2-1 所示。

表 2-1 合并财务报表工作底稿的基本格式(简表)

单位:元

项目	个别报表		合计数	调整与抵销分录		少数股东权益	合并数
	母公司	子公司		借	贷		
资产负债表项目							
……							
利润表项目							
……							
所有者权益变动表中的有关利润分配项目							
……							

合并财务报表工作底稿通常纵向设置报表项目,横向分别设置"个别报表""合计数""调整与抵销分录""合并数"四大栏。一般地,合并资产负债表工作底稿、合并利润表工作底稿、合并所有者权益表工作底稿合在一张工作底稿中,而合并现金流量表工作底稿单独设置。

第二步,将个别财务报表的数据过入工作底稿并加总。将母公司、纳入合并范围的子公司个别财务报表数据过入合并财务报表工作底稿中,并在合并工作底稿中对母公司和子公司个别财务报表各项目的数据进行加总,计算出各项目合计数额。

第三步,编制调整分录和抵销分录。在合并工作底稿中编制调整分录和抵销分录,将母公司与子公司之间、子公司相互之间发生内部交易对合并财务报表有关项目的影响进行调整和抵销处理。

(1)抵销分录的编制。编制抵销分录,将企业集团的内部交易对合并财务报表有关项目的影响进行抵销处理,是合并财务报表编制的关键和主要内容,其目的在于将个别财务报表各项目的加总金额中重复的因素予以抵销。值得注意的是,在合并工作底稿中编制调整分录和抵销分录时,借记或贷记的均为财务报表项目,而不是具体的会计科目。例如,涉及调整和抵销固定资产折旧、固定资产减值准备时,均是通过资产负债表中的"固定资产"项目,而不是"累计折旧""固定资产减值准备"等项目来进行调整和抵销。此外,调整和抵销分录只是为了编制合并财务报表的需要而编制的,不能在母、子公司的账簿中登记。

(2)按内部交易类别对抵销处理进行分类。合并财务报表编制时编写的抵销分录往往有四类:①与内部股权投资有关的抵销处理;②与内部债权、债务有关的抵销处理;③与内部存货交易、固定资产交易、无形资产交易等内部资产交易有关的抵销处理;④与内部现金流动有关的抵销处理。

第四步,计算合并财务报表各项目的合并金额。在母公司和子公司个别财务报表各项目加总金额的基础上,分别计算出合并财务报表中各资产项目、负债项目、所有者权益项目、收入项目和费用项目等的合并金额。其计算方法如下:

(1)合并工作底稿中资产负债表各项目"合并数":资产类,用各项目的合计数,加上该项目抵销分录有关的借方发生额,减去该项目抵销分录贷方发生额;负债类,用各项目的合计数,减去该项目抵销分录有关的借方发生额,加上该项目抵销分录的贷方发生额;所有者权益类,用各项目的合计数,减去该项目抵销分录有关的借方发生额,加上该项目抵销分录有关的贷方发生额。合并非全资子公司资产负债表的"少数股东权益",则视同抵销分录的贷方发生额在合并资产负债表股东权益下单独列示。

(2)合并工作底稿中利润表各项目"合并数":收入类,用各项目合计数,减去该项目抵销分录的借方发生额,加上该项目抵销分录的贷方发生额;成本费用,用各项目合计数,加上该项目抵销分录的借方发生额,减去该项目抵销分录的贷方发生额;最后根据工作底稿中收入、成本和费用的"合并数",计算出净利润。

(3)利润分配表各项目"合并数":"期初未分配利润"项目的合计数,减去抵销分录的借方发生额,加上抵销分录的贷方发生额,计算得出期初未分配利润的合并数;利润分配,用各项目的合计数,加上抵销分录的借方发生额,减去抵销分录的贷方发生额;"期末未分配利润"项目的合计数,加上合并工作底稿中利润表和利润分配表部分各项目抵销分录栏的贷方发生额的合计数,减去合并工作底稿中利润表和利润分配表部分抵销分录栏的借方发生额合计数,计算得出"期末未分配利润"的合并数。

第五步,填列合并金额,生成正式的合并财务报表。根据合并工作底稿中计算出的资产、负债、所有者权益、收入、费用以及现金流量表中各项目的合并金额,填列生成正式的合并财务报表。

合并现金流量表可以在合并资产负债表和合并利润表的基础上编制,也可以在个别现金流量表的基础上编制。

第二节 股权取得日合并财务报表的编制

在股权取得日,母公司获得了子公司的控股权,母、子公司共同构成企业集团这一经济意义上的整体,为了反映此时点企业集团的财务状况,以及期初至股权取得日这一时期的经营成果、现金流量等会计信息,有必要编制合并财务报表。

一、基本原理

根据现行企业会计准则,无论是同一控制下企业合并还是非同一控制下企业合并,股权取得日都需要编制合并资产负债表;如果是期中进行的同一控制下企业合并,股权取得日还需要编制期初至股权取得日的合并利润表和合并现金流量表。股权取得日编制合并财务报表,都需要进行相应的调整与抵销处理,往往具有以下几个特点:

(1)需要进行必要的调整处理。在子公司采取的会计政策、会计期间与母公司不一致的情况下,按母公司的会计政策和会计期间,对子公司的财务报表数据进行调整;非同一控制下企业合并取得的子公司,应当按该子公司有关可辨认资产、负债的公允价值,对子公司的个别财务报表数据进行调整。

(2)一般只需进行与内部股权投资有关的抵销处理。母公司在对子公司进行控股合并时,一方面增加母公司的长期股权投资,另一方面形成子公司的股本,而这些会计要素的变动,源于内部的股权投资。从合并财务报表角度来看,内部股权投资对双方个别财务报表数据所构成的影响,需要进行抵销处理。

(3)在非全资投资情况下,存在少数股东权益。所谓少数股东权益,是指子公司股东权益中非属于母公司拥有的那部分股权。在母公司非全资投资的情况下,子公司的股权有部分并非由母公司拥有,而是由其他股东拥有,这部分股权比例相对于母公司的持股比例往往较小,在金额上等于子公司股东权益乘以少数股东持股的比例。根据现行企业会计准则的规定,在编制合并资产负债表时,少数股东权益作为单独项目在股东权益下列示。少数股东损益,是指子公司当年实现净损益中少数股东应享有的份额,在金额上等于子公司当年净利润乘以少数股东持股的比例。在编制合并利润表时,少数股东损益作为合并净利润的组成部分,在净利润项目下单独列示。

二、股权取得日合并财务报表的编制应用举例

(一)同一控制下企业合并

同一控制下企业控股合并时,按照权益结合法,取得的被合并方可辨认净资产、合并对价都是按照账面价值计量。在编制合并财务报表时,需要对母公司所构成的长期股权投资以及子公司收到投资时所形成的股东权益进行抵销,这种抵销也是按账面价值进行;在非全资投资时,还应在贷方确认少数股东权益。母公司取得子公司的控股权,可能是一次投资形成,也可能是多次投资形成,这两种情况下的抵销处理不同。下面就这两种情形分别论述。

(1)一次投资形成的控股合并。对于一次投资实现的同一控制下的控股合并,一方面,在编制合并资产负债表时,被合并方的各项资产、负债应按其账面价值计量(如果被合并方采用的会计政策与合并方不一致,应按照合并方的会计政策进行调整,以调整后的账面价值计量);另一方面,合并方对被合并方的长期股权投资的入账价值按合并日被合并方所有者权益账面价值的份额计量。在这种情况下,合并日在编制合并资产负债表时的抵销分录通常为:

借:股本
　　资本公积
　　盈余公积　　　　　　[子公司报告价值]
　　未分配利润
　贷:长期股权投资　　　[母公司对该子公司长期股权投资报告价值]
　　少数股东权益　　　[子公司股权权益与少数股东持股比例的乘积]

【例2-6】 本例为控股合并形成全资母公司的情况。A公司于2022年1月1日以300万元银行存款换取了B公司100%的股权,从而控制了B公司。该项控股合并为同一控制下的企业合并。2022年1月1日在该项合并发生后A公司、B公司的资产负债表数据如表2-2所示。

表2-2 控股合并后A公司和B公司的资产负债表

2022年1月1日　　　　　　　　　　　　　　　　单位:元

项目	A公司		B公司	
	借方	贷方	借方	贷方
货币资金	7 000 000		4 000 000	
应收账款	1 000 000		500 000	

续表

项目	A公司		B公司	
	借方	贷方	借方	贷方
存货	5 000 000		500 000	
长期股权投资	3 000 000		—	
固定资产	14 000 000		5 000 000	
应付账款		4 000 000		800 000
短期借款		2 000 000		1 200 000
长期借款		10 000 000		5 000 000
股本		8 000 000		2 000 000
资本公积		4 000 000		500 000
盈余公积		1 000 000		200 000
未分配利润		1 000 000		300 000
合计	30 000 000	30 000 000	10 000 000	10 000 000

A公司在企业合并中所支付的合并对价为 3 000 000 元,而取得的可辨认净资产账面价值也为 3 000 000 元,二者之间没有差额。2022 年 1 月 1 日对企业合并编写的会计分录为:

借:长期股权投资　　　　　　　　　　　　　　　　　3 000 000

　　贷:银行存款　　　　　　　　　　　　　　　　　　　　3 000 000

而在股权取得日编制合并财务报表时,编写的抵销分录为:

借:股本　　　　　　　　　　　　　　　　　　　　　2 000 000

　　资本公积　　　　　　　　　　　　　　　　　　　　500 000

　　盈余公积　　　　　　　　　　　　　　　　　　　　200 000

　　未分配利润　　　　　　　　　　　　　　　　　　　300 000

　　贷:长期股权投资　　　　　　　　　　　　　　　　　　3 000 000

将该分录数据填写至合并财务报表工作底稿并计算合并数,如表 2-3 所示。

表 2-3　A公司合并工作底稿

2022 年 1 月 1 日　　　　　　　　　　　　　　　　　　　　　单位:元

项目	A公司	B公司	合计数	调整与抵销分录		合并数
				借方	贷方	
货币资金	7 000 000	4 000 000	11 000 000			11 000 000
应收账款	1 000 000	500 000	1 500 000			1 500 000
存货	5 000 000	500 000	5 500 000			5 500 000
长期股权投资	3 000 000	—	3 000 000		3 000 000	0

续表

项目	A公司	B公司	合计数	调整与抵销分录		合并数
				借方	贷方	
固定资产	14 000 000	5 000 000	19 000 000			19 000 000
应付账款	4 000 000	800 000	4 800 000			4 800 000
短期借款	2 000 000	1 200 000	3 200 000			3 200 000
长期借款	10 000 000	5 000 000	15 000 000			15 000 000
股本	8 000 000	2 000 000	10 000 000	2 000 000		8 000 000
资本公积	4 000 000	500 000	4 500 000	500 000		4 000 000
盈余公积	1 000 000	200 000	1 200 000	200 000		1 000 000
未分配利润	1 000 000	300 000	1 300 000	300 000		1 000 000

【例2-7】 本例为控股合并形成非全资母公司的情况。其他资料同前例2-6,假设A公司 2022年1月1日是以240万元银行存款换取了B公司80%的股权,从而控制了B公司。该项控股合并为同一控制下的企业合并。

A公司在2022年1月1日对企业合并编写的会计分录为:

借:长期股权投资 2 400 000

　贷:银行存款 2 400 000

而在股权取得日编制合并财务报表时,编写的抵销分录为:

借:股本 2 000 000

　资本公积 500 000

　盈余公积 200 000

　未分配利润 300 000

　贷:长期股权投资 2 400 000

　　少数股东权益 （3 000 000×20%） 600 000

将该分录数据填写至合并财务报表工作底稿并计算合并数,如表2-4所示。

表2-4　A公司合并工作底稿

2022年1月1日

单位:元

项目	A公司	B公司	合计数	调整与抵销分录		合并数
				借方	贷方	
货币资金	7 000 000	4 000 000	11 000 000			11 000 000
应收账款	1 000 000	500 000	1 500 000			1 500 000
存货	5 000 000	500 000	5 500 000			5 500 000
长期股权投资	2 400 000	—	2 400 000		2 400 000	0
固定资产	14 000 000	5 000 000	19 000 000			19 000 000

续表

项目	A公司	B公司	合计数	调整与抵销分录		合并数
				借方	贷方	
应付账款	4 000 000	800 000	4 800 000			4 800 000
短期借款	2 000 000	1 200 000	3 200 000			3 200 000
长期借款	10 000 000	5 000 000	15 000 000			15 000 000
股本	8 000 000	2 000 000	10 000 000	2 000 000		8 000 000
资本公积	4 000 000	500 000	4 500 000	500 000		4 000 000
盈余公积	1 000 000	200 000	1 200 000	200 000		1 000 000
未分配利润	1 000 000	300 000	1 300 000	300 000		1 000 000
少数股东权益					600 000	600 000

（2）多次投资分步实现的控股合并。通过多次股权投资分步实现的控股合并，合并方在股权取得日合并财务报表工作底稿中的抵销分录与上述一次投资形成控股合并情况下的抵销处理不同。

【例2-8】 本例为多次投资分步实现的控股合并。其他资料同前例2-6，假设A公司与B公司在合并前即为同一控制下的两个公司。A公司在2021年1月初用银行存款50万元取得了B公司20%的股权，当日B公司可辨认净资产账面价值为200万元、公允价值为250万元。取得投资后A公司派人参与B公司的生产经营决策，并对B公司的投资采取权益法核算。2021年末B公司宣告当年实现净利润100万元，A公司确认投资收益20万元（假定本例中投资时被投资方可辨认净资产公允价值与账面价值之差对权益法下投资收益的确定没有影响），B公司没有发放现金股利。2022年1月1日，A公司再支付190万元进一步购入乙公司50%的股权，从而总共持有了B公司70%的股权，实现了对B公司的控股合并。合并日B公司可辨认净资产账面价值为300万元、公允价值为330万元，账面价值与公允价值之间的差额为固定资产增值。不考虑税费及其他合并事项。

在合并前，2021年1月初A公司进行股权投资时的会计处理为：

借：长期股权投资　　　　　　　　　　　　　　　　　500 000
　　贷：银行存款　　　　　　　　　　　　　　　　　　　　500 000

2021年末，A公司确认投资收益时的会计处理为：

借：长期股权投资　　　　　　　　　　　　　　　　　200 000
　　贷：投资收益　　　　　　　　　　　　　　　　　　　　200 000

2022年初追加投资时，A公司的会计处理为：

借：长期股权投资　　　　　　　　　　　　　　　　1 400 000
　　资本公积　　　　　　　　　　　　　　　　　　　500 000
　　贷：银行存款　　　　　　　　　　　　　　　　　　　1 900 000

在股权取得日，A公司编制合并财务报表时的有关抵销分录如下：

借：股本　　　　　　　　　　　　　　　　　　　　2 000 000

资本公积	500 000	
盈余公积	200 000	
未分配利润	300 000	
贷：长期股权投资		2 100 000
少数股东权益		900 000

(二)非同一控制下企业合并

非同一控制下企业控股合并时,按照购买法,母公司对子公司投资所确认的股权投资是按合并成本计入的,且合并成本应为合并对价的公允价值,所以对企业合并进行会计处理时,没有确认合并成本与股权投资之间的差额。而在编制合并财务报表时,首先应将母公司的合并成本与所取得的可辨认净资产公允价值之间的差额进行确认,然后抵销母公司的长期股权投资与子公司的股东权益;在非全资投资时,还应在贷方确认少数股东权益。母公司取得子公司的控股权,可能是一次投资形成,也可能是多次投资形成,这两种情况下的抵销处理不同。下面就这两种情形分别论述。

(1)一次投资形成的控股合并。购买法下,母公司因企业合并取得的被购买方各项可辨认资产、负债及或有负债,应当以公允价值计量。根据我国现行的企业会计准则,母公司的合并成本大于取得的子公司可辨认净资产公允价值份额的差额,即母公司对子公司的长期股权投资(按合并成本计量)大于母公司在子公司所有者权益(按公允价值计量)中所享有的份额的差额,列作商誉。在存在少数股权的情况下,合并商誉中并未包含子公司归属于少数股东的商誉。母公司的合并成本小于取得的子公司可辨认净资产公允价值份额的差额,在合并资产负债表中调整留存商誉。综上所述,在编制合并资产负债表时,应先将子公司可辨认净资产调整至公允价值,其会计分录为:

借:有关资产　　　　［子公司有关资产公允价值高于账面价值的差额］
　　贷:资本公积

当子公司有关资产公允价值低于账面价值时,做相反分录,而负债的调整与资产的调整方向相反。然后,将母公司对子公司的股权投资与子公司的股东权益相抵销,并确认少数股东权益:

借:股本　　　　　　⎫
　　资本公积　　　　⎬　［子公司调整后价值］　　　　　　　　　　A
　　盈余公积　　　　⎪
　　未分配利润　　　⎭
　　商誉　　　　　　　　［B 大于(A×母公司持股比例)的差额］　　D_1
　　贷:长期股权投资　　［母公司对该子公司长期股权投资报告价值］　B
　　少数股东权益　　　　［A×少数股东持股比例］　　　　　　　　C
　　未分配利润　　　　　［B 小于(A×母公司持股比例)的差额］　D_2

【例2-9】　本例为控股合并形成全资母公司的情况。其他资料同前例2-6,假设B公司固定资产经评估发现增值100万元,其公允价值为600万元。而A公司除了用银行存款300万元,另加账面价值为100万元、市场价格为150万元的存货,换取了B公司100%的股权。已知该项控股合并为非同一控制下的企业合并,相关税费省略。

在购买日,A公司对该企业合并所做会计分录为:

借:长期股权投资   4 500 000

 贷:银行存款   3 000 000

  存货   1 500 000

而在股权取得日,首先调整对子公司有关资产的报告价值:

借:固定资产   1 000 000

 贷:资本公积   1 000 000

其次,在股权取得日还需抵销母公司的股权投资与子公司的股东权益:

借:股本   2 000 000

  资本公积   1 500 000

  盈余公积   200 000

  未分配利润   300 000

  商誉   500 000

 贷:长期股权投资   4 500 000

将该分录数据填写至合并财务报表工作底稿并计算合并数,如表 2-5 所示。

表 2-5 A 公司合并工作底稿

2022 年 1 月 1 日   单位:元

项目	A 公司	B 公司	合计数	调整与抵销分录		合并数
				借方	贷方	
货币资金	7 000 000	4 000 000	11 000 000			11 000 000
应收账款	1 000 000	500 000	1 500 000			1 500 000
存货	3 500 000	500 000	4 000 000			4 000 000
长期股权投资	4 500 000	—	4 500 000		4 500 000	0
固定资产	14 000 000	6 000 000	20 000 000			20 000 000
商誉	0	0	0	500 000		500 000
应付账款	4 000 000	800 000	4 800 000			4 800 000
短期借款	2 000 000	1 200 000	3 200 000			3 200 000
长期借款	10 000 000	5 000 000	15 000 000			15 000 000
股本	8 000 000	2 000 000	10 000 000	2 000 000		8 000 000
资本公积	4 000 000	1 500 000	5 500 000	1 500 000		4 000 000
盈余公积	1 000 000	200 000	1 200 000	200 000		1 000 000
未分配利润	1 000 000	300 000	1 300 000	300 000		1 000 000

【例 2-10】 本例为控股合并形成非全资母公司的情况。其他资料同前例 2-6,假设 B 公司固定资产经评估发现增值 100 万元,其公允价值为 600 万元。而 A 公司除了用银行存款 300 万元,另加账面价值为 50 万元、市场价格为 100 万元的存货换取了 B 公司 80% 的股权。已知该项控股合并为非同一控制下的企业合并,相关税费省略。

在购买日,A公司对该企业合并所做会计分录为:

借:长期股权投资 4 000 000
　　贷:银行存款 3 000 000
　　　　存货 1 000 000

而在股权取得日,首先调整对子公司有关资产的报告价值:

借:固定资产 1 000 000
　　贷:资本公积 1 000 000

其次,在股权取得日还需抵销母公司的股权投资与子公司的股东权益:

借:股本 2 000 000
　　资本公积 1 500 000
　　盈余公积 200 000
　　未分配利润 300 000
　　商誉 800 000
　　贷:长期股权投资 4 000 000
　　　　少数股东权益 800 000

将该分录数据填写至合并财务报表工作底稿并计算合并数,如表2-6所示。

表2-6　A公司合并工作底稿

2022年1月1日　　　　　　　　　　　　　　　　　　单位:元

项目	A公司	B公司	合计数	调整与抵销分录		合并数
				借方	贷方	
货币资金	7 000 000	4 000 000	11 000 000			11 000 000
应收账款	1 000 000	500 000	1 500 000			1 500 000
存货	4 000 000	500 000	4 500 000			4 500 000
长期股权投资	4 000 000	—	4 000 000		4 000 000	0
固定资产	14 000 000	6 000 000	20 000 000			20 000 000
商誉	0	0	0	800 000		800 000
应付账款	4 000 000	800 000	4 800 000			4 800 000
短期借款	2 000 000	1 200 000	3 200 000			3 200 000
长期借款	10 000 000	5 000 000	15 000 000			15 000 000
股本	8 000 000	2 000 000	10 000 000	2 000 000		8 000 000
资本公积	4 000 000	1 500 000	5 500 000	1 500 000		4 000 000
盈余公积	1 000 000	200 000	1 200 000	200 000		1 000 000
未分配利润	1 000 000	300 000	1 300 000	300 000		1 000 000
少数股东权益	0	0	0		800 000	800 000

【例 2-11】　本例为控股合并形成非全资母公司的情况。其他资料同前例 2-6,假设 B 公司固定资产经评估发现增值 100 万元,其公允价值为 600 万元。而 A 公司用银行存款 300 万元换取了 B 公司 80% 的股权。已知该项控股合并为非同一控制下的企业合并,相关税费省略。

在股权取得日,首先调整对子公司有关资产的报告价值:

借:固定资产　　　　　　　　　　　　　　　　　　　　　　1 000 000
　　贷:资本公积　　　　　　　　　　　　　　　　　　　　　　　　1 000 000

在股权取得日还需抵销母公司的股权投资与子公司的股东权益:

借:股本　　　　　　　　　　　　　　　　　　　　　　　　2 000 000
　　资本公积　　　　　　　　　　　　　　　　　　　　　　1 500 000
　　盈余公积　　　　　　　　　　　　　　　　　　　　　　　200 000
　　未分配利润　　　　　　　　　　　　　　　　　　　　　　300 000
　　贷:长期股权投资　　　　　　　　　　　　　　　　　　　　　　3 000 000
　　　　少数股东权益　　　　　　　　　　　　　　　　　　　　　　800 000
　　　　留存收益　　　　　　　　　　　　　　　　　　　　　　　　200 000

将该分录数据填写至合并财务报表工作底稿并计算合并数,如表 2-7 所示。

表 2-7　A 公司合并工作底稿

2022 年 1 月 1 日　　　　　　　　　　　　　　　　　　　　　　　　　单位:元

项目	A 公司	B 公司	合计数	调整与抵销分录		合并数
				借方	贷方	
货币资金	7 000 000	4 000 000	11 000 000			11 000 000
应收账款	1 000 000	500 000	1 500 000			1 500 000
存货	5 000 000	500 000	5 500 000			5 500 000
长期股权投资	3 000 000	—	3 000 000		3 000 000	0
固定资产	14 000 000	6 000 000	20 000 000			20 000 000
应付账款	4 000 000	800 000	4 800 000			4 800 000
短期借款	2 000 000	1 200 000	3 200 000			3 200 000
长期借款	10 000 000	5 000 000	15 000 000			15 000 000
股本	8 000 000	2 000 000	10 000 000	2 000 000		8 000 000
资本公积	4 000 000	1 500 000	5 500 000	1 500 000		4 000 000
盈余公积	1 000 000	200 000	1 200 000	200 000		1 000 000
未分配利润	1 000 000	300 000	1 300 000	300 000	200 000	1 200 000
少数股东权益	0	0	0		800 000	800 000

(2)多次投资分步形成的控股合并。对于股权取得日之前已经持有的被合并方的股权投资,按照其在股权取得日的公允价值进行重新计量,公允价值与账面价值之差,计入当期投资

损益。股权取得日之前持有的被合并方股权于股权取得日的公允价值,加上新购入股权所支付对价的公允价值,两者之和作为股权取得日合并报表中的合并成本。比较合并成本与股权取得日被合并方可辨认净资产公允价值中合并方应享有的份额,确定合并日应确认的合并商誉或应计入当期损益的金额。合并方对于股权取得日之前持有的被合并方股权涉及的其他综合收益中合并方应享有的部分,转为股权取得日所属当期损益。

【例 2-12】　本例为多次投资分步实现控股合并。其他资料同前例 2-6,假设 A 公司与 B 公司在合并前即为非同一控制下的两个公司。A 公司在 2021 年 1 月初用银行存款 50 万元取得了 B 公司 20% 的股权,当日 B 公司可辨认净资产账面价值为 200 万元、公允价值为 250 万元。取得投资后 A 公司派人参与 B 公司的生产经营决策,并对 B 公司的投资采取权益法核算。2021 年末 B 公司宣告当年实现净利润 100 万元,A 公司确认投资收益 20 万元(假定本例中投资时被投资方可辨认净资产公允价值与账面价值之差对权益法下投资收益的确定没有影响),B 公司没有发放现金股利。2022 年 1 月 1 日,A 公司再支付 190 万元进一步购入 B 公司 50% 的股权,从而总共持有了 B 公司 70% 的股权,实现了对 B 公司的控股合并。合并日 B 公司可辨认净资产账面价值为 300 万元、公允价值为 330 万元,账面价值与公允价值之间的差额为固定资产增值。不考虑税费及其他合并事项。

2022 年初,对原股权投资进行重新计量:

应调整金额 = 3 300 000 元 × 20% − (500 000 + 200 000) 元 = −40 000 元

计算合并成本:

合并成本 = 3 300 000 元 × 20% + 1 900 000 元 = 2 560 000 元

计算合并商誉:

合并商誉 = 2 560 000 元 − 3 300 000 元 × 70% = 250 000 元

在股权取得日,将合并前原持有投资账面价值调整至公允价值:

借:投资收益　　　　　　　　　　　　　　　　40 000
　贷:长期股权投资　　　　　　　　　　　　　　　　　40 000

在股权取得日,将母公司对子公司的股权投资与子公司股东权益相抵销,并确认少数股东权益:

借:股本　　　　　　　　　　　　　　　　2 000 000
　资本公积　　　　　　　　　　　　　　　500 000
　盈余公积　　　　　　　　　　　　　　　200 000
　未分配利润　　　　　　　　　　　　　　300 000
　固定资产　　　　　　　　　　　　　　　300 000
　商誉　　　　　　　　　　　　　　　　　250 000
　贷:长期股权投资　　　　　　　　　　　　　　　2 560 000
　　少数股东权益　　　　　　　　　　　　　　　　990 000

本章小结

合并财务报表是反映母公司及其全部子公司形成的企业集团整体财务状况、经营成果和现金流量的财务报表,与个别财务报表相比,在编制的报表内容、编制报表的主体、编制报表的基础、编制报表的方法等方面均不同。合并财务报表按反映的具体内容分类,可以分为合并资产负债表、合并利润表、合并所有者权益变动表、合并现金流量表以及附注。根据我国企业会计准则的规定,合并财务报表的合并范围应当以控制为基础加以确定。而控制,是指投资方拥有对被投资方的权力,通过参与被投资方的相关活动而享有可变回报,并且有能力运用其对被投资方的权力影响其回报金额。在判断控制关系是否成立时,应遵循实质重于形式的原则。通常母公司拥有被投资方半数以上表决权时,就可判定母公司拥有对被投资方的权力,而控制性持股又有三种情形:母公司以直接拥有被投资单位半数以上表决权;母公司间接拥有被投资单位半数以上表决权;母公司以直接和间接方式合计拥有被投资单位半数以上表决权。而投资方持有半数或半数以下表决权也可能对被投资方拥有权力,应在判断时综合考虑下列事实和情况:①投资方持权份额大小以及其他投资方持权的分散程度;②投资方和其他投资方持有被投资方潜在的表决权;③其他合同安排产生的权力;④被投资方以往的表决权行使情况等。

合并财务报表的编制除了遵循财务报表编制的一般原则和要求外,还应当遵循以下原则:①以个别财务报表为基础编制;②一体化原则;③重要性原则。编制合并财务报表时,应做好前期准备事项:①统一母子公司的资产负债表日及会计期间;②统一母子公司的会计政策;③对子公司以外币表示的财务报表进行折算;④子公司应提供有关内部交易、利润分配等相关资料。编制合并财务报表通常要经历以下步骤:①开设合并财务报表工作底稿;②将个别财务报表的数据过入工作底稿并加总;③编制调整分录和抵销分录;④计算合并财务报表各项目的合并金额;⑤填列合并金额,生成正式的合并财务报表。

股权取得日编制合并财务报表时,通常应对母公司对子公司的股权投资与子公司的股东权益进行抵销;如果母公司对子公司的投资为非全资,还需同时确认少数股东权益。由于同一控制下企业合并与非同一控制下企业合并在计量属性、差额确认等方面存在差异,因此,在股权取得日编制合并财务报表的过程中编写抵销分录时也应分这两类进行。如果是多次投资分步实现企业控股合并的,应重新计算合并成本,以便准确进行抵销处理。

（思政园地）

规范会计核算 防范合并报表造假

随着经济发展,我国企业的收购兼并、参股控股活动发生频繁,这一方面推动了生产要素的重新组合和资源的优化配置,另一方面也形成了许多合并财务报表造假的现象。某些企业为了自己的利益,开始违背会计准则的要求做假账,虚假合并会计报表就是在这种情况下产生的。合并会计报表的弄虚作假行为主要有两种:一种是符合条件、需要合并的未进行合并,例如企业在编制合并报表时,未与子公司的内部销售收入做抵销,造成虚增销售收入、信息失真的严重后果;另一种是企业在编制合并报表时,将不应纳入合并范围的子公司纳入合并范围,导致财务报表信息失真。

会计核算要求能如实反映企业财务状况的真实会计信息,财务人员在工作过程中应该秉持公平、公正的态度,对业务进行准确的核算,严格按照会计准则开展工作,工作严谨、认真,培养良好的职业道德,对国家利益进行保护,为保证社会和集体利益提供真实、可靠、客观公正的会计报表。

（思考题）

1. 合并财务报表的种类有哪些?

2.合并财务报表合并范围该如何确定？

3.合并财务报表的基础工作和编制程序有哪些？

4.少数股东权益和少数股东损益该如何列报？

5.什么是合并商誉？合并商誉该如何初始确认与计量？

6.股权取得日编制合并财务报表，通常应做哪些抵销处理？

练习题

1.A公司2022年1月1日以300万元银行存款换取了B公司80%的股权，从而控制了B公司。该项控股合并为非同一控制下的企业合并。假设B公司固定资产经评估发现增值100万元，相关税费省略。A公司和B公司所有者权益构成表见表2-8。

表2-8　A公司和B公司所有者权益构成表

2022年1月1日　　　　　　　　　　　　　　　　　单位:元

项目	A公司	B公司
股本	8 000 000	2 000 000
资本公积	4 000 000	500 000
盈余公积	1 000 000	300 000
未分配利润	1 000 000	200 000
合计	14 000 000	3 000 000

要求:

(1)编制A公司合并日的会计分录。

(2)编制股权取得日合并财务报表中的相关分录。

2.假设甲公司、乙公司是同一控制下的两个企业。2022年末甲公司出资400万元取得了乙公司的全部股权，取得日两公司的资产负债情况如表2-9所示。

表2-9　2022年末甲公司、乙公司资产负债表

单位:万元

项目	甲公司		乙公司	
	借方	贷方	借方	贷方
货币资金	700		200	
存货	500		120	
固定资产	100		180	
负债		200		100
股本		800		200
资本公积		200		160
未分配利润		100		40
合计	1 300	1 300	500	500

要求：

(1)编制股权取得日合并资产负债表工作底稿。

(2)假设甲公司投资 320 万元只取得了乙公司 80% 的股权,编制股权取得日合并资产负债表工作底稿。

第三章 并购日后合并财务报表

学习目标

通过本章学习,学生应掌握集团公司内部投资事项的抵销处理,掌握集团内部债权、债务的抵销处理,理解集团内部资产交易事项含义,掌握其抵销处理,熟悉合并现金流量表的编制方法,理解合并财务报表附注披露的内容。

课前导读

企业集团内部各企业往往基于以下动机而开展内部交易活动:一是实现企业集团的整体战略和规模效应。企业集团为了合理有效地配置资源,提高资金、设备等资源的利用效率,往往会利用对集团成员的控制和影响,在生产经营过程中组织分工协作,开展内部交易,以实现规模经济效益。二是节省交易费用。通过企业集团内部关联交易,把外部交易转化为内部交易,可以有效地降低交易费用。三是转移利润,规避税负。通过集团内部关联交易转移利润,可以使企业集团的整体税负水平下降,以达到合理避税之目的。

集团公司的内部交易事项应从集团这一整体的角度进行考虑,即将它们视为同一会计主体的内部业务进行处理,在母公司及子公司个别会计报表的基础上予以抵销,以消除它们对个别会计报表的影响,保证以个别会计报表为基础编制的合并会计报表能够正确反映企业集团的财务状况、经营成果等信息。

企业集团内部的关联交易很容易成为子公司与集团公司之间调节利润、转嫁风险、避税和一些部门及个人谋取私利的手段。因而,对企业集团内部的关联交易必须进行规范。

集团内部
交易的规范

/ 引导案例 /

科华集团内部交易

科华股份有限公司和其全资子公司方圆公司均为一般纳税人,所得税都采用资产负债表债务法核算,适用的所得税税率为25%,增值税税率均为13%。有关交易事项如下:

2021年12月20日,方圆公司向科华公司销售商品,销售价格为3 390万元(含增值税)。方圆公司2021年度的销售毛利率为20%。科华公司将购入的方圆公司的存货对外销售,实现销售收入2 000万元,销售成本为1 600万元。科华公司对存货的发出采用先进先出法核算。

2021 年 12 月 22 日,方圆公司向科华公司销售商品一件,售价为 226 万元(含增值税),销售成本为 180 万元,科华公司购入上述商品后将其作为固定资产并于当月投入行政管理部门使用,科华公司另支付运杂费等 10 万元。固定资产预计使用年限为 5 年,无残值,按平均年限法计提折旧。

2021 年 12 月 25 日,科华公司以 530 万元的价格购入方圆公司于 2021 年 1 月 1 日按面值发行的 3 年期一次还本付息的债券作为债权投资。该债券票面金额为 500 万元,票面利率为 6%,因实际利率与票面利率差别较小,科华公司对债券溢价采用直线法摊销。方圆公司发行的债券用于补充流动资金。

问题:科华公司编制 2021 年末的合并财务报表时,对于这些内部资产交易、内部债权债务该如何进行会计处理?

第一节 集团内部投资事项的抵销处理

股权取得日后,在子公司宣告当年实现净利润时,按照权益法的要求,母公司一方面确认投资收益,另一方面会对长期股权投资进行账面价值调整。因此,不同于股权取得日合并财务报表的处理,在股权取得日后编制合并财务报表时,通常需要进行两方面内容的抵销:一是母公司对子公司的长期股权投资与子公司的所有者权益项目的抵销;二是内部股权投资收益与子公司利润分配项目的抵销。

一、母公司对子公司的长期股权投资与子公司的所有者权益项目的抵销

母公司对子公司的长期股权投资,从企业集团整体这个角度来看,实际上相当于企业集团内部资产的调拨,并不引起整个企业集团的资产、负债和所有者权益的增减变化。因此,在编制合并财务报表时,应当在母公司与子公司财务报表数据简单相加的基础上,将母公司对子公司的长期股权投资与子公司的所有者权益项目予以抵销。

根据母公司持有子公司股权的比例,可以将母公司对子公司的投资分为全资投资和非全资投资。在全资投资的情况下,在进行抵销处理时是将母公司对子公司的长期股权投资与子公司的所有者权益项目全额抵销;而在非全资投资的情况下,除了将母公司对子公司的长期股权投资与子公司的所有者权益项目全额抵销外,还需同时确认少数股东权益,并在合并资产负债表的所有者权益项目下单独列示。又由于同一控制下企业合并与非同一控制下企业合并在股权投资计量属性、合并差额处理等方面均存在差异,因此,该项抵销也是分这两种情况来分别进行的。

(一)同一控制下企业合并应进行的抵销处理

同一控制下企业合并取得子公司时,母公司应编制以下抵销分录:

借:股本
　资本公积 ⎫
　盈余公积 ⎬ ［子公司期末报告价值］
　未分配利润 ⎭
　　贷:长期股权投资 ［母公司对子公司股权投资调整后价值］
　　　少数股东权益 ［子公司股权权益报告价值×少数股东持股比例］

该抵销分录中的长期股权投资调整后价值,是指母公司对子公司的股权投资由成本法调整为权益法之后的账面价值。而该项调整通常所做的会计分录为:

借:长期股权投资 ［(子公司当年实现净利润－当期分派的现金股利)×母公司持股比例］

　　贷:投资收益

(二)非同一控制下企业合并应进行的抵销处理

非同一控制下企业合并取得子公司,母公司的合并成本高于应享有子公司净资产公允价值相应份额时,应将差额作为合并商誉处理;相反,母公司的合并成本低于应享有子公司净资产公允价值相应份额时,则作为当期损益处理。具体应编制如下会计分录:

借:股本
　资本公积 ⎫
　盈余公积 ⎬ ［子公司期末报告价值］
　未分配利润 ⎭
　商誉 ［合并成本高于应享有子公司净资产公允价值相应份额的差额］
　　贷:长期股权投资 ［母公司对子公司股权投资调整后价值］
　　　少数股东权益 ［子公司股权权益报告价值×少数股东持股比例］

二、内部股权投资收益与子公司利润分配项目的抵销

在子公司为全资子公司的情况下,母公司对子公司长期股权投资本期按权益法调整后的投资收益就是子公司本期的净利润。子公司本期净利润加上年初未分配利润就是子公司本期的可供分配利润,是子公司本期利润分配的来源;而子公司本期利润分配的金额与年末未分配利润的金额之和则反映本期利润分配的去向。子公司本期利润分配的来源与本期利润分配的去向两者金额相等。因此,母公司对子公司的长期股权投资按权益法调整的投资收益和子公司年初未分配利润,正好与子公司的本年利润分配项目相抵销。

在子公司为非全资子公司的情况下,母公司对子公司长期股权投资本期按权益法调整的投资收益与本期少数股东损益之和就是子公司本期的净利润。因此,母公司对子公司长期股权投资本期按权益法调整的投资收益与本期少数股东损益之和再加上子公司年初未分配利润,正好与子公司本年利润分配项目相抵销。在抵销内部股权投资收益与子公司利润分配项目时,应编制如下抵销分录:

借:投资收益 ［子公司当年净利润×母公司持股比例］
　少数股东损益 ［子公司当年净利润×少数股东持股比例］
　年初未分配利润 ［子公司期初未分配利润］
　　贷:应付普通股股利 ［子公司当期分配数］

提取盈余公积　　［子公司当期提取数］

未分配利润　　［子公司期末未分配利润］

当然,也可以将这两部分的抵销分录合并为一个会计分录。

三、集团内部投资事项抵销处理的应用举例

下面分别就同一控制下企业合并和非同一控制下企业合并两种情况举例进行说明。

(一)同一控制下企业合并的抵销处理

【例 3-1】　本例为全资投资的情形。2020 年末,A 公司出资 500 万元换取了同一集团下 B 公司 100%的股权。投资后第一年 B 公司实现净利润 200 万元,宣告分派现金股利 150 万元。

A 公司和 B 公司就此项股权投资有关的账务处理见表 3-1。

表 3-1　A、B 公司与个别财务报表有关的账务处理

单位:元

A 公司	B 公司
2020 年末投资时: 借:长期股权投资　　　5 000 000 　贷:银行存款　　　　　5 000 000	2020 年末收到投资时: 借:银行存款　　　　　5 000 000 　贷:股本　　　　　　　5 000 000
2021 年末确认投资收益时: 借:应收股利　　　　　1 500 000 　贷:投资收益　　　　　1 500 000	2021 年末宣派股利时: 借:利润分配——应付普通股股利　　1 500 000 　贷:应付股利　　　　　　　　　　1 500 000

由表 3-1 可见,A 公司对股权投资采用成本法核算,因此在编制合并财务报表时,首先应将成本法核算调整为权益法核算。

①2021 年末,将 A 公司的股权投资核算由成本法调整为权益法:

借:长期股权投资　　　　　　　　　　　　　　　500 000

　贷:投资收益　　　　　　　　　　　　　　　　　　　500 000

②2021 年末,将 A 公司对 B 公司的股权投资与 B 公司的股本进行抵销:

借:股本　　　　　　　　　　　　　　　　　　　5 000 000

　未分配利润　　　　　　　　　　　　　　　　　500 000

　贷:长期股权投资　　　　　　　　　　　　　　　　　5 500 000

③2021 年末,抵销 A 公司确认的投资收益与子公司对利润进行的分配:

借:投资收益　　　　　　　　　　　　　　　　　2 000 000

　贷:应付普通股股利　　　　　　　　　　　　　　　　1 500 000

　　未分配利润　　　　　　　　　　　　　　　　　　　500 000

④如果将上述②③两个分录合并,则为:

借:股本　　　　　　　　　　　　　　　　　　　5 000 000

　投资收益　　　　　　　　　　　　　　　　　　2 000 000

　　贷：长期股权投资　　　　　　　　　　　　　　　　　　　　　　　　　　5 500 000

　　　　应付普通股股利　　　　　　　　　　　　　　　　　　　　　　　　　1 500 000

【例3-2】　本例为非全资投资的情形。假设A公司2020年末出资450万元，换取了同一集团下B公司90％的股权。投资后第一年B公司实现净利润200万元，宣告分派现金股利150万元。

①2021年末，将A公司的股权投资核算由成本法调整为权益法：

借：长期股权投资　　　　　　　　　　　　　　　　　　　　　　　450 000

　　贷：投资收益　　　　　　　　　　　　　　　　　　　　　　　　　　　450 000

②2021年末，将A公司对B公司的股权投资与B公司的股本进行抵销：

借：股本　　　　　　　　　　　　　　　　　　　　　　　　　　5 000 000

　　未分配利润　　　　　　　　　　　　　　　　　　　　　　　　500 000

　　贷：长期股权投资　　　　　　　　　　　　　　　　　　　　　　　4 950 000

　　　　少数股东权益　　　　　　　　　　　　　　　　　　　　　　　　550 000

③2021年末，抵销A公司确认的投资收益与B公司对利润进行的分配：

借：投资收益　　　　　　　　　　　　　　　　　　　　　　　1 800 000

　　少数股东损益　　　　　　　　　　　　　　　　　　　　　　200 000

　　贷：应付普通股股利　　　　　　　　　　　　　　　　　　　　　　1 500 000

　　　　未分配利润　　　　　　　　　　　　　　　　　　　　　　　　500 000

④如果将上述②③两个抵销分录合并，则为：

借：股本　　　　　　　　　　　　　　　　　　　　　　　　　　5 000 000

　　投资收益　　　　　　　　　　　　　　　　　　　　　　　　1 800 000

　　少数股东损益　　　　　　　　　　　　　　　　　　　　　　200 000

　　贷：长期股权投资　　　　　　　　　　　　　　　　　　　　　　　4 950 000

　　　　少数股东权益　　　　　　　　　　　　　　　　　　　　　　　　550 000

　　　　应付普通股股利　　　　　　　　　　　　　　　　　　　　　　1 500 000

将上述调整与抵销处理会计分录填写至合并财务报表工作底稿，则可见表3-2。

表3-2　合并财务报表工作底稿

2021年12月31日　　　　　　　　　　　　　　　　　　　　　单位：元

项目	个别报表		调整与抵销分录		合并数*
	A公司	B公司	借	贷	
资产负债表项目：					
流动资产	8 000 000	3 000 000			11 000 000
长期股权投资	4 500 000	0	①450 000	④4 950 000	0
固定资产	20 000 000	7 000 000			27 000 000
负债	24 000 000	4 500 000			28 500 000
股本	8 000 000	5 000 000	④5 000 000		8 000 000
未分配利润	500 000	500 000	2 000 000**	1 950 000	950 000

续表

项目	个别报表		调整与抵销分录		合并数*
	A 公司	B 公司	借	贷	
少数股东权益	—	—		④550 000	550 000
利润表项目:					
主营业务利润	4 150 000	2 000 000			6 150 000
投资收益	1 350 000	—	④1 800 000	①450 000	0
净利润	5 500 000	2 000 000	1 800 000	450 000	6 150 000
其中:少数股东损益	—	—	④200 000		200 000
所有者权益变动表项目:					
应付普通股股利	5 000 000	1 500 000		④1 500 000	5 000 000
期末未分配利润	500 000	500 000	2 000 000*	1 950 000*	950 000

注:* 对于某一特定时点的合并资产负债表而言,其中的"期初数"取自上期合并资产负债表有关项目"期末数"栏相关数据,本期的"期末数"则取自本期编制的工作底稿中的"合并数"栏相关数据。

** 一方面,对利润表任何项目的调整与抵销、对利润分配的任何调整与抵销,都必然对所有者权益变动表的"未分配利润(期末数)"项目产生影响、对以前年度利润表任何项目的调整与抵销、对以前年度利润分配的任何调整与抵销,也都应该对所有者权益变动表"未分配利润(期初数)"项目产生影响。工作底稿中资产负债表"未分配项目(期末数)"项目数字抄自所有者权益变动表相应项目数字。另一方面,在以前年度合并财务报表工作底稿中编制的任何抵销分录,都只是用来确定当年合并报表的合并数,并未据以记账,因而并未调整个别报表相关项目期末数,自然也就未曾对本年个别所有者权益变动表的"未分配利润(期初数)"项目产生过影响。所以,在连续编制合并财务报表的情况下,为了满足本年合并所有者权益变动表"未分配利润(期初数)"项目与上年度合并所有者权益变动表中"未分配利润(期末数)"项目相互钩稽的需要,有时需要对"未分配利润(期初数)"项目进行调整与抵销。

【例 3-3】　本例为非全资、连续编制合并财务报表的情形。假定 2022 年 B 公司又实现 300 万元净利润,宣告分派 200 万元现金股利。其他资料同例 3-2。

①2022 年末,将 A 公司的股权投资核算由成本法调整为权益法:

借:长期股权投资　　　　　　　　　　　　　1 350 000
　　贷:投资收益　　　　　　　　　　　　　　　　　　900 000
　　　　期初未分配利润　　　　　　　　　　　　　　　450 000

②2022 年末,将 A 公司对 B 公司的股权投资与 B 公司的股本进行抵销:

借:股本　　　　　　　　　　　　　　　　　5 000 000
　　期末未分配利润　　　　　　　　　　　　1 500 000
　　贷:长期股权投资　　　　　　　　　　　　　　　5 850 000
　　　　少数股东权益　　　　　　　　　　　　　　　　650 000

③2022 年末,抵销 A 公司确认的投资收益与 B 公司对利润进行的分配:

借:投资收益　　　　　　　　　　　　　　　2 700 000
　　少数股东损益　　　　　　　　　　　　　　300 000
　　期初未分配利润　　　　　　　　　　　　　500 000

| | | 贷:应付普通股股利 | 2 000 000 |
| | | 期末未分配利润 | 1 500 000 |

④如果将上述②③两个抵销分录合并,则为:

借:股本   5 000 000
　　投资收益   2 700 000
　　少数股东损益   300 000
　　期初未分配利润   500 000
　　　贷:长期股权投资   5 850 000
　　　　　少数股东权益   650 000
　　　　　应付普通股股利   2 000 000

将上述调整与抵销处理会计分录填写至合并财务报表工作底稿,则可见表3-3。

表3-3　合并财务报表工作底稿

2022 年 12 月 31 日　　　　　　　　　　　　　　　　　　　　　　　单位:元

| 项目 | 个别报表 | | 调整与抵销分录 | | 合并数 |
	A 公司	B 公司	借	贷	
资产负债表项目:					
流动资产	9 000 000	4 000 000			13 000 000
长期股权投资	4 500 000	0	①1 350 000	④5 850 000	0
固定资产	20 000 000	7 000 000			27 000 000
负债	21 000 000	4 500 000			25 500 000
股本	8 000 000	5 000 000	④5 000 000		8 000 000
未分配利润	4 500 000	1 500 000	3 500 000	3 350 000	5 850 000
少数股东权益	—	—		④650 000	650 000
利润表项目:					
主营业务利润	8 000 000	3 000 000			11 000 000
投资收益	1 800 000	—	④2 700 000	①900 000	0
净利润	9 800 000	3 000 000	2 700 000	900 000	11 000 000
其中:少数股东损益	—	—	④300 000		300 000
所有者权益变动表项目:					
期初未分配利润	500 000	500 000	④500 000	①450 000	950 000
应付普通股股利	5 800 000	2 000 000		④2 000 000	5 800 000
期末未分配利润	4 500 000	1 500 000	3 500 000	3 350 000	5 850 000

(二)非同一控制下企业合并的抵销处理

非同一控制下企业合并的合并日后每个资产负债表日编制合并财务报表,与上述的同一控制下企业合并相关的抵销处理有所不同:首先,子公司各项可辨认资产、负债需以其在合并日的公允价值为基础进行调整;其次,少数股东权益也需要按照子公司股东权益公允价值的一定份额来进行计量;最后,可能需要确认合并商誉。

【例 3-4】　本例为非全资、连续编制合并财务报表的情形。假设 A 公司 2020 年末出资 450 万元,换取了同一集团下 B 公司 90％的股权。投资后第一年 B 公司实现净利润 200 万元,宣告分派现金股利 150 万元;2022 年 B 公司又实现 300 万元净利润,宣告分派 200 万元现金股利。投资当时,B 公司股东权益为 500 万元,经评估发现其固定资产增值了 50 万元,按 5 年折旧,其他可辨认资产、负债价值不变。其他资料同例 3-2。

2021 年末,A 公司编制合并财务报表时:

首先对 B 公司固定资产账面价值进行调整:

借:固定资产	400 000	
管理费用	100 000	
贷:资本公积		500 000

再对股权投资按权益法进行调整:

借:长期股权投资	360 000	
贷:投资收益		360 000

将 A 公司对 B 公司的股权投资与 B 公司的股本进行抵销:

借:股本	5 000 000	
资本公积	500 000	
未分配利润	400 000	
贷:长期股权投资		4 860 000
少数股东权益		590 000
营业外收入		450 000

抵销 A 公司确认的投资收益与 B 公司对利润进行的分配:

借:投资收益	1 710 000	
少数股东损益	190 000	
贷:应付普通股股利		1 500 000
未分配利润		400 000

如果将上述两个抵销分录合并,则为:

借:股本	5 000 000	
资本公积	500 000	
投资收益	1 710 000	
少数股东损益	190 000	
贷:长期股权投资		4 860 000
少数股东权益		590 000
营业外收入		450 000
应付普通股股利		1 500 000

2022 年末,A 公司编制合并财务报表时:

首先对 B 公司固定资产账面价值进行调整:

借:固定资产	300 000	

管理费用	100 000	
期初未分配利润	100 000	
贷:资本公积		500 000

再对股权投资按权益法进行调整:

借:长期股权投资	1 170 000	
贷:投资收益		810 000
期初未分配利润		360 000

将 A 公司对 B 公司的股权投资与 B 公司的股本进行抵销:

借:股本	5 000 000	
资本公积	500 000	
未分配利润	1 000 000	
贷:长期股权投资		5 400 000
少数股东权益		650 000
营业外收入		450 000

抵销 A 公司确认的投资收益与 B 公司对利润进行的分配:

借:投资收益	2 610 000	
少数股东损益	290 000	
期初未分配利润	100 000	
贷:应付普通股股利		2 000 000
未分配利润		1 000 000

如果将上述两个抵销分录合并,则为:

借:股本	5 000 000	
资本公积	500 000	
投资收益	2 610 000	
少数股东损益	290 000	
期初未分配利润	100 000	
贷:长期股权投资		5 400 000
少数股东权益		650 000
营业外收入		450 000
应付普通股股利		2 000 000

四、内部长期股权投资减值准备的抵销

集团内部的两个企业,一方对另一方进行股权投资,从企业集团的角度来看,这种投资与被投资关系是不存在的,因而在编制合并财务报表时将投资方的股权投资与被投资方的股东权益项目进行抵销。如果投资方对该长期股权投资计提了减值准备,从企业集团角度来看,该减值准备也不应存在,因此,在编制合并财务报表时也应将该减值准备金额一并抵销。

具体的抵销方法如下:初次编制合并财务报表时,应将"长期股权投资减值准备"与相应的"资产减值损失"项目相抵销。连续编制合并财务报表时,应将期末的长期股权投资减值准备金额分解成期初数和本期调整增加数或本期调整减少数。期初数抵销时,应将"长期股权投资

减值准备"与相应的"期初未分配利润"相抵销;本期调整增加数或本期调整减少数抵销时,应将"长期股权投资减值准备"与相应的"资产减值损失"项目相抵销。通常抵销分录形式如下:

借:长期股权投资减值准备 　　　　　　　　　[长期股权投资减值准备的期末数]

　　贷:期初未分配利润 　　　　　　　　　　[长期股权投资减值准备的期初数]

　　　　资产减值损失 　　　　　　　　　　　[长期股权投资减值准备的本期调整增加数]

【例 3-5】 本例为内部长期股权投资计提了减值准备的情形。假定 2021 年末 A 公司对长期股权投资计提了 30 万元的减值准备,2022 年 A 公司又接着计提了 20 万元的长期股权投资减值准备。其他资料同例 3-4。

2021 年末,A 公司在编制合并财务报表时,抵销了其长期股权投资与子公司的股东权益项目后,还需编制会计分录:

借:长期股权投资减值准备 　　　　　　　　　　　　　　　300 000

　　贷:资产减值损失 　　　　　　　　　　　　　　　　　　　300 000

2022 年末,A 公司在编制合并财务报表时,抵销了其长期股权投资与子公司的股东权益项目以及投资收益与子公司利润分配项目后,还需编制会计分录:

借:长期股权投资减值准备 　　　　　　　　　　　　　　　500 000

　　贷:期初未分配利润 　　　　　　　　　　　　　　　　　　300 000

　　　　资产减值损失 　　　　　　　　　　　　　　　　　　200 000

第二节　集团内部债权、债务的抵销处理

母公司与子公司、子公司相互之间的债权和债务项目,是指母公司与子公司之间、子公司相互之间因销售商品、提供劳务以及结算业务等原因产生的应收账款与应付账款、应收票据与应付票据、预付账款与预收账款、其他应收款与其他应付款、债权投资与应付债券、应收股利与应付股利、应收利息与应付利息等项目。母公司与子公司之间、子公司相互之间发生的这种内部债权债务,从债权的一方来看,在其个别资产负债表中反映为债权资产;而从债务的一方来看,则在其个别资产负债表中反映为一项负债。站在企业集团整体角度来看,它只是企业集团内部的资金运动,既不会增加企业集团的资产,也不会增加其负债。但在编制合并财务报表时,要先将母公司和子公司的个别财务报表进行加总,因此,为了消除个别资产负债表直接加总而产生的重复计算因素,在编制合并财务报表时应将内部债权债务项目予以抵销。

一、内部应收账款与应付账款的抵销处理

(一)合并当年编制合并财务报表时的抵销处理

(1)抵销内部应收账款与应付账款。对于企业集团内部母公司与子公司之间、子公司相互之间存在的应收账款与应付账款项目,在编制合并财务报表时,应编制抵销分录将其抵销:

借:应付账款 　　　　　[内部应付账款的期末数]

　　贷:应收账款 　　　　　[内部应收账款的期末数]

(2)抵销本期根据内部应收账款计提的坏账准备。由于内部应收账款所计提的坏账准备

是以当期内部应收账款为基础的,因此,在编制合并财务报表时,随着内部应收账款的抵销,应将在内部应收账款基础上计提的坏账准备一并进行抵销,通常编制以下抵销分录:

借:坏账准备　　　　　　　[本期根据内部应收账款计提的坏账准备]
　贷:信用减值损失　　　　　[本期根据内部应收账款计提的坏账准备]

(3)抵销本期根据内部应收账款计提坏账准备的所得税影响。在内部应收账款计提坏账准备的情况下,个别资产负债表中会由于计提坏账准备使应收账款的账面价值(应收账款余额减去坏账准备的差额)小于其计税基础(应收账款的账面余额),产生可抵扣暂时性差异,而确认递延所得税资产。在编制合并财务报表时,随着内部应收账款的抵销,根据该内部应收账款所计提的坏账准备也必须予以抵销。抵销内部应收账款及其计提的坏账准备后,合并财务报表中该内部应收账款已不再存在,合并财务报表中该内部应收账款账面价值与计税基础之间的暂时性差异也不再存在。所以,在编制合并财务报表时,应将因内部应收账款计提坏账准备产生的可抵扣暂时性差异所确认的递延所得税资产一并予以抵销。在合并财务报表工作底稿中通常编制以下抵销分录:

借:所得税费用　　　　　　[抵销本期计提坏账准备的金额×所得税税率]
　贷:递延所得税资产　　　　[抵销本期计提坏账准备的金额×所得税税率]

【例3-6】　本例为合并当年内部应收账款与应付账款的抵销。2021年末,母公司A因内部销售而形成了对子公司B的应收账款50万元,且对该内部应收账款按10%的比例计提了坏账准备5万元。母、子公司都对该应收账款在个别资产负债表上进行了反映,公司适用的所得税税率为25%,则在年末编制合并财务报表时,应编写如下抵销分录:

①2021年末,抵销A、B公司之间的内部应收账款、应付账款:

借:应付账款　　　　　　　　　　　　　500 000
　贷:应收账款　　　　　　　　　　　　　　　500 000

②2021年末,抵销A公司在本期根据内部应收账款计提的坏账准备:

借:坏账准备　　　　　　　　　　　　　50 000
　贷:信用减值损失　　　　　　　　　　　　　50 000

③2021年末,抵销A公司本期根据内部应收账款计提坏账准备的所得税影响:

借:所得税费用　　　　　　　　　　　　12 500
　贷:递延所得税资产　　　　　　　　　　　　12 500

其编制的合并财务报表工作底稿(局部)如表3-4所示。

表3-4　合并财务报表工作底稿(局部)

2021年12月31日　　　　　　　　　　　　单位:元

项目	个别报表		调整与抵销分录		合并数
	A公司	B公司	借	贷	
资产负债表项目:					
……					
应收账款	500 000	—		①500 000	0
坏账准备	50 000	—	②50 000		0

续表

项目	个别报表		调整与抵销分录		合并数
	A 公司	B 公司	借	贷	
……					
递延所得税资产	12 500			③12 500	0
……					
应付账款	—	500 000	①500 000		0
……					
利润表项目：					
……					
信用减值损失	50 000	—		②50 000	0
……					
所得税费用	−12 500		③12 500		0
……					

(二)连续编制合并财务报表时的抵销处理

(1)抵销内部应收账款与应付账款。从个别财务报表角度来看,只有在双方将应收账款和应付账款结清的情况下,个别财务报表中才会没有内部应收账款与应付账款;只要内部应收账款与应付账款还没有结清,不管是以前期间发生的还是本期发生的,都会反映在个别资产负债表中。因此,在连续编制合并财务报表时,应将反映在个别财务报表中的内部应收账款与应付账款予以抵销,即编制以下抵销分录:

借:应付账款　　　　　　　　[内部应付账款的期末数]

　　贷:应收账款　　　　　　　[内部应收账款的期末数]

(2)抵销以前期间根据内部应收账款所计提的坏账准备。从合并财务报表角度来看,在内部应收账款基础上计提的坏账准备的抵销,是与当期信用减值损失的抵销相对应的,上期抵销的坏账准备金额,即上期抵销的信用减值损失的金额,会使当期合并利润增加,并导致上期末合并报表中未分配利润增加。而连续编制的合并财务报表中上期末未分配利润就是本期初未分配利润。虽然在编制合并财务报表时对信用减值损失的金额进行了抵销,但未调整个别财务报表中相应金额,而本期初未分配利润金额则是根据本期母、子公司个别财务报表数据加总得到,因此会导致该金额是低于上期末合并财务报表中期末未分配利润金额的。在编制本期合并财务报表时,必须将抵减信用减值损失金额对本期初未分配利润的影响予以抵销,通常可以编制以下分录:

借:坏账准备　　　　　　　　[上期根据内部应收账款计提的坏账准备]

　　贷:期初未分配利润　　　　[上期根据内部应收账款计提的坏账准备]

(3)抵销本期根据内部应收账款补提或冲销的坏账准备。对于本期个别财务报表中因内部应收账款增加而补提的坏账准备,或因内部应收账款减少而冲销的坏账准备,也应相应进行抵销处理。

可以按照本期个别资产负债表中根据内部应收账款增加而补提坏账准备的金额,编制以下抵销分录:

借:坏账准备　　　　　　　　　　　［本期根据内部应收账款增加而补提的坏账准备］

　　贷:信用减值损失　　　　　　　　　［本期根据内部应收账款增加而补提的坏账准备］

可以按照本期个别资产负债表中根据内部应收账款减少而冲销坏账准备的金额,编制以下抵销分录:

借:信用减值损失　　　　　　　　　　［本期根据内部应收账款减少而冲销的坏账准备］

　　贷:坏账准备　　　　　　　　　　　［本期根据内部应收账款减少而冲销的坏账准备］

(4)抵销内部应收账款计提坏账准备所确认的递延所得税资产。在连续编制合并财务报表时,随着内部应收账款及其计提的坏账准备的抵销,合并财务报表中内部应收账款已不再存在,原内部应收账款账面价值与其计税基础之间的暂时性差异也不再存在。所以,在编制合并财务报表时,也应将因内部应收账款计提坏账准备产生的可抵扣暂时性差异所确认的递延所得税资产一并予以抵销。在工作底稿中,应编制以下会计分录:

借:期初未分配利润　　　　　　［抵销以前期间计提坏账准备的金额×所得税税率］

　　所得税费用　　　　　　　　［抵销本期补提坏账准备的金额×所得税税率］

　　　贷:递延所得税资产　　　　　［抵销计提坏账准备的金额×所得税税率］

或

借:期初未分配利润　　　　　　［抵销以前期间计提坏账准备的金额×所得税税率］

　　贷:递延所得税资产　　　　　［抵销计提坏账准备的金额×所得税税率］

　　　所得税费用　　　　　　　　［抵销本期冲销坏账准备的金额×所得税税率］

【例3-7】　本例为连续编制合并财务报表时内部应收账款与应付账款的抵销。承例3-6,假设2022年末,母公司A经清查发现年末仍有对子公司B的应收账款30万元,且对该内部应收账款按10%的比例计提坏账准备,因此冲销了上期末坏账准备2万元。母、子公司都对该应收账款在个别资产负债表上进行了反映。母、子公司适用的所得税税率均为25%,且各年均能产生足够的应纳税所得额用以抵扣可抵扣暂时性差异。在年末编制合并财务报表时,应编写如下抵销分录:

①2022年末,抵销A、B公司之间的内部应收账款、应付账款:

借:应付账款　　　　　　　　　　　　　　　　　300 000

　　贷:应收账款　　　　　　　　　　　　　　　　　　　300 000

②2022年末,抵销2021年A公司根据内部应收账款所计提的坏账准备:

借:坏账准备　　　　　　　　　　　　　　　　　50 000

　　贷:期初未分配利润　　　　　　　　　　　　　　　　50 000

③2022年末,抵销本年根据内部应收账款而冲销的坏账准备:

借:信用减值损失　　　　　　　　　　　　　　　20 000

　　贷:坏账准备　　　　　　　　　　　　　　　　　　20 000

④抵销内部应收账款计提坏账准备所确认的递延所得税资产,编制如下会计分录:

借:期初未分配利润　　　　　　　　　　　　　　12 500

　　贷:所得税费用　　　　　　　　　　　　　　　　　5 000

　　　递延所得税资产　　　　　　　　　　　　　　　7 500

其编制的合并财务报表工作底稿(局部)如表 3-5 所示。

表 3-5　合并财务报表工作底稿(局部)

2022 年 12 月 31 日　　　　　　　　　　　　　　　　　　单位:元

项目	个别报表		调整与抵销分录		合并数
	A 公司	B 公司	借	贷	
资产负债表项目:					
……					
应收账款	300 000	—		①300 000	0
坏账准备	30 000	—	②50 000	③20 000	0
……					
递延所得税资产	7 500			④7 500	0
应付账款	—	300 000	①300 000		0
……					
利润表项目:					
……					
信用减值损失	20 000	—	③20 000		0
……					
所得税费用	5 000			④5 000	0
……					
所有者权益变动表项目:					
期初未分配利润	7 500		④12 500	②50 000	0
……					

二、内部债权投资与应付债券的抵销处理

在企业集团内部,母公司或子公司一方发行债券,形成应付债券;而企业集团的另一方全部或部分购买了其发行的债券,形成债权投资。但站在企业集团的角度,该业务属于企业集团内部的资金调拨,并不会增加企业集团的负债(应付债券),也不会增加企业集团的资产(债权投资)。因此,在编制合并财务报表时,应将企业集团内部的债权投资与应付债券予以抵销。

(1)抵销债权投资和应付债券。如果债券投资企业持有的企业集团内部成员企业的债券是从发行债券的企业直接购进的,则在编制合并财务报表工作底稿时,应编制如下抵销分录:

借:应付债券　　　　　　　　[发行方应付债券期末余额×内部购买比例]

　　贷:债权投资　　　　　　　　[购买方债权投资的期末余额]

在某些情况下,债券投资企业持有的企业集团内部成员企业的债券并不是从发行债券的

企业直接购进的,而是在证券市场上从第三方手中购进的。在这种情况下,购买债券的企业的债权投资与发行债券企业的应付债券抵销时,可能会出现差额,该差额应作为投资损失计入合并利润表的投资收益项目,其抵销分录如下:

借:应付债券　　　　　　　　［发行方应付债券期末余额×内部购买比例］
　　投资收益　　　　　　　　［债权投资大于应付债券的差额］
　　贷:债权投资　　　　　　　［购买方债权投资的期末余额］

或

借:应付债券　　　　　　　　［发行方应付债券期末余额×内部购买比例］
　　贷:债权投资　　　　　　　［购买方债权投资的期末余额］
　　　　投资收益　　　　　　　［债权投资小于应付债券的差额］

（2）抵销内部债券的利息收益和利息支出。在企业集团内部,购买债券的一方期末需要计提利息,确认为投资收益,并反映在其个别财务报表中;发行债券的一方期末也要计提利息,确认为财务费用。但站在企业集团的角度,该业务属于企业集团内部的资金调拨,并不会增加企业集团的收益,也不会增加企业集团的费用。因此,在编制合并财务报表时,需要将企业集团内部债券的利息收益和利息费用予以抵销:

借:投资收益　　　　　　　　［内部债券计提的利息收益］
　　贷:财务费用　　　　　　　［内部债券计提的利息支出］

（3）抵销应收利息和应付利息。如果内部购买的债券为分期付息债券,则还应编制以下抵销分录:

借:应付利息　　　　　　　　［内部债券计提的应付利息的期末余额］
　　贷:应收利息　　　　　　　［内部债券计提的应收利息的期末余额］

【例3-8】　本例为内部债权投资与应付债券抵销的情形。A 公司为 B 公司的母公司,A 公司在 2021 年 1 月 1 日以 350 万元（不含利息）的价格从证券市场购入 B 公司 2020 年 1 月 1 日按面值发行的 5 年期一次还本的债券,债券每年初支付一次利息,该债券面值 300 万元,年利率为 10%,实际发行收入 320 万元。A 公司购入债券作为债权投资,按实际利率法摊销债券债权投资初始确认金额与到期日金额之间的差额,假定实际年利率为 8%。

2021 年末,A 公司在编制合并财务报表时,首先抵销内部债权投资与应付债券,编制以下会计分录:

借:应付债券　　　　　　　　　　　　　　　　　　　　　3 108 480
　　投资收益　　　　　　　　　　　　　　　　　　　　　　371 520
　　贷:债权投资　　　　　　　　　　　　　　　　　　　　　　　3 480 000

其次,抵销内部债券的利息收益和利息支出,会计分录编制如下:

借:投资收益　　　　　　　　　　　　　　　　　　　　　252 480
　　贷:财务费用　　　　　　　　　　　　　　　　　　　　　　　252 480

最后,抵销内部应收利息和应付利息,会计分录编制如下:

借:应付利息　　　　　　　　　　　　　　　　　　　　　300 000
　　贷:应收利息　　　　　　　　　　　　　　　　　　　　　　　300 000

三、其他内部债权、债务的抵销处理

其他内部债权与债务的抵销,可以比照内部应收账款与应付账款的抵销进行处理,其会计处理如下:

(1)内部应收票据和应付票据的抵销:

借:应付票据

　　贷:应收票据

(2)内部预付账款和预收账款的抵销:

借:预收账款

　　贷:预付账款

(3)内部其他应收款和其他应付款的抵销:

借:其他应付款

　　贷:其他应收款

(4)内部应收股利和应付股利的抵销:

借:应付股利

　　贷:应收股利

第三节　集团内部资产交易事项的抵销处理

一、集团内部交易事项简述

(一)集团内部交易事项的含义

企业集团内部交易,是指母公司与子公司之间或各子公司之间的交易,按照所涉及的资产负债表项目可以分为企业集团内部存货交易、用于经营的资产交易以及提供劳务等。

在日常经营中,企业集团的内部交易是经常会发生的,如果这种交易不是以成本作为价格,就会在母公司或者子公司的各自的财务报表上反映为由内部交易产生的损益。但是,因为合并主体的财务报表反映的是一个企业集团对外部交易而形成的财务状况和经营成果,从整体上看,集团内部各公司之间的交易实质上仅仅是将资产转移了存放地点,不应该产生任何损益,所以,在合并财务报表的编制过程中,必须将内部交易的影响进行抵销和调整,从而使合并财务报表反映不包含内部交易的企业集团整体的财务状况和经营成果;否则,合并财务报表的某些项目将会被虚计或高估。只有在企业间存货或固定资产等向外界出售或消耗之后,企业集团才可确认损益。但应该注意的是,所有这些调整、抵销分录,只是为编制合并财务报表而反映在工作底稿上,并不记入母公司或子公司的账簿中。

(二)集团内部交易事项的类型

(1)按内部交易事项是否涉及损益分类,可将企业集团内部交易事项分为以下两类:

①涉及损益的内部交易事项。涉及损益的内部交易事项按其损益是否实现,又可以分为

已实现集团内部损益的交易事项和未实现集团内部损益的交易事项。前者是指集团公司内部母公司与子公司之间或各子公司之间发生了涉及损益的内部交易事项后,购买方已于当期全部向集团外销售。后者是指集团公司内部母公司与子公司之间或各子公司之间发生涉及损益的内部交易事项后,购买方在当期尚未向集团外销售。

②不涉及损益的内部交易事项。不涉及损益的内部交易事项是指集团内部母公司与子公司之间或各子公司之间发生的只与资产负债表项目相关、与各公司的损益确定无关的交易事项,如集团公司内部的无息贷款业务。

(2)按内部交易事项的具体内容分类,可将集团内部交易事项分为集团内部存货交易、集团内部固定资产交易、集团内部无形资产交易及其他内部交易。

二、集团内部存货交易的会计处理

企业集团的内部存货交易是集团内部母、子公司之间或母公司所属子公司之间相互提供商品、产成品、半成品、原材料等存货的交易,是企业集团中最经常发生的内部交易。通常,母公司向其子公司的销售称为顺销,子公司对母公司的销售称为逆销,而母公司所属子公司之间的销售称为平销。

企业集团内部存货交易的价格,有的是按照成本确定的,有的高于或低于成本。对于母公司会计实体或子公司会计实体而言,这些内部交易与企业集团对外的存货交易一样,都将按正常的方式记录在母公司或子公司各自的账簿中,并且母公司或子公司各自的财务报表都将反映这种存货交易所产生的损益。集团内部的存货交易一般有三种情况:当期全部对集团外部销售;当期全部未售出而形成期末存货;当期部分对集团外部销售。第一种情况不涉及未实现内部销售损益,但需在当期合并财务报表编制时抵销重复记录的销售收入和销售成本;后两种情况涉及未实现内部销售损益,不仅影响当期合并财务报表的编制,所形成的期末存货因成为下期期初存货还影响下期合并财务报表的编制。

集团内部存货交易中,买方当期未售出存货形成的期末存货中包含两部分内容:一部分是真正的存货成本;另一部分为卖方的销售毛利。对于期末存货中包含的这部分销售毛利,从企业集团整体来看,并不是真正实现的损益。因此从整个企业集团角度来看,集团内部企业之间的商品购销活动实际上相当于内部物资调拨活动,既不会实现利润,也不会增加商品价值。按照实体理论,此部分被卖方确认的利润被称为未实现内部销售损益,属于母公司和少数股东的部分均未实现,应在编制合并财务报表时予以全额抵销。无论是顺销、逆销还是平销,均应全额抵销未实现内部销售损益。

(一)集团内部存货交易发生当期的抵销处理

企业集团内部进行存货交易后,当期如果购买方未能将存货再对集团外全部售出,则会形成期末存货,势必包含内部未实现销售损益,在编制合并财务报表时,需将该未实现内部销售损益抵销;当期即使购买方将存货全部对集团外部售出,在内部交易核算时,母公司与子公司个别财务报表上仍然重复确认了营业收入与营业成本,因此,在编制合并财务报表时,需要将重复确认的营业收入与营业成本抵销。通常可以编制如下抵销分录:

借:营业收入　　　　　　　[内部交易销售方的收入]
　　贷:营业成本　　　　　　[内部交易销售方的成本]
　　　　存货　　　　　　　　[内部未实现销售损益]

（二）集团内部存货交易发生以后期间的抵销处理

在以后各期期末编制合并财务报表时,对以前已实现的内部存货交易不必再做抵销处理,因为期初未分配利润中包含的未实现内部交易损益已转化为已实现损益。而对于以前期末未实现的内部交易损益,则还应做抵销处理:一方面应将内部交易销售方期初未分配利润中的买方前期存货中包含的未实现内部销售损益予以抵销,以使期初未分配利润合并数与前期期末未分配利润合并数一致;另一方面,如果该存货本年未售出企业集团,需抵销期末存货价值中相当于销售方利润的金额,如果该存货本年售出企业集团,则对集团内部交易的买方依据销售方销售收入确定的销售成本中相当于销售方利润的金额予以抵销,即按期初未实现利润编制如下抵销分录:

借:期初未分配利润　　　　　[以前期间内部交易未实现损益]
　贷:存货　　　　　　　　　　[本期仍未实现损益]
　　营业成本　　　　　　　　[本期已实现损益]

（三）递延所得税的调整

随着内部存货交易所形成的存货价值中包含未实现内部交易损益的抵销,合并财务报表中所反映的存货账面价值是内部销售方的原存货成本,而合并财务报表中该存货的计税基础仍是该存货在个别财务报表中的计税基础,这样,合并财务报表中该存货的账面价值与计税基础之间就会产生暂时性差异。因此,在编制合并财务报表时,应该对该暂时性差异对未来的纳税影响进行调整,编制以下会计分录:

借:递延所得税资产　　　　　[抵销的内部存货交易未实现损益×所得税税率]
　贷:所得税费用　　　　　　　[本期应调整递延所得税资产]
　　期初未分配利润　　　　　[前期已调整递延所得税资产]

或

借:递延所得税资产　　　　　[抵销的内部存货交易未实现损益×所得税税率]
　所得税费用　　　　　　　　[本期应调整递延所得税资产]
　贷:期初未分配利润　　　　　[前期已调整递延所得税资产]

【例3-9】 2021年10月,母公司A将成本为30万元的存货按35万元的价格出售给子公司B,B公司购入存货后仍作为存货核算。2021年末,B公司未将该存货售出企业集团。B公司于2022年将该存货中的40%另加10%的毛利售出企业集团。两公司适用的所得税税率为25%,其他资料略。

A公司在期末编制合并财务报表时应编制以下调整与抵销分录:

①2021年末,抵销内部存货交易导致重复确认的收入与成本,以及包含的未实现内部销售损益:

借:营业收入　　　　　　　　　　　　　　　　　350 000
　贷:营业成本　　　　　　　　　　　　　　　　　　　　300 000
　　存货　　　　　　　　　　　　　　　　　　　　　　50 000

②2021年末,A公司调整内部存货交易对所得税的影响:

借:递延所得税资产　　　　　　　　　　　　　　12 500
　贷:所得税费用　　　　　　　　　　　　　　　　　　　12 500

③2022年末,抵销上年内部存货交易包含的未实现销售损益对本年期初未分配利润的影响:

借:期初未分配利润　　　　　　　　　　　　　　　50 000
　贷:营业成本　　　　　　　　　　　　　　　　　　　　　50 000

④2022年末,A公司抵销期末存货价值中包含的未实现内部销售损益:

借:营业成本　　　　　　　　　　　　　　　　　　30 000
　贷:存货　　　　　　　　　　　　　　　　　　　　　　　30 000

⑤2022年末,A公司调整内部存货交易对所得税的影响:

借:递延所得税资产　　　　　　　　　　　　　　　7 500
　所得税费用　　　　　　　　　　　　　　　　　　5 000
　贷:期初未分配利润　　　　　　　　　　　　　　　　　12 500

其编制的合并财务报表工作底稿(局部)如表3-6所示。

表3-6　合并财务报表工作底稿(局部)

单位:元

| 项目 | 个别报表 | | 调整与抵销分录 | | 合并数 |
	A公司	B公司	借	贷	
2021年:					
资产负债表项目:					
……					
存货	0	350 000		①50 000	300 000
……					
递延所得税资产	0	0	②12 500		12 500
……					
应交税费	12 500	0			12 500
……					
利润表项目:					
营业收入	350 000	0	①350 000		0
营业成本	300 000	0		①300 000	0
营业利润	50 000	0	350 000	300 000	0
所得税费用	12 500	0		②12 500	0
净利润	37 500	0	350 000	312 500	0
所有者权益变动表项目:					
期初未分配利润	0	0			
期末未分配利润	37 500	0	350 000	312 500	0
2022年:					

续表

项目	个别报表		调整与抵销分录		合并数
	A 公司	B 公司	借	贷	
资产负债表项目：					
……					
存货	0	210 000		④30 000	180 000
……					
递延所得税资产	0	0	⑤7 500		7 500
……					
应交税费	0	0			0
……					
利润表项目：					
营业收入	0	154 000			154 000
营业成本	0	140 000	④30 000	③50 000	120 000
营业利润	0	14 000	30 000	50 000	34 000
所得税费用	0	3 500	⑤5 000		8 500
净利润	0	10 500	35 000	50 000	25 500
所有者权益变动表项目：					
期初未分配利润	37 500	0	③50 000	⑤12 500	0
期末未分配利润	37 500	10 500	85 000	62 500	25 500

(四)内部交易存货计提的跌价准备的抵销

企业集团有关成员企业发生内部存货交易后,内部交易的买方期末按存货的可变现净值低于该存货成本(内部交易卖方的价格)的差额计提存货跌价准备、确认存货跌价损失。而在合并财务报表中,该存货的期末跌价准备和本期应确认的跌价损失应该是以该存货仍保留在内部交易的卖方处为假设条件,按照该存货的可变现净值低于其内部交易时卖方的账面价值的差额计提跌价准备、确认跌价损失。为了达到这一目标,就有必要对内部交易存货已计提的跌价准备进行调整。编制相关调整分录如下:

借:存货　　　　　　　[多计提的存货跌价准备金额]
　贷:资产减值损失　　　[本期多确认的存货跌价损失]
　　期初未分配利润　　　[前期多确认的存货跌价损失]

【例 3-10】　本例为第一种情况——可变现净值小于内部交易卖方卖出存货成本。假定母公司 A 将 30 万元的存货按 35 万元的价格销售给子公司 B,B 公司当年并未将该批存货售出企业集团。报告期末,B 公司的该批存货可变现净值为 25 万元,B 公司计提了 10 万元的存货跌价准备。

A 公司在编制合并财务报表时,首先应抵销该内部存货交易导致重复确认的营业收入与

营业成本,以及包含的未实现内部销售损益,编制如下会计分录:

借:营业收入　　　　　　　　　　　　　　　　350 000
　　贷:营业成本　　　　　　　　　　　　　　　　　　300 000
　　　　存货　　　　　　　　　　　　　　　　　　　　50 000

其次,从合并财务报表角度来看,该批存货的报告价值应为 25 万元,因此计提存货跌价准备而确认资产减值损失的金额应该为 5 万元。但 B 公司在个别资产负债表中以其购入存货时的成本为基础确认的存货减值损失为 10 万元,因此,多计提了 5 万元存货跌价准备,需要编制会计分录进行抵销:

借:存货　　　　　　　　　　　　　　　　　　50 000
　　贷:资产减值损失　　　　　　　　　　　　　　　　50 000

【例 3-11】　本例为第二种情况——可变现净值等于内部交易卖方卖出存货成本。假设其余条件同例 3-10,子公司 B 在期末发现该批存货的可变现净值为 30 万元,B 公司计提了 5 万元的存货跌价准备。

从合并财务报表角度来看,该批存货在合并报表中的报告价值应为 30 万元,不应计提存货跌价准备,而 B 公司个别财务报表中确认了 5 万元的存货跌价准备,因此,需要编写会计分录将该 5 万元的存货跌价准备进行抵销。其编写的抵销分录与例 3-10 中相同。

【例 3-12】　本例为第三种情况——可变现净值高于内部交易卖方卖出存货成本,低于卖方卖出存货价格。假设其余条件同例 3-10,B 公司的该批存货可变现净值为 32 万元,B 公司计提了 3 万元的存货跌价准备。

从合并财务报表角度来看,该批存货在合并财务报表中的报告价值应为 30 万元,而可变现净值更高,因此不需要计提存货跌价准备。但 B 公司在个别财务报表中确认了 3 万元的存货跌价准备,因此,需要编写抵销分录对多确认的跌价准备进行冲销。

在编写会计分录抵销重复确认的营业收入与营业成本,以及包含的未实现内部销售损益后,需要编写以下抵销分录:

借:存货　　　　　　　　　　　　　　　　　　30 000
　　贷:资产减值损失　　　　　　　　　　　　　　　　30 000

【例 3-13】　本例为第四种情况——可变现净值高于内部交易卖方卖出存货成本,也等于或高于卖方卖出存货价格。假设其余条件同例 3-10,B 公司期末该批存货的可变现净值为 36 万元,子公司没有计提存货跌价准备。

从合并财务报表的角度来看,该批存货的报告价值为 30 万元,不应计提存货跌价准备,也不需确认资产减值损失。而从个别报表角度来看,子公司也没有确认此项内部交易存货的资产减值损失。所以,不需编制调整分录。

三、集团内部固定资产交易的会计处理

企业集团的内部固定资产交易是指企业集团内部母、子公司之间或各个子公司之间相互转让涉及固定资产的业务。内部固定资产交易实质上也属于内部商品交易,但与内部商品交易不同的是,内部固定资产交易的购买方将交易内容作为固定资产入账,而固定资产不仅使用寿命较长,而且在使用过程中通过折旧的方式分期将其价值转移到产品成本或各会计期间的期间费用中。因此,在编制合并财务报表时,不仅内部固定资产交易发生当期需要进行抵销处

理,而且在固定资产的各使用期间也需要进行抵销处理。

(一)集团内部固定资产交易发生当期的抵销处理

企业集团发生的内部固定资产交易,可以划分为三种类型:第一种类型是企业集团内部企业将自身的固定资产出售给企业集团内的其他企业作为固定资产使用;第二种类型是企业集团内部企业将自身生产的产品销售给企业集团内的其他企业作为固定资产使用;第三种类型是企业集团内部企业将自身使用的固定资产出售给企业集团内的其他企业作为普通商品销售,但这种类型的内部固定资产交易在企业集团内部极少发生,因此,下面主要讨论前两种类型的内部固定资产交易的抵销处理。

(1)企业集团内部买卖固定资产交易的抵销。

在这种类型的内部固定资产交易中,出售固定资产的企业,一方面确认固定资产减少,另一方面将固定资产账面价值与其售价之间的差额确认为营业外收入或营业外支出,并列示在其个别利润表中;购入固定资产的企业按照购买价格确认固定资产,并列示在其个别资产负债表中。而从整个企业集团角度来看,这一固定资产购销活动实际上相当于企业内部固定资产的调拨活动,只是固定资产存放地点发生变动,它既不会实现利润,也不会增加固定资产的价值。对于出售一方确认处置固定资产的净损益(包含在购买方固定资产价值中),从企业集团整体来看,属于未实现内部销售损益,在编制合并财务报表时,应当将固定资产价值中包含的未实现内部交易损益予以抵销,即在合并工作底稿中,应编制如下抵销分录:

借:营业外收入　　　[变卖固定资产收入大于固定资产账面价值的金额]
　　贷:固定资产　　　[变卖固定资产收入大于固定资产账面价值的金额]

或

借:固定资产　　　　[变卖固定资产收入小于固定资产账面价值的金额]
　　贷:营业外支出　　[变卖固定资产收入小于固定资产账面价值的金额]

由于购买固定资产的企业是按照购买价格(出售方的售价)作为固定资产原价入账的,并按照该固定资产原价计提折旧,而在固定资产原价中包含未实现内部交易损益的情况下,每期计提的折旧费中也必然包含着未实现内部交易损益的金额,即每期计提的折旧额必然大于(或小于)按不包含未实现内部交易损益的固定资产原价所应该计提的折旧额。因此,在编制合并财务报表时,还应将根据包含未实现内部交易损益的固定资产每期多计提(或少计提)的折旧额予以抵销,即在合并工作底稿中,应编制如下抵销分录:

借:累计折旧　　　　[内部交易固定资产当期多计提折旧的金额]
　　贷:管理费用等　　[内部交易固定资产当期多计提折旧的金额]

或

借:管理费用等　　　[内部交易固定资产当期少计提折旧的金额]
　　贷:累计折旧　　　[内部交易固定资产当期少计提折旧的金额]

对于购买企业在内部固定资产交易中形成的固定资产,在不考虑计提固定资产减值准备的情况,如果其折旧政策与税法规定一致,则固定资产的账面价值(原价减去已计提的折旧)也就是该固定资产的计税基础,即在购买企业的个别财务报表中,该项固定资产不存在暂时性差异,也不涉及递延所得税资产或递延所得税负债的确认问题。但在编制合并财务报表过程中,由于所得税是以独立的法人实体为对象计征的,个别财务报表中该固定资产的计税基础也就是合并财务报表中该固定资产的计税基础。而随着内部交易所形成的固定资产价值中包含未实现内部交易损益以及多计提(少计提)折旧的抵销处理,合并财务报表中所反映的固定资产账面价值与内部购入固定资产的计税基础之间就会产生暂时性差异。因此,在合并财务报表中应确认相应的所得税影响,即在合并财务报表工作底稿中,应编制如下调整分录:

借:递延所得税资产　　〔(抵销原价中的未实现内部交易损益－抵销多提的折旧)×税率〕
　　贷:所得税费用　　　〔(抵销原价中的未实现内部交易损益－抵销多提的折旧)×税率〕

【例 3-14】 2021 年 1 月 1 日,母公司 A 出售一项不需安装的固定资产给子公司 B,该固定资产账面价值为 50 万元,出售价格为 60 万元,不考虑增值税,款项已收存银行。B 公司购入的固定资产在当日交管理部门使用,预计尚可使用年限为 5 年,预计净残值为 0,采用年限平均法计提折旧(为简化计算,假定固定资产交付使用当月即开始计提折旧)。税法规定的折旧政策与 B 公司会计政策一致,母公司与子公司的适用所得税税率均为 25%,预计各年均有足够应纳税所得额用以抵扣可抵扣暂时性差异。

2021 年末,A 公司在编制合并财务报表时,应编制以下抵销与调整分录:

①抵销固定资产原价中包含的未实现内部销售损益:

借:营业外收入　　　　　　　　　　　　　　　　100 000
　　贷:固定资产　　　　　　　　　　　　　　　　　　　　100 000

②抵销本期根据包含未实现内部销售损益的固定资产原价多计提的折旧额:

借:累计折旧　　　　　　　　　　　　　　　　　20 000
　　贷:管理费用　　　　　　　　　　　　　　　　　　　　20 000

③调整因抵销未实现内部销售损益而产生的可抵扣暂时性差异的所得税影响:

借:递延所得税资产　　　　　　　　　　　　　　20 000
　　贷:所得税费用　　　　　　　　　　　　　　　　　　　20 000

(2)企业集团内部企业将产品销售给其他企业作为固定资产的交易的抵销。

在这种情况下,销售方将销售给企业集团内其他企业的产品在当期确认为销售收入,结转销售成本,确认销售产品损益,并反映在其个别利润表中;而购买企业将购进的产品确认为固定资产,并以支付的价款作为固定资产的原价,在其个别资产负债表中列示。从整个企业集团角度来看,这一内部固定资产交易实质上相当于企业自制固定资产并交付使用,它既不会实现销售收入,也不发生营业成本,其确认的销售损益包含在购买方的固定资产原价中。因此,编制合并财务报表时,首先必须将固定资产原价中包含的未实现内部销售损益予以抵销,即在合并工作底稿中,应编制如下抵销分录:

借:营业收入　　　〔内部销售企业销售产品的售价〕
　　贷:营业成本　　〔内部销售企业销售产品的成本〕
　　　固定资产　　〔固定资产原价中包含的未实现内部销售损益的金额〕

其次,由于购买企业是以购买成本(包含未实现内部销售损益的固定资产原价)为基数计提折旧的,在相同的使用寿命下,其各期计提的折旧要大于按不包含未实现内部销售损益的固定资产原价计提的折旧。因此,还应将当期根据包含未实现内部销售损益的固定资产原价多计提的折旧额从该固定资产当期计提的折旧费中予以抵销,即在合并工作底稿中,应编制如下抵销分录:

借:累计折旧　　　〔内部交易固定资产当期多计提折旧的金额〕
　　贷:管理费用等　〔内部交易固定资产当期多计提折旧的金额〕

最后,还应调整因抵销未实现内部销售损益及多提折旧所产生的可抵扣暂时性差异的所得税影响,即在合并工作底稿中,应编制如下调整分录:

借:递延所得税资产　[(抵销原价中的未实现内部交易损益－抵销多提的折旧)×税率]
　　贷:所得税费用　　[(抵销原价中的未实现内部交易损益－抵销多提的折旧)×税率]

【例 3-15】 2021 年 1 月 1 日,母公司 A 销售一批产品给子公司 B,销售收入为 80 万元,销售成本为 60 万元,不考虑增值税,款项已收存银行。B 公司购入产品后作为固定资产并于当日交给管理部门使用,预计尚可使用年限为 5 年,预计净残值为 0,采用年限平均法计提折旧(为简化计算,假定固定资产交付使用当月即开始计提折旧)。税法规定的折旧政策与 B 公司会计政策一致,母公司与子公司的适用所得税税率均为 25%,预计各年均有足够应纳税所得额用以抵扣可抵扣暂时性差异。

2021 年末,A 公司在编制合并财务报表时,应编制以下抵销与调整分录:

①抵销固定资产原价中包含的未实现内部销售损益:

借:营业收入　　　　　　　　　　　　　　　　　800 000
　　贷:营业成本　　　　　　　　　　　　　　　　　　600 000
　　　　固定资产　　　　　　　　　　　　　　　　　　200 000

②抵销本期根据包含未实现内部销售损益的固定资产原价多计提的折旧额:

借:累计折旧　　　　　　　　　　　　　　　　　 40 000
　　贷:管理费用　　　　　　　　　　　　　　　　　　 40 000

③调整因抵销未实现内部销售损益产生的可抵扣暂时性差异的所得税影响:

借:递延所得税资产　　　　　　　　　　　　　　 40 000
　　贷:所得税费用　　　　　　　　　　　　　　　　　 40 000

其编制的合并财务报表工作底稿(局部)如表 3-7 所示。

表 3-7　合并财务报表工作底稿(局部)

2021 年 12 月 31 日　　　　　　　　　　　　　　　　　　　　　　　单位:元

项目	个别报表		调整与抵销分录		合并数
	A 公司	B 公司	借	贷	
资产负债表项目:					
……					
固定资产		640 000	②40 000	①200 000	480 000
……					
递延所得税资产			③40 000		40 000
……					
利润表项目:					
营业收入	800 000		①800 000		0
营业成本	600 000			①600 000	0
……					

续表

| 项目 | 个别报表 | | 调整与抵销分录 | | 合并数 |
	A公司	B公司	借	贷	
管理费用		160 000		②40 000	120 000
……					
利润总额	200 000	−160 000	800 000	640 000	−120 000
所得税费用	50 000	−40 000		③40 000	−30 000
净利润	150 000	−120 000	800 000	680 000	−90 000
所有者权益变动表项目：					
期初未分配利润	0	0			0
……					
期末未分配利润	150 000	−120 000	800 000	680 000	−90 000

(二)集团内部交易固定资产取得后至处置前各期间的抵销处理

(1)抵销内部交易固定资产原价中包含的未实现内部销售损益。

对内部交易固定资产所做的抵销分录只在合并工作底稿中登记,并不影响个别财务报表,销售企业因该内部固定资产交易确认的销售利润(未实现内部销售损益)会作为年末未分配利润的一部分逐期结转至以后会计期间,并作为以后会计期间年初未分配利润的一部分。也就是说,在以后会计期间,销售企业个别财务报表中的年初未分配利润中仍然包含未实现内部销售损益,同时,购买企业内部交易形成的固定资产仍然是以包含未实现内部销售损益的原价在其个别财务报表中列示的。因此,在内部交易固定资产取得后至处置前的各个会计期间,编制合并财务报表时,仍然应将内部交易固定资产原价中包含的未实现内部销售损益的金额予以抵销,以调整年初未分配利润的金额,即在合并工作底稿中,按内部交易固定资产原价中包含的未实现内部销售损益的金额,编制如下抵销分录:

借:期初未分配利润　　　　　[固定资产原价中包含的未实现内部销售损益的金额]

贷:固定资产　　　　　　　　[固定资产原价中包含的未实现内部销售损益的金额]

(2)抵销以前期间根据包含未实现内部销售损益的固定资产原价多计提的折旧额。

由于购买企业在个别财务报表中,对内部交易形成的固定资产在以前会计期间按包含未实现内部销售损益的原价计提折旧,并形成本期的期初累计折旧,因此,本期编制合并财务报表时,应将以前会计期间以包含未实现内部销售损益的原价为依据而多计提的折旧额抵销,调整本期的年初未分配利润,即在工作底稿中按以前会计期间抵销该内部交易形成的固定资产多计提的累计折旧额,编制如下会计分录:

借:累计折旧　　　　　　　　[以前期间内部交易固定资产多计提的累计折旧额]

贷:期初未分配利润　　　　　[以前期间内部交易固定资产多计提的累计折旧额]

(3)抵销本期根据包含未实现内部销售损益的固定资产原价又多计提的折旧额。

本期购买企业仍然按照包含未实现内部交易损益的固定资产原价计提折旧,因而本期又多计提了折旧。因此,本期编制合并财务报表时,应将本期根据包含未实现内部销售损益的固

定资产原价多计提的折旧额予以抵销,即在编制合并工作底稿时,编写如下抵销分录:

借:累计折旧　　　　　　　［本期内部交易固定资产多计提的折旧额］
　　贷:管理费用　　　　　　［本期内部交易固定资产多计提的折旧额］

(4)调整因抵销未实现内部销售损益及多提折旧所产生的所得税影响。

在合并财务报表中,由于抵销了固定资产原价中包含的未实现内部销售损益以及多计提折旧的累计,合并财务报表中该项内部交易固定资产的账面价值与其计税基础(与购买企业该项固定资产的计税基础相同)之间产生可抵扣暂时性差异,因此,在编制合并财务报表时,在工作底稿中,应编写如下抵销分录:

借:递延所得税资产　　　　［(抵销原价中的未实现内部交易损益－抵销至本期累计
　　　　　　　　　　　　　　多提折旧)×税率］
　　所得税费用　　　　　　［抵销的本期多计提的折旧×税率］
　　贷:期初未分配利润　　　［(抵销原价中的未实现内部交易损益－抵销至上期累计
　　　　　　　　　　　　　　多提的折旧)×税率］

【例3-16】 承例3-15,2022年末,A公司在编制合并财务报表时,应编制以下抵销与调整分录:

①抵销内部交易固定资产原价中包含的未实现内部销售损益:

借:期初未分配利润　　　　　　　　　　　　200 000
　　贷:固定资产　　　　　　　　　　　　　　　　200 000

②抵销以前期间根据包含未实现内部销售损益的固定资产原价多计提的折旧额:

借:累计折旧　　　　　　　　　　　　　　　40 000
　　贷:期初未分配利润　　　　　　　　　　　　　40 000

③抵销本期根据包含的未实现内部销售损益的固定资产原价又多计提的折旧额:

借:累计折旧　　　　　　　　　　　　　　　40 000
　　贷:管理费用　　　　　　　　　　　　　　　　40 000

④调整因抵销未实现内部销售损益及多提折旧所产生的所得税影响:

借:递延所得税资产　　　　　　　　　　　　30 000
　　所得税费用　　　　　　　　　　　　　　10 000
　　贷:期初未分配利润　　　　　　　　　　　　　40 000

其编制的合并财务报表工作底稿(局部)如表3-8所示。

表3-8　合并财务报表工作底稿(局部)

2022年12月31日　　　　　　　　　　　　　　　　　　单位:元

项目	个别报表		调整与抵销分录		合并数
	A公司	B公司	借	贷	
资产负债表项目:					
……					
固定资产		480 000	②40 000 ③40 000	①200 000	360 000

续表

项目	个别报表		调整与抵销分录		合并数
	A公司	B公司	借	贷	
……					
递延所得税资产			④30 000		30 000
……					
利润表项目：					
营业收入					0
营业成本					0
……					
管理费用	160 000			③40 000	120 000
……					
利润总额	−160 000			40 000	−120 000
所得税费用	−40 000		④10 000		−30 000
净利润	−120 000		10 000	40 000	−90 000
所有者权益变动表项目：					
期初未分配利润	150 000	−120 000	①200 000	②40 000 ④40 000	−90 000
……					
期末未分配利润	150 000	−240 000	210 000	120 000	−180 000

(三)内部交易固定资产清理期间的抵销处理

在内部固定资产交易中,销售企业因该内部固定资产交易确认的销售利润(未实现内部销售损益)会作为年末未分配利润的一部分逐期结转至以后期间,并作为以后期间年初未分配利润的一部分,直到购买企业处置该内部交易固定资产的会计期间为止。在购买企业内部交易固定资产清理当期,其个别财务报表中固定资产价值会因此而减少;同时,该固定资产的清理收入减去其账面价值以及相关清理费用后的差额,在其个别利润表中列示为营业外收入(或营业外支出)。

固定资产的清理可能有三种情况:第一种是期满清理;第二种是超期清理;第三种是提前清理。这三种情况下编制合并财务报表时的抵销处理有所不同。

(1)内部交易的固定资产使用期届满进行清理时的抵销处理。

在这种情况下,期末购买企业内部交易固定资产的实体已不复存在,包含未实现内部销售损益在内的该内部交易固定资产的价值已通过分期计提折旧或处置全部转移到各期产品成本或损益之中,从整个企业集团角度来看,随着该内部交易固定资产的清理,其内部交易固定资产价值中包含的未实现内部销售损益也转化为实现损益,因此,不存在未实现内部销售损益的抵销问题。但是,由于销售企业因该内部固定资产交易确认的销售利润会作为其年末未分配利润的一部分逐期结转至以后期间,并作为以后期间年初未分配利润的一部分,直到购买企业处置该内部交易固定资产的会计期间为止,因此,本期编制合并财务报表时还必须调整年初未分配利润。同时,在固定资产清理当期,仍根据包含未实现内部销售损益的固定资产原价计提了折旧,即本期仍然多计提了折旧,因此也应将多计提的折旧额予以抵销。在固定资产清理期间编制合并财务报表时,应编写如下抵销分录:

借:期初未分配利润　　　　　[内部交易固定资产清理当期多计提的折旧额]
　贷:管理费用　　　　　　　[内部交易固定资产清理当期多计提的折旧额]

【例 3-17】　承例 3-15,假定 B 公司在 2025 年 12 月该固定资产使用期届满时对其进行报废清理,取得固定资产清理净收益 3 万元。该固定资产清理当期仍根据包含未实现内部销售损益的固定资产原价计提折旧 16 万元,在本期多计提了折旧 4 万元。

2025 年末,A 公司在编制合并财务报表时,应编制如下抵销分录:

借:期初未分配利润　　　　　　　　　　　　　　　　　40 000
　贷:管理费用　　　　　　　　　　　　　　　　　　　　　　40 000

同时,调整因抵销未实现内部销售损益产生的所得税影响:

借:所得税费用　　　　　　　　　　　　　　　　　　10 000
　贷:期初未分配利润　　　　　　　　　　　　　　　　　　　10 000

(2)内部交易的固定资产超期使用后进行清理期间的抵销处理。

在内部交易固定资产超期使用期间,该固定资产不再计提折旧,但在购买企业的个别资产负债表中仍然作为固定资产列示;同时,销售企业因该项内部固定资产交易所确认的利润,仍然作为年初未分配利润的一部分反映在其个别财务报表中。因此,内部交易固定资产在超期使用各期编制合并财务报表时,仍然应将该固定资产原价中包含的未实现内部销售损益予以抵销,调整年初未分配利润,并抵销以前年度该项固定资产按包含未实现内部交易损益的原价多计提的折旧。因为该项固定资产本期不再计提折旧,所以不存在抵销本期多提折旧的问题。在超期使用的各期编制合并财务报表时,应编制如下抵销分录:

借:期初未分配利润　　　　　[固定资产原价中包含的未实现内部销售损益]
　贷:累计折旧　　　　　　　[固定资产原价中包含的未实现内部销售损益]
借:累计折旧　　　　　　　　[以前期间内部交易固定资产多计提的累计折旧额]
　贷:期末未分配利润　　　　[以前期间内部交易固定资产多计提的累计折旧额]

在固定资产超期使用后进行清理时,由于清理当期固定资产的实物已不再存在,不存在固定资产原价中包含未实现内部销售损益的抵销问题;同时,该项固定资产的累计折旧随着固定资产的清理而转销,也不存在按包含未实现内部销售损益的固定资产原价多计提折旧的抵销问题。实际上,内部交易固定资产原价中包含的未实现内部销售损益,随着固定资产折旧计提完毕,其包含的未实现内部销售损益已全部实现。所以,在内部交易固定资产超期使用及其清理期间编制合并财务报表时,不需要再进行抵销处理。

(3)内部交易的固定资产使用期限未满提前进行清理期间的抵销处理。

在这种情况下,购买企业内部交易固定资产的实体已不复存在,不存在未实现内部销售损益的抵销问题。但由于内部交易固定资产提前清理,该内部交易固定资产包含的未实现内部销售损益通过清理已成为实现的损益。由于销售企业因该内部固定资产交易确认的销售利润会作为其年末未分配利润的一部分逐期结转,并作为各会计期间年初未分配利润的一部分,直到购买企业处置该内部交易固定资产的会计期间为止,因此,本期编制合并财务报表时,应先调整年初未分配利润。同时,在固定资产清理当期,仍根据包含未实现内部销售损益的固定资产原价计提了折旧,即本期仍然多计提了折旧,也应将本期和以前会计期间多计提的折旧额予以抵销。在固定资产提前进行清理期间编制合并财务报表时,通常应编写如下抵销分录:

抵销内部固定资产交易时确认的未实现内部销售损益:

借:期初未分配利润　　　　　[固定资产交易时确认的未实现内部销售损益]

　　贷:营业外收入　　　　　　[固定资产交易时确认的未实现内部销售损益]

抵销内部交易固定资产以前年度多计提的折旧额:

借:营业外收入　　　　　　　[以前年度内部交易固定资产多计提的累计折旧额]

　　贷:期初未分配利润　　　　[以前年度内部交易固定资产多计提的累计折旧额]

抵销清理当期内部交易固定资产多计提的折旧额:

借:营业外收入　　　　　　　[清理当期内部交易固定资产多计提的折旧额]

　　贷:管理费用　　　　　　　[清理当期内部交易固定资产多计提的折旧额]

调整因抵销未实现内部销售损益和折旧产生的所得税影响:

借:所得税费用　　　　　　　[(抵销原价中的未实现内部交易损益－抵销至上期累计多提折旧)×税率]

　　贷:期初未分配利润　　　　[(抵销原价中的未实现内部交易损益－抵销至上期累计多提折旧)×税率]

【例 3-18】 承例 3-15,假定 2024 年 12 月,B 公司将该内部交易固定资产出售,取得固定资产清理净收益 5 万元,并在其个别利润表中作为营业外收入列示。

2024 年末,A 公司在编制合并财务报表时,应编写如下抵销分录:

抵销内部固定资产交易时确认的未实现内部销售损益:

借:期初未分配利润　　　　　　　　　　　　　200 000

　　贷:营业外收入　　　　　　　　　　　　　　　　　200 000

抵销内部交易固定资产以前年度多计提的折旧额:

借:营业外收入　　　　　　　　　　　　　　　120 000

　　贷:期初未分配利润　　　　　　　　　　　　　　　120 000

抵销清理当期内部交易固定资产多计提的折旧:

借:营业外收入　　　　　　　　　　　　　　　40 000

　　贷:管理费用　　　　　　　　　　　　　　　　　　40 000

调整因抵销未实现内部销售损益和折旧产生的所得税影响:

借:所得税费用　　　　　　　　　　　　　　　20 000

　　贷:期初未分配利润　　　　　　　　　　　　　　　20 000

四、集团内部无形资产交易的会计处理

企业集团内部母公司与子公司之间以及各子公司之间相互转让的无形资产,按其使用寿命是否确定划分为使用寿命有限的无形资产和使用寿命不确定的无形资产。如果无形资产的使用寿命是有限的,以其估计的使用寿命为基础,进行累计摊销。同理,企业集团公司间交易的无形资产也会产生未实现内部销售损益,在合并工作底稿中的抵销和调整与固定资产的处

理完全相同。而对于使用寿命不确定的无形资产,在持有期间内不需要摊销,但应当在每个会计期间进行减值测试。下面以土地使用权为例,来讨论不需要摊销的项目在合并财务报表编制中的处理。

【例 3-19】　假设母公司 A 于 2021 年 1 月 1 日以 500 万元的价格从其子公司 B 处购入土地使用权,而 B 公司取得该土地使用权的成本是 400 万元。

2021 年末,A 公司在编制合并财务报表时,应编制如下抵销分录:

借:营业外收入　　　　　　　　　　　　　　　　　1 000 000

　　贷:无形资产　　　　　　　　　　　　　　　　　　　　　1 000 000

若 A 公司 2022 年继续持有该土地使用权,2022 年应编制的调整分录为:

借:期初未分配利润　　　　　　　　　　　　　　　　1 000 000

　　贷:无形资产　　　　　　　　　　　　　　　　　　　　　1 000 000

若 A 公司 2022 年以 550 万元的价格将该土地使用权转让给集团外的企业,出售的当年,A 公司账面确认的土地使用权转让利得为 50 万元,但对于企业集团而言,实际实现的土地使用权转让利得是 150 万元,则在编制合并财务报表时,编制如下调整分录:

借:期初未分配利润　　　　　　　　　　　　　　　　1 000 000

　　贷:营业外收入　　　　　　　　　　　　　　　　　　　　1 000 000

根据企业会计准则的规定,使用寿命不确定的无形资产在持有期间不需要进行摊销,但应当在每个会计期间进行减值测试。如果可收回金额低于账面价值,应当按其差额计提无形资产减值准备。由于个别财务报表中计提无形资产减值准备涉及“资产减值损失”和“无形资产”两个报表项目,因此在编制合并财务报表时这两个项目应予以调整。当期应计提的无形资产减值准备与个别财务报表中当期实际计提的无形资产减值准备的差额为合并当期应予以调整的数额。

第四节　合并现金流量表的编制

按照企业会计准则的规定,母公司除了编制合并资产负债表和合并利润表,还应当编制合并现金流量表,用以反映整个企业集团的现金流量情况。

一、合并现金流量表的编制依据

现金流量表是按照收付实现制反映企业经济业务所引起的现金流入和流出情况的报表,反映企业一定会计期间的现金流量情况。现金流量一般分为经营活动产生的现金流量、投资活动产生的现金流量、筹资活动产生的现金流量三大类。其中,经营活动产生的现金流量的列示方法有直接法和间接法两种,我国企业会计准则要求采用直接法,并在附注中披露将净利润调节为经营活动现金流量的信息。我国企业会计准则对合并现金流量表的基本要求与个别现金流量表相同。合并现金流量表的编制方法按照其编制依据可以分为两种:

(1)以合并资产负债表和合并利润表为基础,采用与个别现金流量表相同的方法编制出合并现金流量表。

（2）以母公司和纳入合并范围的子公司的个别现金流量表为基础,通过编制抵销分录,将母公司与纳入合并范围的子公司之间以及子公司相互之间发生的经济业务对个别现金流量表中的现金流量的影响予以抵销,从而编制出合并现金流量表。在采用这一方法编制合并现金流量表的情况下,其编制原则、编制方法和编制程序与合并资产负债表、合并利润表等的编制原则、编制方法和编制程序相同:首先编制合并工作底稿,将母公司和子公司个别现金流量表各项目的数据全部过入合并工作底稿,并予以加总;然后根据当期母公司与子公司之间以及子公司相互之间发生的影响其现金流量增减变动的经济业务,编制相应的抵销分录,通过抵销分录将个别现金流量表中集团内部成员之间的现金流入和流出数予以抵销;最后在此基础上计算出合并现金流量表的各项目的合并数,并填制合并现金流量表。

二、合并现金流量表需要调整的主要内容和抵销分录的编制

编制合并现金流量表时,需要调整的内容主要有两个方面:一是内部交易,二是少数股东权益。从整个企业集团的角度来看,内部交易导致的现金流量,仅仅使现金在企业集团内部存放地点发生变化,不是真正意义上的现金流转,因此,在编制合并现金流量表时应对内部交易涉及的现金流量进行相应的抵销调整。对于子公司与少数股东之间的现金流入和流出,必须在合并现金流量表中予以反映。

编制合并现金流量表抵销分录的规则是:流入项目的借方表示增加,贷方表示减少;流出项目的借方表示减少,贷方表示增加。

（一）内部交易

（1）内部销售业务的现金收付的抵销。

内部销售是指集团内部成员企业之间的销售。在编制现金流量表时,需要将内部销售涉及的现金流量进行抵销,具体又可分为以下三种情况。

第一种情况:一方经营活动现金流入与另一方经营活动现金流出相抵销。在销货方的存货卖给购货方仍然作为存货管理的情况下,需要将销货方的"销售商品、提供劳务收到的现金"与购买方"购买商品、接受劳务支付的现金"相抵销,即在编制合并现金流量表时,编制如下抵销分录:

借:经营活动现金流量——购买商品、接受劳务支付的现金
　　贷:经营活动现金流量——销售商品、提供劳务收到的现金

【例3-20】 2021年子公司B将自己生产完成的一批产品销售给母公司A,售价为30万元,增值税为3.9万元,成本为25万元。

2021年末,A公司在编制合并现金流量表时,应编制如下抵销分录:

借:经营活动现金流量——购买商品、接受劳务支付的现金　　339 000
　　贷:经营活动现金流量——销售商品、提供劳务收到的现金　　　339 000

第二种情况:一方经营活动现金流入与另一方投资活动现金流出相抵销。在销货方的存货卖给购货方作为固定资产管理的情况下,需要将销货方的"销售商品、提供劳务收到的现金"与购货方的"购建固定资产、无形资产和其他长期资产支付的现金"相抵销,编制抵销分录如下:

借:投资活动现金流量——购建固定资产、无形资产和其他长期资产支付的现金
　　贷:经营活动现金流量——销售商品、提供劳务收到的现金

第三种情况:一方经营活动现金流出与另一方投资活动现金流入相抵销。在销货方的固定资产卖给购货方作为存货管理的情况下,需要将销货方的"处置固定资产、无形资产和其他长期资产收到的现金"与购货方的"购买商品、接受劳务支付的现金"相抵销,即编制如下抵销分录:

借:经营活动现金流量——购买商品、接受劳务支付的现金

贷:投资活动现金流量——处置固定资产、无形资产和其他长期资产收到的现金

(2)内部权益性投资与筹资相关的现金收付的抵销。

主要涉及以下两种情况。

第一种情况:内部权益性投资与筹资的现金收付相抵销。这类业务对现金流量的影响,在个别现金流量表上表现为:一方为"投资支付的现金",另一方为"吸收投资收到的现金"。编制抵销分录如下:

借:投资活动现金流量——投资支付的现金

贷:筹资活动现金流量——吸收投资收到的现金

【例3-21】 2021年初,A公司以银行存款300万元向B公司投资,取得B公司80%的股权。母、子公司在个别财务报表中都对该投资活动进行反映。

2021年末,A公司在编制合并现金流量表时,应编制以下抵销分录:

借:投资活动现金流量——投资支付的现金　　　　　　　　3 000 000

贷:筹资活动现金流量——吸收投资收到的现金　　　　　　　　3 000 000

第二种情况:内部权益性投资收益与权益性筹资费用的现金收付相抵销。这类业务对现金流量的影响,在个别现金流量表上变现为:一方为"取得投资收益收到的现金",另一方为"分配股利、利润或偿付利息支付的现金"。应编制抵销分录如下:

借:筹资活动现金流量——分配股利、利润或偿付利息支付的现金

贷:投资活动现金流量——取得投资收益收到的现金

【例3-22】 2021年末,A公司从子公司B处取得本年度现金股利80 000元。母、子公司都在其个别财务报表中对该股利分配活动进行了反映。

2021年末,A公司在编制合并现金流量表时,应编制以下抵销分录:

借:筹资活动现金流量——分配股利、利润或偿付利息支付的现金

　　　　　　　　　　　　　　　　　　　　　　　　　80 000

贷:投资活动现金流量——取得投资收益收到的现金　　　80 000

(3)内部债券投资与筹资相关现金收付的抵销。

具体包括三种情况。

第一种情况:内部债券投资与债券筹资的现金收付相抵销。一家公司可能直接从集团内的另一家公司购买债券作为投资,这种情况在个别现金流量表上表现为:一方为"投资支付的现金",另一方为"发行债券收到的现金"。应编制抵销分录如下:

借:投资活动现金流量——投资支付的现金

贷:筹资活动现金流量——发行债券收到的现金

【例3-23】 子公司B于2021年1月1日从母公司A处购入母公司A当日发行的5年期债券,总面值为100万元,利率为10%,债券每年付息一次。B公司用银行存款支付购买价款120万元。

2021年末,在编制合并现金流量表时,应编制如下抵销分录:

借:投资活动现金流量——投资支付的现金　　　　　　　　　1 200 000

　　贷:筹资活动现金流量——发行债券收到的现金　　　　　　　　　　　1 200 000

第二种情况:内部债券投资收益与债券筹资费用的现金收付相抵销。这类业务对现金流量的影响,在个别现金流量表上表现为:一方为"取得投资收益收到的现金",另一方为"分配股利、利润或偿付利息支付的现金"。编制如下抵销分录:

借:筹资活动现金流量——分配股利、利润或偿付利息支付的现金

　　贷:投资活动现金流量——取得投资收益收到的现金

【例3-24】承例3-23,如果2021年末,B公司收到A公司支付的债券利息10万元,则在2021年末,在编制合并现金流量表时,应编制以下抵销分录:

借:筹资活动现金流量——分配股利、利润或偿付利息支付的现金

　　　　　　　　　　　　　　　　　　　　　　　　　　100 000

　　贷:投资活动现金流量——取得投资收益收到的现金　　　　　100 000

第三种情况:内部债券投资收回的现金收付相抵销。债券到期时投资方收回投资,这类业务对现金流量的影响,在个别现金流量表上表现为:一方为"偿还债务支付的现金",另一方为"收回投资收到的现金"。应编制抵销分录如下:

借:筹资活动现金流量——偿还债务支付的现金

　　贷:投资活动现金流量——收回投资收到的现金

如果将债券投资出售或转让给集团内其他成员企业,则集团内其他成员企业为之付出的现金属于投资活动支付的现金,出售或转让者因此收到的现金属于投资活动收到的现金。应编制如下抵销分录:

借:投资活动现金流量——投资支付的现金

　　贷:投资活动现金流量——收回投资收到的现金

(4)内部固定资产、无形资产和其他长期资产交易的现金收付的抵销。

在个别现金流量表上,这类内部交易相关的现金流入与流出属于投资活动的现金流动,即一方为"处置固定资产、无形资产和其他长期资产收到的现金",另一方为"购建固定资产、无形资产和其他长期资产支付的现金"。通常编制如下抵销分录:

借:投资活动现金流量——购建固定资产、无形资产和其他长期资产支付的现金

　　贷:投资活动现金流量——处置固定资产、无形资产和其他长期资产收到的现金

(二)少数股东权益

编制合并现金流量表时,如果纳入合并范围的子公司为非全资子公司,就涉及子公司与其少数股东之间的现金流入和流出的处理问题。从整个企业集团的角度来看,这部分现金流量也影响到其整体的现金流入和流出数量的增减变动,因而必须在合并现金流量表中予以反映。子公司与少数股东之间的现金流量主要有以下两种情况。

(1)少数股东增加对子公司的权益性投资。

这类业务引起的子公司现金流入,反映在其个别现金流量表中筹资活动现金流量部分的"吸收投资收到的现金"项目里。编制合并现金流量表时,应该将收现额在该项目下以"其中:子公司吸收少数股东投资收到的现金"项目单独披露。由于这种处理并不影响"吸收投资收到的现金"项目的合并金额,因此不必编制调整与抵销分录。

（2）子公司向少数股东支付现金股利。

在子公司个别现金流量表中，向少数股东支付现金股利导致的子公司现金流出，反映在"分配股利、利润或偿付利息支付的现金"项目中。编制合并现金流量表时，应将该项现金流出在该项目下以"其中：子公司支付给少数股东的股利、利润"项目单独列报。由于这种处理并不影响"分配股利、利润或偿付利息支付的现金"项目的合并金额，因此不必编制调整与抵销分录。

三、合并现金流量表的基本格式

合并现金流量表的格式与个别现金流量表的格式基本相同，其基本格式如表 3-9 所示。

表 3-9　合并现金流量表

编制单位：　　　　　　　　年度：　　　　　　　　　　　　　　　单位：元

项目	本期金额	上期金额
一、经营活动产生的现金流量		
销售商品、提供劳务收到的现金		
收到的税费返还		
收到其他与经营活动有关的现金		
经营活动现金流入小计		
购买商品、接受劳务支付的现金		
支付给职工以及为职工支付的现金		
支付的各项税费		
支付其他与经营活动有关的现金		
经营活动现金流出小计		
经营活动产生的现金流量净额		
二、投资活动产生的现金流量		
收回投资收到的现金		
取得投资收益收到的现金		
处置固定资产、无形资产和其他长期资产收回的现金净额		
收到其他与投资活动有关的现金		
投资活动现金流入小计		
购建固定资产、无形资产和其他长期资产支付的现金		
投资支付的现金		
支付其他与投资活动有关的现金		
投资活动现金流出小计		

续表

项目	本期金额	上期金额
投资活动产生的现金流量净额		
三、筹资活动产生的现金流量		
吸收投资收到的现金		
其中:子公司吸收少数股东投资收到的现金		
取得借款收到的现金		
收到其他与筹资活动有关的现金		
筹资活动现金流入小计		
偿还债务支付的现金		
分配股利、利润或偿付利息支付的现金		
其中:子公司支付给少数股东的股利、利润		
支付其他与筹资活动有关的现金		
筹资活动现金流出小计		
筹资活动产生的现金流量净额		
四、汇率变动对现金及现金等价物的影响		
五、现金及现金等价物净增加额		
加:期初现金及现金等价物余额		
六、期末现金及现金等价物余额		

四、合并财务报表附注

附注是合并财务报表不可或缺的组成部分,是对合并资产负债表、合并利润表及合并现金流量表等报表中列示项目的文字描述或明细资料,以及对未能在这些报表中列示项目的说明等。企业应当按规定披露合并财务报表附注信息,主要包括下列内容:

(1)企业集团的基本情况。

(2)财务报表的编制基础。

(3)遵循企业会计准则的声明。

(4)重要会计政策和会计估计。

(5)会计政策和会计估计变更以及差错更正的说明。

(6)报表重要项目的说明。

(7)或有事项。

(8)资产负债表日后事项。

(9)关联方关系及其交易。

(10)母公司和子公司信息。

本章小结

股权取得日后,在子公司宣告当年实现净利润时,按照权益法的要求,母公司一方面确认投资收益,另一方面会对长期股权投资进行账面价值调整。因此,在股权取得日后编制合并财务报表时,通常需要进行两方面内容的抵销:一是母公司对子公司的长期股权投资与子公司的所有者权益项目的抵销;二是内部股权投资收益与子公司利润分配项目的抵销。投资方对内部长期股权投资计提了减值准备的,从企业集团角度来看,该减值准备也不应存在,因此,在编制合并财务报表时也应将该减值准备金额一并抵销。

母公司与子公司之间、子公司相互之间发生的内部债权债务,从债权的一方来看,在其个别资产负债表中反映为债权资产;而从债务的一方来看,则在其个别资产负债表中反映为一项负债。站在企业集团整体角度来看,它只是企业集团内部的资金运动,既不会增加企业集团的资产,也不会增加其负债。因此,为了消除个别资产负债表直接加总而产生的重复计算因素,在编制合并财务报表时应将内部债权债务项目予以抵销。

企业集团内部交易,是指母公司与子公司之间或各子公司之间的交易。在合并财务报表的编制过程中,必须将内部交易的影响进行抵销和调整,从而使合并财务报表反映不包含内部交易的企业集团整体的财务状况和经营成果。需要进行抵销处理的包括集团内部存货交易、集团内部固定资产交易、集团内部无形资产交易及其他内部交易。

按照企业会计准则的规定,母公司除了编制合并资产负债表和合并利润表,还应当编制合并现金流量表,用以反映整个企业集团的现金流量情况。通常以母公司和纳入合并范围的子公司的个别现金流量表为基础,通过编制抵销分录,将母公司与纳入合并范围的子公司之间以及子公司相互之间发生的经济业务对个别现金流量表中的现金流量的影响予以抵销,从而编制出合并现金流量表。

思政园地

坚守会计诚信 规范集团内部关联交易

我国企业集团内部关联交易的特殊动机,直接导致了关联交易的不公平性。从上市子公司角度来看,与集团公司进行的不公平关联交易主要有两种类型:一是"输入利益型"关联交易,即为了取得上市资格,或者是在上市子公司经营业绩不佳时保住配股资格、避免摘牌,通过与上市子公司的关联购销资产、重组资产、托管承包经营等手段,由集团公司向上市子公司转移净利润,在短期内人为提升上市子公司经营业绩;二是"抽取利益型"关联交易,即集团公司利用控股地位,通过关联交易占用上市子公司资源或直接将上市子公司的利润转移至集团公司或其他关联企业。值得注意的是,由于上市子公司与集团公司一般在经营状况、筹资渠道等方面存在差异,"输入利益型"关联交易只是手段,而"抽取利益型"关联交易才是最终目的。企业集团内部的不公平关联交易会对上市子公司自身、广大的中小股东和债权人造成损害。

为了保护子公司的利益,必须强化控股股东诚信责任,禁止不公平的关联交易;同时,要完善子公司法人治理结构,建立独立董事制度,形成对控股股东公司或其他关联人士的交易行为的监督;完善企业集团内部的关联交易的信息披露制度,以增强会计信息的可比性和可信度,保护中小投资者的利益以及国家利益。

思考题

1. 在编制合并财务报表时为什么要抵销集团公司内部交易事项？
2. 股权取得日后当年合并财务报表与以后连续各期合并财务报表的编制有哪些不同？
3. 集团公司内部交易的固定资产的抵销有何特点？
4. 母公司对子公司拥有全部和部分股权情况下控制权取得日后合并财务报表编制有什么区别？

练习题

1. 甲公司为乙公司的母公司,2022 年甲公司出售一批存货给乙公司,成本为 450 万元,售价为 500 万元,当年乙公司出售了 40%,期末的可回收金额为 275 万元,乙公司对此确认了减值准备。

要求:就该项内部存货交易,在编制合并财务报表时编写抵销分录。

2. 2021 年 6 月 30 日,A 公司将其所生产的产品以 300 000 元的价格销售给其全资子公司 B 公司作为管理用固定资产使用。该产品的成本为 240 000 元。B 公司购入当月即投入使用,该项固定资产的预计使用期限为 10 年,无残值,采用平均年限法计提折旧。

要求:

(1)编制 A 公司 2021 年度合并工作底稿中的相关抵销分录。

(2)编制 A 公司 2022 年度合并工作底稿中的相关抵销分录。

3. 甲、乙公司同为 A 公司控制,2021 年末,甲公司以 100 万元收购了乙公司 100% 的股权。2022 年末,甲、乙公司财务状况及经营成果分别如表 3-10 和表 3-11 所示。

表 3-10　甲、乙公司资产负债表简表

2022 年 12 月 31 日　　　　　　　　　　　　　　　　　单位:万元

项目	甲公司	乙公司
货币资金	237.7	10
应收账款	150	60
存货	100	10
固定资产	650	100
长期股权投资	100	—
债权投资	12.3	—
短期借款	200	12.3
应付债券	—	17.7
应付账款	300	50
股本	500	60
资本公积	100	10
未分配利润	150	30

表 3-11　甲、乙公司利润表简表

2022 年度　　　　　　　　　　　　　　　　　　　单位:万元

项目	甲公司	乙公司
主营业务收入	120	140
主营业务成本	50	60
主营业务利润	70	80
投资收益	80	—
净利润	150	80
加:未分配利润	150	30
减:应付普通股股利	—	50

其中,2022 年度甲、乙公司之间内部交易情况如下:

(1)甲公司 150 万元的应收账款中有 50 万元是由乙公司的应付账款造成。

(2)甲公司以 12 万元购买了乙公司发行的 10 年期债券。乙公司发行债券的面值为 15 万元,发行价格为 18 万元,债券票面利率为 10%,实际利率为 9%。

(3)甲公司将其存货以成本 10 万元的价格销售给乙公司,乙公司购得存货并未对外售出。

(4)乙公司在年底宣布该年实现净利润 80 万元,并分派现金股利 50 万元。

要求:根据以上资料编制合并资产负债表、利润表工作底稿。

第四章 所得税会计

· 学习目标 ·

通过本章学习,学生应了解所得税会计产生的原因,熟悉所得税的三种不同的会计处理方法,掌握用资产负债表债务法核算企业所得税的基本原理。

· 课前导读 ·

1994年以前,我国会计准则与税法对收入、费用、资产、负债等要素的确认基本一致,按会计准则规定计算的税前会计利润与按税法规定计算的应税所得不存在差异,因此那时我国还没有确切的所得税会计处理方法。1994年税制改革以后,会计与税法对有关收益、费用或损失等的确认方法产生了较多的差异。同年6月,财政部颁布了《企业所得税会计处理的暂行规定》,允许企业在应付税款法和纳税影响会计法之间选择,并且明确规定所得税是一种费用。2000年12月,财政部颁布的《企业会计制度》规定:在核算所得税时,允许企业在应付税款法和纳税影响会计法两种方法中任意选择,纳税影响会计法可以选择递延法和债务法。2006年2月15日,财政部颁布了《企业会计准则第18号——所得税》,规定企业应采用资产负债表债务法对所得税进行会计处理,这一规定在很大程度上实现了与《国际会计准则第12号——所得税》的趋同。

所得税会计的
成因

/ 引导案例 /

节税 or 偷税?

某器械公司2022年第三季度累计利润为440万元,累计应纳企业所得税110万元,由于今年整体运营形势不好,财务人员为了节省税费资金成本,建议企业将准备买车的计划提前,因此2022年8月份行政部购车花费45.2万元。相关分录编制如下:

借:固定资产——汽车　　　　　　　　　　　　40万元
　　应交税费——应交增值税——进项税额　　　　5.2万元
　　贷:银行存款　　　　　　　　　　　　　　　　　　45.2万元

财务人员在申报企业所得税的时候将该固定资产40万元一次性计入成本费用在税前扣除了,得出:2022年累计实际利润额=本年累计利润总额-固定资产加速折旧(扣除)调减额

＝440万元－40万元＝400万元,故2022年应纳企业所得税额＝(440－40)万元×25％＝100万元。

问题:

(1)财务人员的做法使得企业少缴了多少企业所得税?

(2)该做法是否属于偷税漏税行为? 为什么?

第一节　所得税会计概述

一、所得税会计产生的原因

财务会计和税法归属于经济领域两个不同的分支,二者的目的和要求均不相同。财务会计的目的是规范企业对外报告,以便如实地反映企业的财务状况、经营成果和现金流量。税法的目的是课税,强调公平和效率,具有调节社会资源配置、公平分配社会财富等功能。因此,所得税税法和财务会计两者尽管联系密切,但由于各自服务宗旨、工作目标和研究对象的差异,最终朝着各自的学科方向发展。主要表现为以下方面差异:

第一,计量所得的目标不同。所得税税法依据公平税负、方便经营的要求,根据国家政治权力的需要确立纳税所得范畴,对可供选择的会计方法有所约束和控制,企业对利润中超过税法扣除标准的成本、费用等支出要依法纳税。而财务会计按照权责发生制的原则,着重反映企业的获利能力和经营绩效,反映某一时期收支相抵后的利润总额。税法和财务会计在确认所得(或利润)上存在差异。

第二,计量所得的标准不同。所得税税法和财务会计的最大差异在于确认收益的实现时间和费用的可扣减性不同。税法是以收付实现制和权责发生制混合计量为基础计算纳税所得,对某些依照会计原则而确认的收益允许在纳税时予以扣减。财务会计计算收益的原则主要采用权责发生制,而不管当期是否发生现金的流入或流出。因此,税法与财务会计在收入和费用等方面确认的标准不完全相同。

第三,计量所得的核算依据不同。纳税所得依据现行税法规定计算确定,会计利润则根据会计准则计算确定。

从上面的分析可以看出,由于财务会计和税法的目标不同,因此企业的会计核算和税收处理分别遵循不同的原则,服务于不同的目的。这样,根据会计准则计算的会计利润和根据税收法规计算的纳税所得一般会出现差异,这种差异主要表现在收入实现和费用抵扣以及资产、负债的确认上。财务会计按照会计准则核算收入、费用、利润以及资产和负债,纳税会计则按照税法规定确定收入、费用、纳税所得以及资产和负债。会计利润和纳税所得计算的依据与原则不同,二者计算的结果也随之出现差异,进而导致了所得税会计的产生。也就是说,所得税会计是研究如何处理会计准则和税收法规在与所得税有关的确认和计量方面的差异的会计理论与方法,它是为了满足对会计利润和纳税所得(即应纳税所得额)之间的差异进行会计处理的要求而产生的。

二、会计和税法的差异

所得税会计产生的根本原因在于会计准则和税收法规之间存在差异。从财务会计的目标出发,可以分别从利润表的角度和资产负债表的角度来分析会计准则和税收法规在收入、费用、资产以及负债等方面在确认与计量上存在的差异。

(一)基于利润表的差异

从利润表角度出发,会计准则和税收规定存在的差异表现为税前会计利润和应纳税所得额(应税利润)之间产生的差异。其中,税前会计利润是按照会计准则的规定确定的在扣减所得税费用之前的收益,也就是利润总额;应纳税所得额是按照税收规定在应税收入减去税法允许扣除的费用和可以减免的纳税额之后的差额,是应该缴纳所得税的所得(或收益),也称为纳税所得。由于会计利润和纳税所得均涉及收入和费用的确认和计量,从收入、费用的角度出发,按照税前会计利润和纳税所得之间产生差异的原因,可以将二者的差异分为永久性差异和时间性差异。

1. 永久性差异

永久性差异,是指在某一会计期间,由于会计准则与税法在计算收益、费用或损失时口径不同所产生的纳税所得与税前会计利润之间的差异。这种差异在本期发生,不会在以后各期转回。永久性差异有以下几种类型:

(1)按会计准则规定核算时作为收益确认,但在计算应纳税所得额时不确认为收益,如企业购买国债取得的利息收入等。

(2)按会计准则规定核算时不作为收益确认,但在计算应纳税所得额时应作为收益。如企业将自己生产的产品用于对外捐赠,会计上不确认收入而按账面价值结转,税法上要求作为销售处理,将产品的售价和成本之间的差额计入应纳税所得额中。

(3)按会计准则规定核算时作为费用或损失确认,但计算应纳税所得额时不允许扣除,如非广告性赞助支出、非公益性捐赠支出、违法经营或违反税法的罚没支出等。

(4)按会计准则规定核算时不确认为费用或损失,在计算应纳税所得额时允许扣减,如按照我国税法规定可以加计扣除的研发费用。

2. 时间性差异

时间性差异,是指税法与会计准则由于确认收益、费用或损失的时间不同而产生的税前会计利润与应税所得之间的差异。时间性差异发生于某一会计期间,但会在以后的一期或若干期内转回。时间性差异主要有以下几种类型:

(1)企业取得的某项收益,会计在当期确认为收益,但按照税法规定应在以后期间确认为应税收入,如企业确认的交易性金融资产、投资性房地产的公允价值变动收益等。

(2)企业发生的某项费用或损失,会计在当期确认为费用或损失,但按照税法规定应在以后期间的应纳税所得额中扣减,如企业预计的产品质量保证支出、企业当期计提的资产减值损失、交易性金融资产产生的公允价值变动损失等。

(3)企业取得的某项收益,会计在以后期间确认为收益,但按照税法规定应计入当期应纳税所得额,如房地产公司销售期房的收入等。

(4)企业发生的某项费用或损失,会计在以后期间确认为费用或损失,但按照税法规定可以从当期所得额中扣减。如税法允许按照加速折旧法计提折旧,而会计则要求按照直线法计提折旧,两种方法会产生差额。

(二)基于资产负债表的差异

从资产负债表的角度出发,财务会计和税法存在的差异表现为资产和负债的账面价值与其计税基础之间的差异,这种差异称为暂时性差异。暂时性差异是由于财务会计和税法的目的不同,在对相同的资产和负债项目采取了不同的计量属性、会计政策、会计估计后,资产、负债项目的账面价值和计税基础之间出现的差异。与时间性差异相同,这些差异也会随着时间的推移逐渐消除。

关于资产、负债的计税基础以及暂时性差异的概念将在资产负债表债务法中具体介绍。

三、所得税的会计处理方法

在上述几种差异中,永久性差异由于在将来不能转回,因此不会对将来的纳税所得产生影响,其会计处理应以税法的规定为基础,将会计利润调整为应纳税所得额;而时间性差异和暂时性差异在将来是可以转回的。所得税会计的核心就集中在这些可以转回的差异的会计处理上。所得税会计主要解决所得税的确认和计量问题,其中确认主要包括确认计税项目和计税时间,计量则主要指税率的选择。按照会计是否确认差异的所得税影响以及如何确认差异的所得税影响,所得税的会计处理方法可以分为应付税款法、基于利润表的纳税影响会计法和资产负债表债务法。

(一)应付税款法

应付税款法,是按所得税税法规定的应纳税所得额和税率计算应交所得税金额,并在会计上按应交所得税金额确认为当期所得税费用的一种方法。

在应付税款法下,本期所得税费用等于按照本期应纳税所得额与适用的所得税税率计算的应交所得税金额,即所得税费用等于本期的应交所得税金额。在实际工作中,企业未单独设置纳税会计对应税收入及准予扣除的成本、费用等进行专门核算,在申报缴纳所得税时,一般是在会计利润总额的基础上,按照税法规定对时间性差异和永久性差异等进行调整,以确定应纳税所得额,并计算应交所得税金额,即:

$$应纳税所得额 = 会计利润 + (或 -)永久性差异 + (或 -)时间性差异 + (或 -)其他调整$$
$$应交所得税金额 = 应纳税所得额 × 当期适用的所得税税率$$

应付税款法下,当期的所得税费用就等于当期的应交所得税金额,会计处理如下:

借:所得税费用

  贷:应交税费——应交所得税

【例 4-1】 A 公司 2021 年税前会计利润为 2 000 000 元,所得税税率为 25%。经核对发现 2021 年会计和税收之间有如下业务存在差异:

(1)支付违反税收罚款 300 000 元;

(2)本期确认国库券利息收入 100 000 元;

(3)2020 年年末购入一台设备,成本为 500 000 元,预计无残值。税法规定采用年限平均法计提折旧,折旧年限为 5 年;会计也采用年限平均法计提折旧,折旧年限为 10 年。

要求:计算 A 公司 2021 年应纳税所得额和应交所得税金额。

上述三项中,第(1)、(2)项属于永久性差异,第(3)项属于时间性差异。会计计算的设备年折旧额为 50 000 元,税法规定计提的设备折旧额为 100 000 元。

2021 年应纳税所得额＝(2 000 000＋300 000－100 000－50 000)元＝2 150 000 元

2021 年应交所得税金额＝2 150 000 元×25％＝537 500 元

在应付税款法下,所得税费用就等于应交所得税金额,即 537 500 元,编写的会计分录如下:

借:所得税费用　　　　　　　　　　　　　　　　　　537 500

　贷:应交税费——应交所得税　　　　　　　　　　　　　　537 500

很显然,在应付税款法下计算的所得税费用并没有考虑时间性差异或暂时性差异对所得税的影响,这就意味着对某些造成这些差异的收入或费用对所得税的影响也按税法上规定的收付实现制原则加以确认,而不是在收入和费用发生时即予以确认并记入当期的财务报表中。因此,应付税款法体现的是收付实现制原则,其对所得税的处理不符合权责发生制核算的要求。同时,应付税款法只反映了当期法定的应交所得税,并没有反映时间性差异(或暂时性差异)的转回对将来应交所得税的影响,这就使资产负债表不能如实反映企业的财务状况,也不利于利润表如实地反映企业的经营成果。

(二)基于利润表的纳税影响会计法

基于利润表的纳税影响会计法,是指按权责发生制和配比原则的要求,将时间性差异对所得税的影响金额计入所得税费用和递延税款的一种所得税会计核算方法。该方法认为会计利润与应税所得之间的差异可分解为永久性差异和时间性差异。由于永久性差异不会在以后期间转回,不需要确认这种差异对所得税的影响;而时间性差异在将来转回期间会对所得税产生影响,按照权责发生制的要求,在当期应确认时间性差异所产生的递延税款贷项或递延税款借项。与应付税款法相比,纳税影响会计法反映了时间性差异的跨期影响,因而有利于如实反映企业的财务状况和经营成果。

在该方法下,所得税费用包括当期应交所得税和当期确认的递延税款,其计算公式如下:

本期所得税费用＝本期应交所得税金额＋(或－)本期递延税款发生额

即

本期所得税费用＝本期应交所得税金额＋本期发生或转回的时间性差异所产生的

递延税款贷项－本期发生或转回的时间性差异所产生的

递延税款借项

【例 4-2】 A 公司于 2017 年 12 月 25 日取得某项固定资产,原价为 300 万元,使用年限为 5 年,会计上采用年限平均法计提折旧,净残值为 0。假定税法规定类似固定资产采用加速折旧法(年数总和法)计提折旧,折旧年限为 5 年,净残值为 0。A 公司每年的会计利润均为 2 000 万元,适用的所得税税率为 25％,除折旧外没有其他的纳税调整事项。

根据上述资料,采用基于利润表的纳税影响会计法计算所得税费用,如表 4-1 所示。

2018 年的会计处理如下:

借:所得税费用　　　　　　　　　　　　　　　　　　5 000 000

　贷:递延税款　　　　　　　　　　　　　　　　　　　　100 000

　　应交税费——应交所得税　　　　　　　　　　　　　4 900 000

2019 年至 2022 年的会计处理与之相似。

表 4-1　采用基于利润表的纳税影响会计法计算的所得税费用

单位:元

项目	年度				
	2018	2019	2020	2021	2022
会计折旧	600 000	600 000	600 000	600 000	600 000
税法折旧	1 000 000	800 000	600 000	400 000	200 000
时间性差异	400 000	200 000	0	−200 000	−400 000
确认的递延税款	100 000(贷)	50 000(贷)	0	−50 000(借)	−100 000(借)
会计利润	20 000 000	20 000 000	20 000 000	20 000 000	20 000 000
纳税所得	19 600 000	19 800 000	20 000 000	20 200 000	20 400 000
应交所得税	4 900 000	4 950 000	5 000 000	5 050 000	5 100 000
所得税费用	5 000 000	5 000 000	5 000 000	5 000 000	5 000 000

需要说明的是,基于利润表的纳税影响会计法可以分为两种方法——递延法和债务法,二者的区别主要在于税率发生变化时对递延税款的处理不一样。递延法下,税率发生变化时,不考虑税率变化对当期递延税款的影响,也就是说,递延税款在将来转回时仍按照以前差异发生时的税率计算。债务法下则需考虑税率变化对当期递延税款的影响,即递延税款在将来转回时按照当前的税率计算。当然,如果税率没有变化,则二者计算的结果是相同的。

(三)资产负债表债务法

1. 资产负债表债务法的含义

资产负债表债务法,是从资产负债表出发,通过比较资产负债表中列示的资产、负债按照企业会计准则规定确定的账面价值与按照税法规定确定的计税基础,将存在的差异区别为应纳税暂时性差异和可抵扣暂时性差异,确认相关的递延所得税负债与递延所得税资产,并在此基础上确定利润表中所得税费用的一种方法。

2. 资产负债表债务法的理论基础

(1)符合资产(或负债)的定义。暂时性差异是由过去的交易或事项引起的,在未来相关资产回收或负债清偿时,会减少或增加转回期间的应纳税所得额,从而导致转回期间的应交所得税金额减少或者增加。这一特征符合资产(或负债)的定义,因此,应确认为递延所得税资产(或负债)。

(2)符合权责发生制的要求。所得税属于费用,是企业的经营成本,有利润就必须纳税。按照权责发生制会计的要求,收入和费用的确认,是以实际"归属期间"为标准的,而不是按收入和费用的"收付期间"为确认标准。根据资产负债表债务法,暂时性差异对应纳税所得额和应交所得税的影响是在转回期间发生的,但对所得税产生影响的事项在当期就已经发生了。因此,按照权责发生制的要求,暂时性差异应确认为递延所得税负债或递延所得税资产,同时在当期确认为所得税费用。

3. 资产负债表债务法下所得税会计核算的一般程序

企业一般应于每一资产负债表日进行所得税的会计处理。发生特殊交易或事项时,如企业合并,在确认因交易或事项产生的资产、负债时即应确认相关的所得税影响。在资产负债表债务法下,企业进行所得税的核算一般应按下列程序处理。

第一,确定资产和负债的账面价值。按照相关会计准则规定确定资产负债表中除递延所得税资产和递延所得税负债以外的资产和负债项目的账面价值,其中资产、负债项目的账面价值是指企业按相关企业会计准则的规定进行核算后在资产负债表中列示的金额。例如,企业持有的应收账款账面余额为 500 万元,企业对该应收账款计提了 30 万元的坏账准备,其账面价值应为 470 万元,为该应收账款在资产负债表中的列示金额。

第二,确定资产和负债的计税基础。按照企业会计准则中对于资产和负债计税基础的确定方法,以适用的税收法规为基础,确定资产负债表中有关资产、负债项目的计税基础。

第三,确定应纳税暂时性差异和可抵扣暂时性差异。比较资产、负债的账面价值与其计税基础,对于两者之间存在的差异,分析其性质,除特殊情况外,分别确定为应纳税暂时性差异和可抵扣暂时性差异。

第四,确定递延所得税负债和递延所得税资产。根据应纳税暂时性差异和可抵扣暂时性差异以及适用的税率,确定资产负债表日递延所得税负债和递延所得税资产的应有金额,并与期初递延所得税负债和递延所得税资产的余额相比,确定当期应予进一步确认的递延所得税资产和递延所得税负债(即递延所得税)金额或应予转销的金额,构成利润表中所得税费用的其中一个组成部分——递延所得税。

第五,确定当期应交所得税。按照税收法规规定确定当期应纳税所得额,将应纳税所得额与适用所得税税率计算的结果确认为当期应交所得税,作为利润表中应予确认的所得税费用的另外一个组成部分——当期所得税。

第六,确定利润表中的所得税费用。利润表中的所得税费用包括当期应交所得税和递延所得税两部分。其中,当期应交所得税是指当期计算确定的应交所得税;递延所得税是指当期确认的递延所得税资产和递延所得税负债金额或予以转销的金额的综合结果。

第二节　计税基础与暂时性差异

采用资产负债表债务法进行所得税会计核算的第一步是计算资产、负债的账面价值,其金额一般表现为各项资产、负债在资产负债表上列示的金额。因此,所得税会计的关键在于确定资产、负债的计税基础。在确定资产、负债的计税基础时,应严格遵循税收法规中对于资产、负债的税务处理以及可税前扣除的费用等的规定。

一、资产的计税基础

(一)资产的计税基础的含义

资产的计税基础,是指企业在收回资产账面价值的过程中,计算应纳税所得额时按照税法规定可以自应税经济利益中抵扣的金额,即某一项资产在未来期间计税时按照税法规定可以税前扣除的金额。

（二）资产的计税基础的确定

通常情况下，资产在初始确认时，计税基础为其取得成本，因为按照税法规定，企业为取得某项资产支付的成本在未来期间准予税前扣除。资产取得时其入账价值与计税基础一般是相同的，即：

资产的计税基础＝该资产未来期间可税前列支的金额

资产取得时的计税基础＝该资产初始确认的账面价值（成本）

在资产持续持有的过程中，其计税基础是指资产的取得成本减去以前期间按照税法规定已经在税前扣除的金额后的余额，该余额代表的是按照税法规定该资产在未来期间计税时仍然可以税前扣除的金额。如固定资产、无形资产等长期资产在某一资产负债表日的计税基础是指其成本扣除按照税法规定已在以前期间税前扣除的累计折旧额或累计摊销额后的金额。具体而言，某一资产负债表日资产的计税基础等于资产的成本减去以前期间按照税法规定该资产已经税前列支的金额，即：

某资产负债表日资产的计税基础＝资产初始确认成本－该资产以前期间

已税前列支的金额

企业应当按照适用的税收法规规定计算确定资产的计税基础。下面举例说明主要资产项计税基础的确定及其账面价值和计税基础差异的形成原因。

1. 固定资产

以各种方式取得的固定资产，初始确认时按照会计准则规定确定的入账价值基本上是被税法认可的，即固定资产取得时的账面价值一般等于计税基础。

固定资产在持有期间进行后续计量时，账面价值按照"成本－累计折旧－固定资产减值准备"计量，而计税基础是按照"成本－按照税法规定已在以前期间税前扣除的折旧额"进行计量，由于会计与税收处理规定的不同，固定资产的账面价值与计税基础的差异主要产生于折旧计提的不同（包括折旧方法、折旧年限）以及固定资产减值准备的计提。

（1）折旧方法的差异。会计准则规定，企业应当根据与固定资产有关的经济利益的预期实现方式选择折旧方法，既可以按直线法计提折旧，也可以按照双倍余额递减法、年数总和法等方法计提折旧。税法一般会规定固定资产的折旧方法，除某些按照规定可以加速计提折旧外，固定资产基本上都是按照直线法计提折旧。如果会计和税法规定计提折旧的方法不一致，固定资产的账面价值和计税基础就会不同。

（2）折旧年限的差异。除折旧方法外，税法还就每一类固定资产的折旧年限做出了规定，而按照会计准则规定，会计处理时折旧年限是由企业根据固定资产的性质和使用情况合理确定的，如企业进行会计处理时确定的折旧年限与税法规定不同，固定资产持有期间账面价值与计税基础也会产生差异。

（3）因计提固定资产减值准备产生的差异。根据会计准则规定，固定资产在持有期间内计提减值准备，会直接导致固定资产账面价值的减少，但是税法规定，固定资产在发生实质性损失之前，计提的减值准备不允许从税前扣除，因此，固定资产计提减值准备也会造成固定资产的账面价值与计税基础的差异。

【例4-3】　A公司于2017年12月20日取得某项固定资产，原价为600万元，使用年限为5年，会计上采用直线法计提折旧，净残值为0。假定税法规定类似固定资产采用加速折旧法

(年数总和法)计提的折旧可予税前扣除,折旧年限为 5 年,净残值为 0。

根据固定资产准则,当月投入使用的固定资产当月不提折旧,因此,2017 年 12 月 31 日该项固定资产的账面价值与计税基础均为 600 万元,不存在差异。

2018 年末,因会计计提折旧,该项固定资产的账面价值为 600 万元 $-$ 600 万元 $\div 5 =$ 480 万元。根据税法规定,该项固定资产 2018 年末的计税基础为 600 万元 $-$ 600 万元 $\times 5/15 =$ 400 万元。该项固定资产的账面价值 480 万元与其计税基础 400 万元之间产生了 80 万元的差异。

2019 年至 2022 年该固定资产账面价值和计税基础及其差异可以通过相同的方法分析计算。其计算过程可见表 4-2。

表 4-2   固定资产账面价值与计税基础计算表

单位:元

项目	2017 年	2018 年	2019 年	2020 年	2021 年	2022 年
会计年折旧额	0	1 200 000	1 200 000	1 200 000	1 200 000	1 200 000
会计累计折旧额	0	1 200 000	2 400 000	3 600 000	4 800 000	6 000 000
账面价值	6 000 000	4 800 000	3 600 000	2 400 000	1 200 000	0
税法年折旧额	0	2 000 000	1 600 000	1 200 000	800 000	400 000
税法累计折旧额	0	2 000 000	3 600 000	4 800 000	5 600 000	6 000 000
计税基础	6 000 000	4 000 000	2 400 000	1 200 000	400 000	0
暂时性差异	0	800 000	1 200 000	1 200 000	800 000	0

【例 4-4】   A 公司于 2020 年 12 月 5 日取得一项环保用设备固定资产,原价为 500 万元,使用年限为 5 年,会计处理时按照年限平均法计提折旧,税收处理允许加速折旧,企业在计税时对该项资产按双倍余额递减法计提折旧,净残值均为 0。2022 年 12 月 31 日,企业估计该项固定资产的可收回金额为 200 万元。计算 2022 年末该固定资产的账面价值和计税基础。

根据固定资产准则,当月投入使用的固定资产当月不提折旧,因此,2020 年 12 月 31 日该项固定资产的账面价值与计税基础均为 500 万元,不存在差异。

根据会计准则规定,该项固定资产在 2022 年 12 月 31 日共计提折旧 200 万元,计提折旧后固定资产账面价值为 300 万元,大于其可收回金额 200 万元,应计提 100 万元的减值准备。因此,该固定资产 2022 年 12 月 31 日账面价值为 500 万元 $-$ 200 万元 $-$ 100 万元 $=$ 200 万元。

根据税法规定,2022 年 12 月 31 日,该项固定资产共计提折旧 320 万元,不计提减值准备,其计税基础为 500 万元 $-$ 320 万元 $=$ 180 万元。

2022 年 12 月 31 日,该项固定资产的账面价值 200 万元与其计税基础 180 万元之间产生了 20 万元的暂时性差异。

2. 无形资产

企业无形资产的取得包括内部研究开发和外部取得。除内部研究开发形成的无形资产以外,其他方式取得的无形资产,初始确认时按照会计准则规定确定的入账价值与按税法规定确定的计税基础之间一般不存在差异。无形资产的暂时性差异主要产生于内部研究开发形成的无形资产和无形资产的后续计量。

(1)内部研究开发形成的无形资产。会计准则规定,有关内部研究开发活动区分为研究和开发两个阶段:研究阶段的支出应当费用化,计入当期损益;开发阶段符合资本化条件以后至达到预定用途前发生的支出应当资本化,计入无形资产的成本。税法规定,企业发生的研究开发支出,未形成无形资产的,计入当期损益的支出,可据实税前扣除;自行开发形成无形资产的,以开发过程中该资产符合资本化条件后至达到预定用途前发生的支出为计税基础。另外,对于研究开发费用,税法规定可以加计扣除。企业开展研发活动实际发生的研发费用,未形成无形资产计入当期损益的,在按规定据实扣除的基础上,自2023年1月1日起,再按照实际发生额的100%在税前加计扣除;形成无形资产的,自2023年1月1日起,按照无形资产成本的200%在税前摊销。

因此,内部研究开发形成的无形资产,在初始确认时,按照企业会计准则规定,确定的成本与其计税基础一般情况下是相同的;但对于享受税收优惠的研究开发支出,在形成无形资产时,按照企业会计准则的规定,确定的成本为研究开发过程中符合资本化条件以后至达到预定用途前发生的支出,而税法规定按照无形资产成本的200%摊销,则其计税基础应在会计入账价值的基础上加计100%,因而其账面价值与计税基础在初始确认时会产生差异。按照我国所得税会计准则规定,如果该无形资产的确认不是产生于企业合并交易,同时在确认时既不影响会计利润也不影响应纳税所得额,则不确认有关暂时性差异对所得税的影响。

【例4-5】　A公司2022年为开发新技术发生研究开发支出400万元,其中研究阶段支出200万元,开发阶段符合资本化条件前发生的支出为100万元,符合资本化条件后至达到预定用途前发生的支出为100万元。假定开发形成的无形资产在当期期末已达到预定用途。

A公司2022年发生的研究开发支出中,按照会计准则规定应予费用化的金额为300万元,形成无形资产的成本为100万元,即期末所形成无形资产的账面价值为100万元。

A公司此项支出是开发新技术发生的研发支出,按照税法规定,该研发支出允许按实际支出的175%在当期(计入当期损益的部分)和将来(形成无形资产的部分)从应纳税所得额中扣除。因此,A公司在当期发生的300万元研究开发支出(费用化的部分),按照税法规定可在2022年税前扣除的金额为525万元;所形成的无形资产100万元(资本化部分)在未来期间可予税前扣除的金额为175万元,其计税基础为175万元,形成暂时性差异75万元。但该暂时性差异为资产初始确认而产生的,确认资产时既不影响会计利润也不影响应纳税所得额,按照会计准则规定,不确认该暂时性差异的所得税影响。

(2)无形资产的摊销和减值准备的计提。税法规定,企业取得的无形资产成本,应在一定期限内摊销,合同、法律未明确规定摊销期限的,应按不少于10年的期限摊销,因此,无形资产的计税基础等于成本减去计税时累计扣除的摊销。企业会计准则规定,对于无形资产应根据其使用寿命情况,分为使用寿命有限的无形资产与使用寿命不确定的无形资产;对于使用寿命不确定的无形资产,不要求摊销,在会计期末应进行减值测试。因此,对于使用寿命不确定的无形资产,在持有期间,因会计和税法摊销规定的不同,其账面价值与计税基础会产生差异。

在对无形资产计提减值准备的情况下,因税法规定对按照会计准则规定计提的无形资产减值准备在形成实质性损失前不允许税前扣除,即无形资产的计税基础不会随减值准备的提取而发生变化,但其账面价值会因资产减值准备的提取而减少,所以无形资产的账面价值与计税基础会产生差异。

【例4-6】　A公司于2022年1月1日取得某项无形资产,取得成本为500万元。取得该项无形资产后,根据各方面情况判断,A公司无法合理预计其使用期限,将其作为使用寿命不确定的无形资产。2022年12月31日,A公司对该项无形资产进行减值测试,结果表明其未发生减值。企业在计税时,对该项无形资产按照10年的期限采用直线法摊销,摊销金额允许税前扣除。

会计上将该项无形资产作为使用寿命不确定的无形资产,因未发生减值,该无形资产在2022年12月31日的账面价值为取得成本500万元。

该项无形资产在2022年按税法规定可税前扣除的金额为50万元,因此,在2022年12月31日的计税基础为450万元(＝成本500万元－按照税法规定可予税前扣除的摊销额50万元)。

3. 以公允价值计量且其变动计入当期损益的金融资产

按照《企业会计准则第22号——金融工具确认和计量》的规定,以公允价值计量且其变动计入当期损益的金融资产按公允价值计量,因此,某一会计期末的账面价值为其公允价值。税法规定,企业以公允价值计量的金融资产,持有期间公允价值的变动不计入应纳税所得额;在实际处置或结算时,处置取得的价款扣除其历史成本后的差额应计入处置或结算期间的应纳税所得额。按照该规定,以公允价值计量的金融资产在持有期间公允价值的变动在计税时不予考虑,在某一会计期末其计税基础等于其初始取得成本。因此,在公允价值变动的情况下,以公允价值计量的金融资产账面价值与计税基础之间会产生差异。

企业持有的以公允价值计量且其变动计入其他综合收益的金融资产,其计税基础的确定,与以公允价值计量且其变动计入当期损益的金融资产类似,可比照处理。

【例4-7】　2022年10月10日,A公司自公开市场取得一项股票投资,支付价款800万元,作为交易性金融资产核算。2022年12月31日,该投资的市价为1 000万元。

该项交易性金融资产的期末市价为1 000万元。按照会计准则规定,该金融资产在2022年资产负债表日的账面价值为1 000万元。

税法规定,以公允价值计量的金融资产在持有期间公允价值的变动不计入应纳税所得额,因此,其在2022年资产负债表日的计税基础应维持原取得成本不变,为800万元。

【例4-8】　2022年6月20日,A公司自公开市场取得一项债权性投资,作为以公允价值计量且其变动计入其他综合收益的金融资产核算,支付价款600万元。2022年12月31日,该项投资的市价为700万元。

该项金融资产的2022年末市价为700万元,按照会计准则规定,该资产2022年资产负债表日的账面价值为700万元。

税法规定,以公允价值计量的金融资产在持有期间公允价值的变动不计入应纳税所得额,因此,该资产2022年资产负债表日的计税基础应维持原取得成本600万元不变。

4. 其他资产

因会计准则规定与税法规定不同,企业持有的其他资产,其账面价值与计税基础之间可能存在差异,例如投资性房地产及其他计提了资产减值准备的各项资产。

(1)投资性房地产。

根据会计准则规定,投资性房地产计量有成本模式和公允价值模式两种。在成本模式下,投资性房地产的账面价值计量与固定资产类似,其账面价值等于投资性房地产成本减去累计折旧(摊销)和投资性房地产减值准备的金额。在公允价值模式下,投资性房地产的账面价值等于期末的公允价值。但是按照税法规定,不论投资性房地产计量采用成本模式还是公允价值模式,其计税基础的确定类似于固定资产或无形资产计税基础的确定。

由此可见,不管是在成本模式下还是在公允价值模式下,投资性房地产的账面价值和计税基础之间都很可能产生差异。

【例4-9】　A公司2022年12月取得一栋办公楼,成本为6 000万元。该公司将该办公楼全部出租,因此作为投资性房地产核算,并采用公允价值模式进行后续计量。假设税法规定该办公楼的折旧年限为30年,按直线法计提折旧,不考虑净残值。2022年末,该办公楼的市场价格为7 000万元。

A公司该投资性房地产在2022年的计税基础为5 800万元(=6 000万元-6 000万元÷30),而账面价值则根据年末该办公楼的市场价格确定为7 000万元。

(2)其他计提了资产减值准备的各项资产。

有关资产计提了减值准备后,其账面价值会随之下降,而税法规定资产在发生实质性损失之前,预计的减值损失不允许税前扣除,即其计税基础不会因减值准备的提取而变化,这就可能造成在计提资产减值准备以后资产的账面基础与计税基础之间的差异。

【例4-10】　A公司2022年购入原材料成本为300万元,当年A公司对该存货计提了50万元的存货跌价准备。2022年末该项原材料的账面价值为250万元。因计算应纳税所得额时,按照税法规定计提的资产减值准备不允许税前扣除,该项原材料的计税基础不会因存货跌价准备的提取而发生变化,其计税基础应维持原取得成本300万元不变。

【例4-11】　A公司2022年12月31日应收账款余额为3 000万元,该公司期末对应收账款计提了800万元的坏账准备。税法规定,不符合国务院财政、税务主管部门规定的各项资产减值准备不允许税前扣除。假定该公司应收账款及坏账准备的期初余额均为0。

该项应收账款在2022年资产负债表日的账面价值为2 200万元(=3 000万元-800万元),因坏账准备不允许税前扣除,故其计税基础为3 000万元。

二、负债的计税基础

负债的计税基础,是指负债的账面价值减去未来期间计算应纳税所得额时按照税法规定可予抵扣的金额。用公式表示为:

负债的计税基础=账面价值-未来期间按照税法规定可予税前扣除的金额

负债的确认与偿还一般不会影响企业的损益,也不会影响应纳税所得额,未来期间计算应纳税所得额时按照税法规定可予抵扣的金额为零,因此,其计税基础与账面价值相等。但是,在某些情况下,负债的确认可能会影响企业的损益,进而影响不同期间的应纳税所得额,使得其计税基础与账面价值之间产生差额,如按照会计准则规定确认的某些预计负债。

1.企业因销售商品、提供售后服务等原因确认的预计负债

按照或有事项准则规定,企业对于预计提供售后服务将发生的支出,在满足有关确认条件的情况下,销售当期即应确认为费用与预计负债。税法规定,与销售产品相关的支出应于实际发生时税前扣除。因该类事项产生的预计负债在未来期间可税前扣除的金额为其账面价值,因而其在期末的计税基础为零。

其他交易或事项中确认的预计负债,应按照税法规定的计税原则确定其计税基础。在某些情况下,对某些事项确认的预计负债,税法规定其支出无论是否实际发生均不允许税前扣除(如企业预计的担保损失),即未来期间按照税法规定可予抵扣的金额为零,其计税基础等于账面价值。

【例 4-12】　A 公司 2022 年销售产品并承诺提供 3 年的保修服务,在当年确认了 500 万元的销售费用与预计负债,2022 年未发生任何保修支出。假定按照税法规定,与产品售后服务相关的费用在实际发生时允许税前扣除。

根据会计准则规定,该项预计负债在 A 公司 2022 年 12 月 31 日资产负债表中的账面价值为 500 万元。按照税法规定,与产品保修相关的 500 万元支出在将来实际发生时允许税前扣除,则该项预计负债的计税基础=账面价值-未来期间计算应纳税所得额时按照税法规定可予抵扣的金额=500 万元-500 万元=0。

【例 4-13】　A 公司 2022 年末因为关联方提供债务担保确认了预计负债 600 万元。假定税法规定,为关联方提供债务担保发生的实际损失不允许在税前扣除。

2022 年 12 月 31 日,该预计负债的账面价值为 600 万元。按照税法规定,与关联方债务担保相关的 600 万元支出在将来实际发生时不允许税前扣除,则该项预计负债的计税基础=账面价值-未来期间计算应纳税所得额时按照税法规定可予抵扣的金额=600 万元-0=600万元。因此,该项预计负债的账面价值和计税基础相等。

2. 合同负债

企业在收到客户预付的款项时,因该事项不符合收入确认条件,会计上将其确认为负债。税法中对于收入的确认原则一般与会计规定相同,即会计上未确认收入,计税时一般亦不计入应纳税所得额,该部分经济利益在未来期间计税时可予税前扣除的金额为零,其计税基础等于账面价值。

在某些情况下,因不符合会计准则规定的收入确认条件未确认为收入的预收款项,按照税法规定应计入当期应纳税所得额(如房地产企业预售商品房房款),该预收账款的计税基础为零,即因其产生时已经计算缴纳所得税,未来期间会计确认收入、计算应纳税所得额时可全额税前扣除。

【例 4-14】　A 公司于 2022 年 10 月 20 日自客户处收到一笔合同预付款,金额为 200 万元,作为预收账款核算。按照适用税法规定,该款项应计入取得当期的应纳税所得额,计算缴纳所得税。

A 公司预收账款在 2022 年 12 月 31 日的账面价值为 200 万元。该预收账款的计税基础=账面价值 200 万元-未来期间计算应纳税所得额时按税法规定可予抵扣的金额 200 万元=0。该项负债的账面价值为 200 万元,其计税基础为 0,两者之间会产生 200 万元暂时性差异。

假设例 4-14 中,税法规定该预收账款在会计确认为收入的时候才计入应纳税所得额,则该预收账款的计税基础=账面价值 200 万元-未来期间计算应纳税所得额时按照税法规定可予抵扣的金额 0=200 万元,即这种情况下该项负债的账面价值与其计税基础是相同的,不会产生暂时性差异。

3. 应付职工薪酬

会计准则规定,企业为获得职工提供的服务给予的各种形式的报酬以及其他相关支出均应作为企业的成本或费用,在未支付时确认为负债。税法中对于合理的职工薪酬基本允许税前扣除,但税法如果规定了税前扣除标准,按照会计准则规定计入成本费用支出的金额超过规定标准部分,则应进行纳税调整。超过税法扣除标准的部分在发生当期不允许税前扣除,在以后期间也不允许税前扣除,因此该部分差额对未来期间应纳税所得额不产生影响,所产生应付职工薪酬负债的账面价值等于计税基础。

【例4-15】　A企业2022年12月计入成本费用的职工工资总额为1 000万元,假设至2022年12月31日尚未支付。按照适用税法规定,当期计入成本费用的1 000万元工资支出中,可予税前扣除的合理部分为800万元。

该项应付职工薪酬负债在2022年12月31日的账面价值为1 000万元。按照税法规定,上述业务中没有扣除的200万元工资费用在将来不允许税前扣除,因此该项应付职工薪酬负债于2022年12月31日的计税基础=账面价值1 000万元-未来期间计算应纳税所得额时按照税法规定可予抵扣的金额0=1 000万元。

该项负债的账面价值1 000万元与其计税基础1 000万元相同,不形成暂时性差异。

4. 其他负债

其他负债,如企业应交的税收罚款和滞纳金等,在尚未支付时按照会计规定确认为费用或损失,同时作为负债反映。税法规定,税收罚款和滞纳金不能税前扣除,即该部分损失无论是在发生当期还是在以后期间均不允许税前扣除,该负债在未来期间计税时可予税前扣除的金额为零,因此,其计税基础等于账面价值。

其他交易或事项产生的负债,其计税基础的确定应当遵从税法的相关规定。

【例4-16】　A公司2022年12月因违反有关环保法规的规定,接到环保部门的处罚通知,环保部门要求其支付罚款100万元。至2022年12月31日,该项罚款尚未支付(确认为其他应付款)。

上述业务中,A公司因支付罚款产生的负债的账面价值为100万元。

按照税法规定,企业因违反国家有关法律法规支付的罚款和滞纳金,计算应纳税所得额时不允许税前扣除,因此该项负债的计税基础=账面价值100万元-未来期间计算应纳税所得额时按照税法规定可予抵扣的金额0=100万元。

该项负债的账面价值100万元与其计税基础100万元相同,不形成暂时性差异。

三、特殊交易或事项中产生资产、负债的计税基础的确定

除企业在正常生产经营活动过程中取得的资产和负债以外,某些特殊交易中产生的资产、负债,其计税基础的确定应遵从税法规定,如企业合并过程中取得资产、负债的计税基础的确定。

我国会计准则规定,企业合并分为同一控制下的企业合并与非同一控制下的企业合并两种类型。对于同一控制下的企业合并,合并中取得的有关资产、负债基本上维持其原账面价值不变,合并中不产生新的资产和负债;对于非同一控制下的企业合并,合并中取得的有关资产、负债应按其在购买日的公允价值计量,企业合并成本大于合并中取得的可辨认净资产公允价值的份额确认为商誉,企业合并成本小于合并中取得的可辨认净资产公允价值的份额计入合并当期损益。

对于企业合并的税收处理,通常情况下被合并企业应视为按公允价值转让、处置全部资产,计算资产的转让所得,依法缴纳所得税;合并企业接受被合并企业的有关资产,计税时可以按经评估确认的价值确定计税基础。另外,在考虑有关企业合并是应税合并还是免税合并时,

某些情况下还需要考虑在合并中涉及的获取资产或股权的比例、非股权支付额的比例。例如，按照税法规定,在合并企业支付给被合并企业或其股东的收购价款中,除合并企业股权以外的现金、有价证券和其他资产(非股权支付额),不高于所支付的股权票面价值20%的,经税务机关审核确认,当事各方可选择进行免税处理,即:被合并企业不确认全部资产的转让所得或损失,不计算缴纳所得税;合并企业接受被合并企业全部资产的计税成本,以被合并企业原账面价值为基础确定。在这种情况下,由于会计准则与税收法规对企业的处理原则不同,企业合并中取得的有关资产、负债的入账价值与其计税基础会存在差异。

四、暂时性差异

(一)暂时性差异的含义

暂时性差异,是指资产、负债的账面价值与其计税基础不同产生的差额。在前述例4-6、例4-7、例4-12等中资产、负债的账面价值和其计税基础均不相同,此类差异都是暂时性差异。

暂时性差异在未来收回资产或清偿负债的期间内,会导致应纳税所得额的增加或减少。同时,在暂时性差异发生的当期,在符合确认条件的情况下,应当分别根据该差异在将来转回期间对应交所得税的影响,确认相关的递延所得税负债或递延所得税资产。

(二)暂时性差异的类型

暂时性差异根据在将来转回时对未来期间应纳税所得额的影响,可以分为应纳税暂时性差异和可抵扣暂时性差异。

1.应纳税暂时性差异

应纳税暂时性差异是指在确定未来收回资产或清偿负债期间的应纳税所得额时,将导致产生应税金额的暂时性差异。也就是说,在未来期间不考虑该事项影响而确定的应纳税所得额的基础上,该暂时性差异的转回,会导致转回期间应纳税所得额和应交所得税的增加。由于应纳税暂时性差异在产生时实质上形成了企业的一项负债(即会增加转回期间的应交所得税),因此在其产生当期应当确认相关的递延所得税负债。应纳税暂时性差异通常产生于以下情况:

第一,资产的账面价值大于其计税基础。资产的账面价值代表的是企业在持续使用或最终出售该项资产时将取得的经济利益的总额,而计税基础代表的是资产在未来期间可予税前扣除的总金额。资产的账面价值大于其计税基础,说明该项资产未来期间产生的经济利益不能全部税前抵扣,两者之间的差额需要交税,因而会产生应纳税暂时性差异。例如,一项资产的账面价值为500万元,计税基础为400万元,两者之间的差额会造成未来期间应纳税所得额的增加,因此属于应纳税暂时性差异。例4-3、例4-6、例4-7等中资产产生的暂时性差异均属于应纳税暂时性差异。

第二,负债的账面价值小于其计税基础。负债的账面价值与其计税基础不同产生的暂时性差异,实质上是税法规定就该项负债在未来期间可以税前扣除的金额(即与该项负债相关的费用支出在未来期间可予税前扣除的金额),即:

$$负债产生的暂时性差异=账面价值-计税基础$$
$$=账面价值-(账面价值-未来期间计税时$$
$$按照税法规定可予税前扣除的金额)$$
$$=未来期间计税时按照税法规定可予税前扣除的金额$$

负债的账面价值小于其计税基础,则意味着该项负债在未来期间可以税前抵扣的金额为负数,即会增加未来期间的应纳税所得额和应交所得税金额,产生应纳税暂时性差异。

应纳税暂时性差异对应纳税所得额的影响是:差异发生(增加)会导致应纳税所得额减少,差异转回(减少)会导致应纳税所得额增加。常见的产生应纳税暂时性差异的资产有使用寿命不确定的无形资产、公允价值大于取得成本的交易性金融资产和可供出售金融资产、投资性房地产等。

2. 可抵扣暂时性差异

可抵扣暂时性差异是指在确定未来收回资产或清偿负债期间的应纳税所得额时,将导致产生可抵扣应纳税所得额金额的暂时性差异。该差异在未来期间转回时会减少转回期间的应纳税所得额,减少未来期间的应交所得税。在可抵扣暂时性差异产生当期,符合确认条件时,应当确认相关的递延所得税资产。可抵扣暂时性差异一般产生于以下情况:

第一,资产的账面价值小于其计税基础。资产的账面价值小于其计税基础,意味着资产在未来期间产生的经济利益少、按照税法规定允许税前扣除的金额多,两者之间的差额可以减少企业在未来期间应纳税所得额,因此属于可抵扣暂时性差异。如例 4-10、例 4-11 等中资产产生的暂时性差异均属于可抵扣暂时性差异。

第二,负债的账面价值大于其计税基础。如前所述,负债产生的暂时性差异实质上是税法规定就该项负债在未来期间税前扣除的金额。负债的账面价值大于其计税基础,意味着未来期间按照税法规定与负债相关的全部或部分支出可以自未来应税经济利益中扣除,减少未来期间的应纳税所得额,因此也会产生可抵扣暂时性差异。如例 4-12、例 4-14 等中负债产生的差异均属于可抵扣暂时性差异。

可抵扣暂时性差异对应纳税所得额的影响是:差异发生(差异增加)会导致应纳税所得额增加,差异转回(差异减少)会导致应纳税所得额减少。常见的可能形成可抵扣暂时性差异的资产和负债有:计提了减值准备的资产;折旧方法和折旧(摊销)年限与税法不一致的固定资产、无形资产、投资性房地产;预计负债、预收账款等。

应纳税暂时性差异与可抵扣暂时性差异的识别要点见表 4-3。

表 4-3　应纳税暂时性差异与可抵扣暂时性差异的识别要点

账面价值与计税基础的大小关系	资产	负债
账面价值＞计税基础	应纳税暂时性差异 (递延所得税负债)	可抵扣暂时性差异 (递延所得税资产)
账面价值＜计税基础	可抵扣暂时性差异 (递延所得税资产)	应纳税暂时性差异 (递延所得税负债)

(三)特殊项目产生的暂时性差异

1. 未作为资产、负债确认的项目产生的暂时性差异

某些交易或事项发生以后,因为不符合资产、负债确认条件而未体现为资产负债表中的资产或负债,但按照税法规定能够确定其计税基础的,其账面价值与计税基础之间的差异也构成暂时性差异。

如企业发生的符合条件的广告费和业务宣传费支出,除另有规定外,不超过当年销售收入15%的部分准予从应纳税所得额中扣除,超过部分准予在以后纳税年度结转扣除,该类费用在发生时按照会计准则规定全部计入当期损益,不形成资产负债表中的资产,但按照税法规定可以确定其计税基础,两者之间的差异形成暂时性差异。

【例4-17】 A公司2022年发生了4 000万元广告费支出,发生时已作为销售费用计入当期损益。税法规定,该类支出不超过当年销售收入15%的部分允许当期税前扣除,超过部分允许以后年度税前扣除。A公司2022年实现销售收入20 000万元。

该广告费支出按照会计准则规定在发生时已计入当期损益,不体现为期末资产负债表中的资产,即如果将其视为资产,其账面价值为0。

按照税法规定,该类支出在税前列支时有一定的标准限制,根据当期A公司销售收入20 000万元计算,2022年可予税前扣除3 000万元(=20 000万元×15%),而当期未予税前扣除的1 000万元在以后年度结转抵扣,其计税基础为1 000万元。

该项支出在2022年的账面价值0与其计税基础1 000万元之间产生了1 000万元的暂时性差异,该暂时性差异在未来期间可减少企业的应纳税所得额,因此为可抵扣暂时性差异。

【例4-18】 B公司在开始正常生产经营活动之前发生了500万元的筹建费用,该费用在发生时已计入当期损益(管理费用),按照税法规定,企业在筹建期间发生的费用,允许在开始正常生产经营活动之后5年内分期摊销计入应纳税所得额。

B公司该项筹建费用按照企业会计准则规定在发生时已计入当期损益,不体现为资产负债表中的资产,即如果将其视为资产,其账面价值为0。

按照税法规定,该项费用可以在开始正常生产经营活动之后5年内分期摊销计入应纳税所得额。假定B公司在2022年1月开始正常生产经营活动,当年税前扣除了100万元(=500万元÷5),则与该笔费用相关且在未来期间可税前扣除的金额为400万元,即该筹建费用在2022年12月31日的计税基础为400万元。该筹建费用的账面价值为0,与其计税基础400万元之间产生了400万元的可抵扣暂时性差异。

2.可抵扣亏损及税款抵减产生的暂时性差异

按照税法规定可以结转以后年度的未弥补亏损及税款抵减,虽与因资产、负债的账面价值与计税基础产生的差异不同,但与可抵扣暂时性差异具有同样的作用,均能够减少未来期间的应纳税所得额,进而减少未来期间的应交所得税,会计处理上视同可抵扣暂时性差异,在符合条件的情况下,应确认与其相关的递延所得税资产。

【例4-19】 A公司于2017年发生经营亏损600万元,按照税法规定,该亏损可用于抵减以后5个年度的应纳税所得额。该公司预计其于未来5年期间能够产生足够的应纳税所得额弥补该亏损。

根据税法规定,该经营亏损可以减少未来期间企业的应纳税所得额和应交所得税,属于可抵扣暂时性差异。

第三节　递延所得税负债和递延所得税资产的确认和计量

企业在计算确定了应纳税暂时性差异与可抵扣暂时性差异后,应当按照所得税会计准则规定的原则,确认相关的递延所得税负债以及递延所得税资产。

一、递延所得税负债的确认和计量

(一)递延所得税负债的确认

应纳税暂时性差异在转回期间将增加企业的应纳税所得额和应交所得税,导致企业经济利益的流出。从其发生当期看,其构成企业应支付税金的义务,因此,应作为递延所得税负债予以确认。企业在确认因应纳税暂时性差异产生的递延所得税负债时,应遵循以下原则。

(1)除所得税准则中明确规定可不确认递延所得税负债的情况以外,企业对于所有应纳税暂时性差异均应确认相关的递延所得税负债;除与直接计入所有者权益的交易或事项以及企业合并中取得资产、负债相关的以外,在确认递延所得税负债的同时,应计入所得税费用。

根据会计准则的规定,确认应纳税暂时性差异产生的递延所得税负债,交易和事项发生时影响会计利润或应纳税所得额的,相关的所得税影响应作为利润表中所得税费用的组成部分,即递延所得税负债的确认应计入利润表中的所得税费用;与直接计入所有者权益的交易和事项相关的,其所得税影响应增加或减少所有者权益;企业合并产生的应纳税暂时性差异,相关的递延所得税影响应调整购买日应确认的商誉或计入当期损益(即负商誉)的金额。

(2)存在不确认递延所得税负债的特殊情况。有些情况下,虽然资产、负债的账面价值与其计税基础不同,产生了应纳税暂时性差异,但出于各种考虑,所得税准则中规定不确认相应递延所得税负债。

对商誉的初始确认而言,非同一控制下的企业合并中,企业合并成本大于合并中取得的被购买方可辨认净资产公允价值份额的差额,按照会计准则规定应确认为商誉。因会计与税收的划分标准不同,按照税法规定,在免税合并的情况下,计税时不认可商誉的价值,即从税法角度来看,商誉的计税基础为零,产生的差额形成应纳税暂时性差异。对于因商誉的账面价值与其计税基础不同产生的应纳税暂时性差异,会计准则规定不确认与其相关的递延所得税负债。

除企业合并以外的其他交易或事项,如果该项交易或事项发生既不影响会计利润,也不影响应纳税所得额,则所产生的资产、负债的初始确认金额与其计税基础不同,形成应纳税暂时性差异的,交易或事项发生时不确认相应的递延所得税负债。该规定主要是考虑到交易发生时既不影响会计利润,也不影响应纳税所得额,确认递延所得税负债的直接结果是增加有关资产的账面价值或是降低所确认负债的账面价值,使得资产、负债在初始确认时违背历史成本原则,影响了会计信息的可靠性。在我国企业会计实务中该类交易或事项并不多见。

与联营企业、合营企业投资等相关的应纳税暂时性差异,一般应确认相应的递延所得税负债,但同时满足以下两个条件的除外:①投资企业能够控制暂时性差异转回的时间;②该暂时性差异在可预见的未来很可能不会转回。满足上述条件时,投资企业可以运用自身的影响力决定暂时性差异的转回(如果投资企业不希望其转回,则在可预见的未来该项暂时性差异不会转回),该差异对未来期间计税不产生影响,从而无须确认相应的递延所得税负债。

对于采用权益法核算的长期股权投资,其账面价值与计税基础产生的有关暂时性差异是否应确认相关的所得税影响,应当考虑该项投资的持有意图。

采用权益法核算的长期股权投资,如果企业拟长期持有,则因初始投资成本的调整产生的暂时性差异预计未来期间不会转回,在未来期间不会产生纳税影响;因确认投资收益产生的暂时性差异,如果在未来期间逐期分回现金股利或利润时免税,也不存在对未来期间的所得税影响;因确认应享有被投资单位其他综合收益和所有者权益变动而产生的暂时性差异,在长期持有的情况下预计未来期间也不会转回。因此,在准备长期持有的情况下,对于采用权益法核算的长期股权投资账面价值与计税基础之间的差异,投资企业一般不确认相关的所得税影响。

对于采用权益法核算的长期股权投资,如果投资企业改变持有意图,拟对外出售,按照税法规定,企业在转让或者处置投资资产时,投资资产的成本准予扣除。在持有意图由长期持有转变为近期出售的情况下,因长期股权投资的账面价值与计税基础不同产生的有关暂时性差异,应确认相关的所得税影响。

(二)递延所得税负债的计量

递延所得税负债的计量应遵循以下两点:

第一,按照预期收回该资产或清偿该负债期间的适用税率计量,即递延所得税负债应以相关应纳税暂时性差异转回期间按照税法规定适用的所得税税率计量。在我国,除享受税收优惠政策的情况外,企业适用的所得税税率在不同年度之间一般不会发生变化,因此企业在确认递延所得税负债时,可以现行适用税率为基础计算确定。

第二,无论应纳税暂时性差异的转回期间如何,递延所得税负债均不要求折现。

(三)递延所得税负债核算举例

【例4-20】 A公司于2017年12月25日取得某项固定资产,原价为60万元,使用年限为5年,会计上采用直线法计提折旧,净残值为0。税法规定类似固定资产采用加速折旧法(年数总和法)计提的折旧可予税前扣除,折旧年限为5年,净残值为0。A公司适用的所得税税率为25%,除折旧外没有其他的纳税调整事项。

要求:采用资产负债表债务法计算A公司各年的递延所得税金额。

2017年至2022年A公司各年的递延所得税计算见表4-4。

表4-4 A公司递延所得税计算表

单位:元

项目	2017年	2018年	2019年	2020年	2021年	2022年
账面价值	600 000	480 000	360 000	240 000	120 000	0
计税基础	600 000	400 000	240 000	120 000	40 000	0
应纳税暂时性差异	0	80 000	120 000	120 000	80 000	0
期末递延所得税负债	0	20 000	30 000	30 000	20 000	0
递延所得税负债发生额	0	20 000	10 000	0	−10 000	−20 000

2018 年的会计处理如下：

借：所得税费用　　　　　　　　　　　　　20 000

　　贷：递延所得税负债　　　　　　　　　　　　　　20 000

2019 年至 2022 年的会计处理与之相似。

【例 4-21】　A 公司 2020 年 10 月 1 日买入 B 公司股票，作为以公允价值计量且其变动计入当期损益的金融资产核算，成本为 300 万元。2020 年末，该金融资产的公允价值为 350 万元；2021 年末其公允价值为 380 万元。2022 年 5 月 10 日 A 公司以 400 万元出售该项金融资产。A 公司适用的所得税税率为 25%。

要求：编制 A 公司期末调整该交易性金融资产账面价值和确认递延所得税的有关会计分录。

A 公司 2020 年至 2022 年该金融资产的递延所得税计算见表 4-5。

表 4-5　A 公司 2020 年至 2022 年递延所得税计算表

单位：元

项目	2020 年	2021 年	2022 年
账面价值	3 500 000	3 800 000	0
计税基础	3 000 000	3 000 000	0
应纳税暂时性差异	500 000	800 000	0
期末递延所得税负债	125 000	200 000	0
递延所得税负债发生额	125 000	75 000	−200 000

A 公司的会计处理如下：

2020 年末，当金融资产公允价值变动时：

借：交易性金融资产——公允价值变动　　　　　500 000

　　贷：公允价值变动损益　　　　　　　　　　　　　500 000

2020 年末，确认应纳税暂时性差异对所得税的影响：

借：所得税费用　　　　　　　　　　　　　125 000

　　贷：递延所得税负债　　　　　　　　　　　　　　125 000

2021 年末，再次确认金融资产公允价值的变动：

借：交易性金融资产——公允价值变动　　　　　300 000

　　贷：公允价值变动损益　　　　　　　　　　　　　300 000

2021 年末，确认应纳税暂时性差异对所得税的影响：

借：所得税费用　　　　　　　　　　　　　75 000

　　贷：递延所得税负债　　　　　　　　　　　　　　75 000

2022 年 5 月 10 日，出售金融资产时：

借：银行存款　　　　　　　　　　　　　4 000 000

　　贷：交易性金融资产——成本　　　　　　　　　3 000 000

　　　　交易性金融资产——公允价值变动　　　　　800 000

　　　　投资收益　　　　　　　　　　　　　　　　200 000

同时:

借:递延所得税负债   200 000

　　贷:所得税费用   200 000

二、递延所得税资产的确认和计量

（一）递延所得税资产的确认

1. 确认递延所得税资产的一般原则

第一,递延所得税资产的确认应以未来期间很可能取得的用来抵扣可抵扣暂时性差异的应纳税所得额为限。在可抵扣暂时性差异转回的未来期间内,企业如果无法产生足够的应纳税所得额用以抵减可抵扣暂时性差异的影响,使得与可抵扣暂时性差异相关的经济利益无法实现,则不应确认递延所得税资产;企业有明确的证据表明其于可抵扣暂时性差异转回的未来期间能够产生足够的应纳税所得额,进而抵扣可抵扣暂时性差异的,则应以可能抵减的应纳税所得额为限,确认相关的递延所得税资产。

判断企业在可抵扣暂时性差异转回的未来期间是否能够产生足够的应纳税所得额时,应考虑两个方面因素:首先,企业在未来期间通过正常的生产经营活动能够实现的应纳税所得额;其次,以前期间产生的应纳税暂时性差异在未来期间转回时将增加的应纳税所得额。

考虑到可抵扣暂时性差异转回期间内可能取得的应纳税所得额的限制,因无法取得足够的应纳税所得额而未确认相关的递延所得税资产的,应在会计报表附注中进行披露。

第二,确认可抵扣暂时性差异产生的递延所得税资产时,除与直接计入所有者权益的交易或事项以及企业合并中取得资产、负债相关的以外,在确认递延所得税资产的同时,应直接计入所得税费用。

第三,与直接计入所有者权益的交易或事项相关的,其所得税影响应增加或减少所有者权益(其他综合收益或资本公积)。

第四,企业合并产生的可抵扣暂时性差异,相关的递延所得税影响应调整购买日应确认的商誉或计入合并当期损益(即负商誉)的金额。

2. 确认递延所得税资产应注意的问题

一是对与子公司、联营企业、合营企业的投资相关的可抵扣暂时性差异,同时满足下列条件的,应当确认相关的递延所得税资产:①暂时性差异在可预见的未来很可能转回;②未来很可能获得用来抵扣可抵扣暂时性差异的应纳税所得额。

对联营企业和合营企业等进行投资,权益法下被投资单位发生亏损时,投资企业按照持股比例确认应予承担的部分,相应减少长期股权投资的账面价值,但税法规定长期股权投资的成本在持有期间不发生变化,造成长期股权投资的账面价值小于其计税基础,产生可抵扣暂时性差异。长期股权投资计提减值准备也会产生可抵扣暂时性差异。

二是对于按照税法规定可以结转以后年度的未弥补亏损和税款抵减,应视同可抵扣暂时性差异处理。在有关的亏损或税款抵减金额得到税务部门的认可或预计能够得到税务部门的认可且预计可利用未弥补亏损或税款抵减的未来期间内能够取得足够的应纳税所得额时,除准则中规定不予确认的情况外,应当以很可能抵减的应纳税所得额为限,确认相应的递延所得税资产,同时减少确认当期的所得税费用。

三是在编制合并报表时,合并资产负债表中资产、负债的账面价值与其个别纳税主体确定的计税基础产生差异的,应当考虑所得税的影响。

企业在编制合并财务报表时,按照合并报表的编制原则,应将纳入合并范围的企业之间发生的未实现内部交易损益予以抵销,因此所涉及的资产、负债项目在合并资产负债表中列示的价值与在个别资产负债表中列示的价值不同,进而可能产生有关资产、负债账面价值和计税基础的不同。从合并财务报表作为一个完整经济主体的角度出发,应当确认该暂时性差异对所得税的影响。

(二)不确认递延所得税资产的特殊情况

某些情况下,如果企业发生的某项交易或事项不属于企业合并,交易发生时既不影响会计利润也不影响应纳税所得额,且该项交易中产生的资产、负债的初始确认金额与其计税基础不同,产生可抵扣暂时性差异的,所得税准则中规定在交易或事项发生时不确认相关的递延所得税资产。其原因同该种情况下不确认递延所得税负债相同,即如果确认递延所得税资产,则需调整资产、负债的入账价值,对实际成本进行调整将有违会计核算中的历史成本原则,影响会计信息的可靠性。

【例 4-22】 假设 A 公司进行内部研究开发所形成的无形资产成本为 200 万元,因按税法规定可予未来期间税前扣除的金额为 350 万元,其计税基础为 350 万元,从而产生 150 万元的可抵扣暂时性差异。该项无形资产并非产生于企业合并,同时在初始确认时既不影响会计利润也不影响应纳税所得额,因此不应确认相关的递延所得税资产。

(三)递延所得税资产的计量

(1)适用税率的确定。确认递延所得税资产时,应估计相关可抵扣暂时性差异的转回时间,采用转回期间适用的所得税税率计算确定。

(2)递延所得税资产无须折现。无论相关的可抵扣暂时性差异在何时转回,递延所得税资产均不折现。

(3)递延所得税资产减值的考虑。在资产负债表日,企业应当对递延所得税资产的账面价值进行复核。如果未来期间很可能无法取得足够的应纳税所得额用以利用递延所得税资产的利益时,应当减记递延所得税资产的账面价值。减记的递延所得税资产,除原确认时计入所有者权益、其减记金额亦应计入所有者权益的外,其他的情况均应增加所得税费用。递延所得税资产的账面价值减记以后,如果后续期间根据新的环境和情况判断能够产生足够的应纳税所得额以抵扣可抵扣暂时性差异,使得递延所得税资产包含的经济利益能够实现的,应相应恢复递延所得税资产的账面价值。

【例 4-23】 A 公司 2020 年、2021 年和 2022 年各年应交所得税分别为 400 000 元、500 000 元和 600 000 元。A 公司适用的所得税税率为 25%。A 公司于 2020 年计提存货跌价准备 60 000 元,2021 年转回存货跌价准备 40 000 元,2022 年转回存货跌价准备 20 000 元。假定各年适用所得税税率保持不变,除存货减值外,无其他会计和税法差异。

要求:计算 A 公司 2020 年、2021 年和 2022 年各年应确认的递延所得税资产和所得税费用,编制相关会计分录。

A 公司 2020 年至 2022 年所得税费用的计算见表 4-6。

表 4-6　A 公司 2020 年至 2022 年所得税费用计算表

单位:元

项目	2020 年	2021 年	2022 年
可抵扣暂时性差异	60 000	20 000	0
税率	25%	25%	25%
递延所得税资产期末余额	15 000	5 000	0
递延所得税资产的发生额	15 000	−10 000	−5 000
应交所得税	400 000	500 000	600 000
递延所得税费用	−15 000	10 000	5 000
当期所得税费用	400 000	500 000	600 000
所得税费用	385 000	510 000	605 000

注:表中 2020 年递延所得税费用为负数,本质上来说,构成了递延所得税收益。

2020 年 A 公司的会计处理:

借:所得税费用　　　　　　　　　　　　　　　　　385 000

　　递延所得税资产　　　　　　　　　　　　　　　 15 000

　　贷:应交税费——应交所得税　　　　　　　　　　　　　　　400 000

2021 年 A 公司的会计处理:

借:所得税费用　　　　　　　　　　　　　　　　　510 000

　　贷:递延所得税资产　　　　　　　　　　　　　　　　　　 10 000

　　　　应交税费——应交所得税　　　　　　　　　　　　　　 500 000

2022 年 A 公司的会计处理:

借:所得税费用　　　　　　　　　　　　　　　　　605 000

　　贷:递延所得税资产　　　　　　　　　　　　　　　　　　　5 000

　　　　应交税费——应交所得税　　　　　　　　　　　　　　 600 000

【例 4-24】 A 公司在 2018 年至 2022 年每年应税利润分别为−800 万元、200 万元、300 万元、100 万元、300 万元,适用的所得税税率始终为 25%,假设 2018 年发生的亏损能用以后 5 年的税前利润弥补,且弥补期内很可能获得足够的应纳税所得额用来抵扣可抵扣暂时性差异,除此之外,无其他暂时性差异。

要求:做出 A 公司在 2018 年至 2022 年有关递延所得税资产核算的会计处理。

由上述资料我们知道,2018 年亏损 800 万元,可以用 2019 年度至 2023 年度的税前利润弥补,由此形成可抵扣暂时性差异,且企业很可能获得足够的应纳税所得额来抵扣可抵扣暂时性差异,所以应确认为递延所得税资产。2018 年至 2022 年各年应确认的递延所得税资产、应交所得税以及所得税费用的计算可见表 4-7。

表 4-7　2018 年至 2022 年应确认的递延所得税资产及所得税费用

单位:元

项目	2018 年	2019 年	2020 年	2021 年	2022 年
应税利润	−8 000 000	2 000 000	3 000 000	1 000 000	3 000 000
可抵扣暂时性差异	8 000 000	6 000 000	3 000 000	2 000 000	0
递延所得税资产	2 000 000	1 500 000	750 000	500 000	0
应确认递延所得税资产	2 000 000	−500 000	−750 000	−250 000	−500 000
应交所得税	0	0	0	0	250 000
所得税费用	−2 000 000	500 000	750 000	250 000	750 000

2018 年,A 公司的会计处理:

借:递延所得税资产　　　　　　　　　　　　　　　　2 000 000

　　贷:所得税费用　　　　　　　　　　　　　　　　　　　　2 000 000

2019 年,A 公司的会计处理:

借:所得税费用　　　　　　　　　　　　　　　　　　500 000

　　贷:递延所得税资产　　　　　　　　　　　　　　　　　　500 000

2020 年,A 公司的会计处理:

借:所得税费用　　　　　　　　　　　　　　　　　　750 000

　　贷:递延所得税资产　　　　　　　　　　　　　　　　　　750 000

2021 年,A 公司的会计处理:

借:所得税费用　　　　　　　　　　　　　　　　　　250 000

　　贷:递延所得税资产　　　　　　　　　　　　　　　　　　250 000

2022 年,A 公司的会计处理:

借:所得税费用　　　　　　　　　　　　　　　　　　750 000

　　贷:递延所得税资产　　　　　　　　　　　　　　　　　　500 000

　　　应交税费——应交所得税　　　　　　　　　　　　　　　250 000

第四节　所得税费用的确认和计量

所得税会计的主要目的就是确定当期利润表中的所得税费用。在采用资产负债表债务法核算所得税的情况下,利润表中的所得税费用由两个部分组成:当期所得税和递延所得税。

一、当期所得税

当期所得税是指企业按照税法规定计算确定的针对当期发生的交易和事项应缴纳给税务部门的所得税金额,即当期应交所得税。当期应交所得税按照应纳税所得额与适用所得税税

率计算确定,即:

$$当期所得税=当期应交所得税=应纳税所得额×当期适用税率$$

一般情况下,应纳税所得额可在会计利润的基础上,考虑会计与税收在当期的所有差异,按照以下公式计算确定:

$$应纳税所得额=会计利润+按会计准则规定列入利润表但计税时不允许税前扣除的$$
$$费用±列入利润表的费用与按照税法规定可予税前抵扣的费用金额$$
$$之间的差额±列入利润表的收入与按税法规定应计入应纳税所得额的$$
$$收入之间的差额-税法规定不征税的收入±其他需要调整的因素$$

在计算应纳税所得额时,应调整的差异主要包括永久性差异和暂时性差异的变动额。

二、递延所得税

递延所得税是指按照所得税准则规定当期应予确认的递延所得税资产和递延所得税负债金额,即递延所得税资产及递延所得税负债当期发生额的综合结果,但不包括计入所有者权益的交易或事项的所得税影响。用公式表示为:

$$递延所得税=(递延所得税负债的期末余额-递延所得税负债的期初余额)$$
$$-(递延所得税资产的期末余额-递延所得税资产的期初余额)$$

应予以说明的是,企业因确认递延所得税资产和递延所得税负债产生的递延所得税,一般应当计入所得税费用,但以下两种情况除外:

一是某项交易或事项按照企业会计准则规定应计入所有者权益,由该项交易或事项产生的递延所得税资产或递延所得税负债及其变化也应计入所有者权益,不构成利润表中的递延所得税费用(或收益)。

二是企业合并中取得的资产、负债,其账面价值与计税基础不同,应确认相关递延所得税的,该递延所得税的确认影响合并中产生的商誉或者计入当期损益的金额,不影响所得税费用。

三、所得税费用

计算确定了当期所得税及递延所得税以后,利润表中应予以确认的所得税费用为二者之和,用公式表示为:

$$所得税费用=当期所得税+递延所得税$$

【例4-25】 A公司2022年1月1日递延所得税资产为20万元,递延所得税负债为40万元,适用的所得税税率为25%。该公司2021年利润总额为300万元,涉及所得税会计的交易或事项如下:

(1)2022年1月1日,A公司以20万元取得一项到期还本付息的国债投资,作为债权投资。该投资实际利率与票面利率相差较小,A公司采用票面利率计算确定利息收入,当年确认国债利息收入5万元,计入债权投资账面价值。税法规定,国债利息收入免征所得税。

(2)2021年12月25日,A公司购入一项管理用设备固定资产,支付购买价款、运输费、安装费等共计30万元。12月28日,该设备经安装达到预定可使用状态。A公司预计该设备使用年限为10年,预计净残值为0,采用年限平均法计提折旧。税法规定,该类固定资产的折旧年限为20年。假定A公司该设备预计净残值和采用的折旧方法符合税法规定。

(3)2022 年 9 月 1 日,A 公司自证券市场购入某股票,支付价款 30 万元(假定不考虑交易费用)。A 公司将该股票作为交易性金融资产核算。2022 年 12 月 31 日,该股票的公允价值为 35 万元。假定税法规定,交易性金融资产持有期间公允价值变动金额不计入应纳税所得额,待出售时一并计入应纳税所得额。

(4)A 公司 2022 年度预计产品质量保证费用为 10 万元,将其确认为预计负债,期初产品质量保证费用为 0。

(5)2022 年 10 月 8 日,A 公司为 B 公司银行借款提供担保,由于 B 公司未如期偿还借款,2022 年 10 月 8 日,A 公司被银行提起诉讼,银行要求其履行担保责任。2022 年 12 月 31 日,该诉讼尚未审结。A 公司预计履行该担保责任很可能支出的金额为 50 万元。税法规定,企业为其他单位债务提供担保发生的损失不允许在税前扣除。

(6)其他有关资料如下:①A 公司 2022 年 1 月 1 日存在的应纳税暂时性差异在本期转回 20 万元。②A 公司上述交易或事项均按照企业会计准则的规定进行了处理。③A 公司预计在未来期间有足够的应纳税所得额用于抵扣可抵扣暂时性差异。④A 公司 2021 年 1 月 1 日的暂时性差异均非由直接计入所有者权益的交易或事项产生。

要求:

(1)计算 A 公司 2022 年 12 月 31 日上述交易或事项中所涉及的资产和负债的账面价值和计税基础。

(2)计算确定期末的应纳税暂时性差异和可抵扣暂时性差异。

(3)计算 A 公司 2022 年应纳税所得额和应交所得税金额。

(4)计算 A 公司 2022 年应确认的递延所得税和所得税费用。

(5)编制 A 公司 2022 年确认所得税费用的相关会计分录。

在进行会计处理时:

(1)A 公司 2022 年相关资产、负债的账面价值和计税基础等的计算如表 4-8 所示。

表 4-8　A 公司 2022 年资产、负债账面价值、计税基础及暂时性差异计算表

单位:元

项目	账面价值	计税基础	暂时性差异	
			应纳税	可抵扣
债权投资	250 000	250 000	0	0
固定资产	270 000	285 000	0	15 000
交易性金融资产	350 000	300 000	50 000	0
预计负债——产品质量保证费	100 000	0	0	100 000
预计负债——债务担保	500 000	500 000	0	0
合计			50 000	115 000

(2)可抵扣暂时性差异的期末余额＝200 000 元÷25％＋115 000 元＝915 000 元。

应纳税暂时性差异的期末余额＝400 000 元÷25％＋50 000 元－200 000 元＝1 450 000 元。

(3)应纳税所得额＝3 000 000 元－50 000 元＋15 000 元－50 000 元＋100 000 元＋500 000

元＋200 000 元＝3 715 000 元。

应交所得税＝3 715 000 元×25％＝928 750 元。

（4）应确认的递延所得税资产＝115 000 元×25％－200 000 元＝－171 250 元。

应确认的递延所得税负债＝50 000 元×25％－400 000 元＝－387 500 元。

所得税费用＝928 750 元－387 500 元＋171 250 元＝712 500 元。

（5）编写的会计分录如下：

借：所得税费用   712 500

　　递延所得税负债   387 500

　　贷：递延所得税资产   171 250

　　　　应交税费——应交所得税   928 750

四、所得税会计信息的披露

所得税会计信息的披露包括在表内列报和表外附注中披露。表内列报包括在资产负债表中列报和在利润表中列报。

（一）在资产负债表中列报

应交税费（应交所得税）作为流动负债列示，递延所得税资产和递延所得税负债一般应当分别作为非流动资产和非流动负债在资产负债表中列示。

一般情况下，在个别财务报表中，当期所得税资产、当期所得税负债、递延所得税资产、递延所得税负债可以以抵销后的净额列示。在合并财务报表中，纳入合并范围的企业中，一方的当期所得税资产或递延所得税资产与另一方的当期所得税负债或递延所得税负债一般不能予以抵销，除非所涉及的企业具有以净额结算的法定权利并且意图以净额结算。

（二）在利润表中列报

所得税费用在利润表中单独列示。

（三）在附注中披露

企业对所得税的核算结果，除在利润表和资产负债表中列示以外，同时还应在附注中披露与所得税有关的下列信息：

（1）所得税费用（收益）的主要组成部分。

（2）所得税费用（收益）与会计利润关系的说明。

（3）未确认递延所得税资产的可抵扣暂时性差异、可抵扣亏损的金额（如果存在到期日，还应披露到期日）。

（4）对每一类暂时性差异和可抵扣亏损，在列报期间确认的递延所得税资产或递延所得税负债的金额，确认递延所得税资产的依据。

（5）未确认递延所得税负债的，与对子公司、联营企业及合营企业投资相关的暂时性差异金额。

本章小结

由于财务会计和税法归属于经济领域两个不同的分支，二者的目的和要求均不相同，所得税会计是为了满足对会计利润和纳税所得（即应纳税所得额）之间的差异进行会计处理的要求而产生的。所得税会计产生的根本原因在于会计准则和税收法规之间存在差异。从财务会计的目标出发,可以分别从利润表的角度和资产负债表的角度来分析会计准则和税收法规在收入、费用、资产以及负债等方面在确认与计量上存在的差异。按照会计是否确认差异的所得税影响以及如何确认差异的所得税影响,所得税的会计处理方法可以分为应付税款法、基于利润表的纳税影响会计法和资产负债表债务法。

资产的计税基础,是指企业在收回资产账面价值的过程中,计算应纳税所得额时按照税法规定可以自应税经济利益中抵扣的金额,即某一项资产在未来期间计税时按照税法规定可以税前扣除的金额。通常情况下,资产在初始确认时,计税基础为其取得成本;在资产持续持有的过程中,其计税基础是指资产的取得成本减去以前期间按照税法规定已经在税前扣除的金额后的余额。

负债的计税基础,是指负债的账面价值减去未来期间计算应纳税所得额时按照税法规定可予抵扣的金额。负债的确认与偿还一般不会影响企业的损益,也不会影响应纳税所得额,未来期间计算应纳税所得额时按照税法规定可予抵扣的金额为零,因此,其计税基础与账面价值相等。但是,在某些情况下,负债的确认可能会影响企业的损益,进而影响不同期间的应纳税所得额,使得其计税基础与账面价值之间产生差额。

暂时性差异,是指资产、负债的账面价值与其计税基础不同产生的差额。应纳税暂时性差异是指在确定未来收回资产或清偿负债期间的应纳税所得额时,将导致产生应税金额的暂时性差异。应纳税暂时性差异通常产生于以下情况:第一,资产的账面价值大于其计税基础;第二,负债的账面价值小于其计税基础。可抵扣暂时性差异是指在确定未来收回资产或清偿负债期间的应纳税所得额时,将导致产生可抵扣应纳税所得额金额的暂时性差异。可抵扣暂时性差异一般产生于以下情况:第一,资产的账面价值小于其计税基础;第二,负债的账面价值大于其计税基础。

应纳税暂时性差异在转回期间将增加企业的应纳税所得额和应交所得税,导致企业经济利益的流出。从其发生当期看,其构成企业应支付税金的义务,因此,应作为递延所得税负债予以确认。企业有明确的证据表明其于可抵扣暂时性差异转回的未来期间能够产生足够的应纳税所得额,进而抵扣可抵扣暂时性差异的,则应以可能抵减的应纳税所得额为限,确认相关的递延所得税资产。

当期所得税是指企业按照税法规定计算确定的针对当期发生的交易和事项应缴纳给税务部门的所得税金额,即当期应交所得税。当期应交所得税按照应纳税所得额与适用所得税税率计算确定。递延所得税是指按照所得税准则规定当期应予确认的递延所得税资产和递延所得税负债金额,即递延所得税资产及递延所得税负债当期发生额的综合结果。计算确定了当期所得税及递延所得税以后,利润表中应予以确认的所得税费用为二者之和。

思政园地

研发费用加计扣除
——落实二十大精神"坚持实施创新驱动发展战略"的重要举措

党的十八大以来,以习近平同志为核心的党中央一直把创新摆在国家发展全局的核心位置。在一系列支持创新的税收优惠中,研发费用加计扣除效用直接,以四两拨千斤之力,撬动创新"支点",激励企业创新创造。2021年1月制造业研发费用加计扣除比例提高到100%后,

2022年1月国家继续出台政策,加大研发费用加计扣除政策实施力度,将科技型中小企业加计扣除比例也从75%提高到100%,以促进企业加大研发投入,培育壮大新动能。

对于自主创新,江西佳时特数控技术有限公司财务总监陈凤菊感触很深。作为国家级专精特新"小巨人"企业,江西佳时特数控技术有限公司专注于航空航天精密零件制造以及高端精密数控机床、自动化柔性生产线设计制造。陈凤菊介绍,以前我国3微米以下精度的中高端数控机床几乎全部依赖进口,受制于人。"公司想实现'弯道超车',但苦于研发资金短缺,迈不开大步。"陈凤菊回忆,研发费用加计扣除比例提升至100%后,税务干部第一时间将政策送到企业,并手把手辅导申报,公司5年来已累计享受研发费用加计扣除额达2 800余万元。陈凤菊说:"有了税收'真金白银'的支持,我们已成功装配出了一款全程精度1微米、重复定位精度0.5微米的高精高速数控机床,成功突破了'卡脖子'问题,填补了国内高精度机床的空白。"目前,该公司拥有国家专利95项,其中发明专利8项。"我们正积极打造智能制造生产车间,不久之后,整个车间可实现全自动化生产。"陈凤菊说。

制造业是国民经济命脉所系,是立国之本、强国之基。企业研发费用加计扣除对激励制造业自主创新、推动制造业转型升级并在产业链上不断由中低端迈向中高端具有重要作用,促进我国由制造大国向制造强国迈进,也是落实二十大精神"坚持实施创新驱动发展战略"的重要举措。

思考题

1. 所得税会计出现的原因是什么?
2. 资产负债表债务法下所得税的核算程序有哪些?
3. 如何确定资产的账面价值和计税基础?如何确定负债的账面价值和计税基础?
4. 如何确认递延所得税资产、递延所得税负债?
5. 在资产负债表债务法下如何计算当期的所得税费用?

练习题

1. 甲公司为增值税一般纳税人,适用的增值税税率为13%,所得税税率为25%,预计未来期间能够取得足够的应纳税所得额用以抵减可抵扣暂时性差异。相关资料如下:

资料一:2×19年12月10日,甲公司以银行存款购入一台需自行安装的生产设备,取得的增值税专用发票上注明的价款为490万元,增值税税额为63.7万元。甲公司当日进行设备安装,安装过程中发生安装人员薪酬10万元;2×19年12月31日设备安装完毕并达到预定可使用状态交付使用。

资料二:甲公司预计该设备可使用10年,预计净残值为10万元,采用双倍余额递减法计提折旧;所得税纳税申报时,该设备在其预计使用寿命内每年允许税前扣除的金额为49万元。该设备取得时的成本与计税基础一致。

资料三:2×22年12月31日,该设备出现减值迹象,经减值测试,其可收回金额为250万元。甲公司对该设备计提减值准备后,预计该设备尚可使用5年,预计净残值为8万元,仍采用双倍余额递减法计提折旧。所得税纳税申报时,该设备在其预计使用寿命内每年允许税前扣除的金额仍为49万元。

资料四:2×23年12月31日,甲公司出售该设备,开具的增值税专用发票上注明的价款为 100 万元,增值税税额为 13 万元,款项当日收讫并存入银行,甲公司另外以银行存款支付清理费用 1 万元(不考虑增值税)。假定不考虑其他因素。

要求:

(1)计算甲公司 2×19 年 12 月 31 日该设备安装完毕并达到预定可使用状态的成本,并编制设备购入、安装及达到预定可使用状态的相关会计分录。

(2)分别计算甲公司 2×20 年和 2×21 年对该设备应计提的折旧额。

(3)分别计算甲公司 2×21 年 12 月 31 日该设备的账面价值、计税基础、暂时性差异(需指出是应纳税暂时性差异还是可抵扣暂时性差异),以及相应的递延所得税负债或递延所得税资产的账面余额。

(4)计算甲公司 2×22 年 12 月 31 日对该设备应计提的减值准备金额,并编制相关会计分录。

(5)计算甲公司 2×23 年对该设备应计提的折旧额。

(6)编制甲公司 2×23 年 12 月 31 日出售该设备的相关会计分录。

2.甲公司 2×21 年初递延所得税负债的余额为 0,递延所得税资产的余额为 30 万元(由 2×20 年末应收账款的可抵扣暂时性差异产生)。甲公司 2×21 年度有关交易和事项的会计处理中,与税法规定存在差异的有:

资料一:2×21 年 1 月 1 日,购入一项非专利技术并立即用于生产 A 产品,成本为 200 万元,因无法合理预计其带来经济利益的期限,作为使用寿命不确定的无形资产核算。2×21 年 12 月 31 日,对该项无形资产进行减值测试后未发现减值。根据税法规定,企业在计税时,对该项无形资产按照 10 年的期限采用直线法摊销,有关摊销额允许税前扣除。

资料二:2×21 年 1 月 1 日,按面值购入当日发行的 3 年期国债 1 000 万元,作为债权投资核算。该债券票面年利率为 5%,每年末付息一次,到期偿还面值。2×21 年 12 月 31 日,甲公司确认了 50 万元的利息收入。根据税法规定,国债利息收入免征企业所得税。

资料三:2×21 年 12 月 31 日,应收账款账面余额为 10 000 万元,减值测试前坏账准备的余额为 200 万元,减值测试后补提坏账准备 100 万元。根据税法规定,提取的坏账准备不允许税前扣除。

资料四:2×21 年度,甲公司实现的利润总额为 9 970 万元,适用的所得税税率为 15%;预计从 2×22 年开始适用的所得税税率为 25%,且未来期间保持不变。假定未来期间能够产生足够的应纳税所得额用以抵扣可抵扣暂时性差异,不考虑其他因素。

要求:

(1)分别计算甲公司 2×21 年度应纳税所得额和应交所得税的金额。

(2)分别计算甲公司 2×21 年末资产负债表"递延所得税资产""递延所得税负债"项目"期末余额"栏应列示的金额。

(3)计算确定甲公司 2×21 年度利润表"所得税费用"项目"本期金额"栏应列示的金额。

(4)编制甲公司与确认应交所得税、递延所得税资产、递延所得税负债和所得税费用相关的会计分录。

第五章 外币会计

· 学习目标 ·

通过本章学习,学生应了解外汇、外币与记账本位币的概念,熟悉外币业务的含义、类型及其记账方法,掌握外币交易的会计处理以及四种外币报表折算方法。

· 课前导读 ·

近年来,随着人民币汇率形成机制市场化程度不断提高,人民币汇率双向波动态势加快显现。与此同时,全球货币政策周期频繁转化,导致全球利率、汇率市场剧烈波动,企业资产负债管理和全球化经营面临的不确定性加大。提高企业外汇风险应对能力,对于实体经济稳健发展、维护国家经济金融安全、稳定宏观经济大盘具有重要意义。

汇率大幅波动增加了企业汇兑和运营成本。由于处在进出口产业链不同位置,不同企业受汇率升贬值的影响方向不同。对进口企业来说,人民币升值有利于降低进口成本,改善盈利预期,但对出口企业来说,人民币升值将弱化企业出口竞争力,影响市场份额;反之亦反。不同企业的国际化程度和对海外市场依赖度存在差异,受到汇率波动的影响也不同,海外资产、负债、收入占比越高的企业,其外汇风险敞口越大,对国际金融市场波动和发达经济体货币政策调整的影响更敏感。Wind 数据显示,2022 年上半年由于人民币汇率贬值,2 800 多家上市公司出现汇兑收益,合计汇兑收入 562 亿元,900 多家公司出现汇兑损失,总金额为 303 亿元,汇兑收益大于损失,其中出口型公司受益较多;而 2021 年在人民币升值背景下,上市公司汇兑损失大于收益。

自"8·11 汇改"以来,中国人民银行和国家外汇管理局不断引导企业树立"风险中性"理念,希望企业不要赌汇率单边升贬值,聚焦主业,避免投机炒汇行为,将汇率风险敞口和不同币种的资产负债配置行为纳入企业正常的财务决策中,降低汇率波动对企业主营业务的影响。

汇率波动的影响

/ 引导案例 /

栋华公司的外币交易

栋华公司以人民币作为记账本位币,外币业务采用交易日的即期汇率折算,按月计算汇兑损益。2022 年 12 月 31 日该公司银行存款外币账户余额为 30 000 美元,当日市场汇率为 1 美

元＝7.0元人民币,其余外币账户期末均无余额。栋华公司2023年1月发生的外币交易如下:

1月3日,进口某材料,价格为7 000美元,所有价款均已支付,当日即期汇率为1美元＝7.3元人民币。

1月8日,以15 000美元偿还所欠武川公司的部分货款,当日即期汇率为1美元＝7.4元人民币。

1月11日,接受外商投资80 000美元,存入银行,合同汇率为1美元＝7.1元人民币,当日即期汇率为1美元＝7.0元人民币。

1月15日,以2 000美元偿还所欠武川公司货款,当日即期汇率为1美元＝7.2元人民币。

1月19日,从国外购入一批原材料,货款总额为8 000美元。原材料已验收入库,货款尚未支付。当日市场汇率为1美元＝6.9元人民币,以银行存款支付该原材料进口关税10 000元人民币、增值税7 176元人民币。

1月21日,从银行中取得2 000美元3年期借款,年利息率为6%,当日即期汇率为1美元＝7.1元人民币。

1月24日,销售给三环公司一批产品,价格为4 000美元,货款未收到,当日即期汇率为1美元＝7.2元人民币。

1月27日,将1 000美元兑换为人民币并存入银行。当日市场汇率为1美元＝7.0元人民币,当日银行买入价为1美元＝6.9元人民币。

1月31日,栋华公司股票的市价为每股11美元,市场汇率为1美元＝6.8元人民币。

问题:栋华公司会计人员该如何对这些外币业务进行会计处理?

第一节　外币业务会计概述

一、外币与外币业务

外币,是指企业所采用的记账本位币以外的货币。

记账本位币,是指企业经营所处的主要经济环境中的货币,也就是会计主体在会计核算时所统一采用的作为会计计量基本尺度的记账货币。

在现代经济环境下,企业在经营活动中除了发生以本国货币计价的业务以外,往往还会涉及用其他国家货币计价的业务,为了在会计核算上统一反映各种不同货币计价的经济业务,需要在多种货币中选用一种统一的货币作为记账货币,这种作为会计基本计量尺度的货币就称为记账本位币。

按照我国《企业会计准则第19号——外币折算》的规定,国内企业通常应选择人民币作为记账本位币,业务收支以人民币以外的货币为主的企业,也可采用某种外国货币作为记账本位币,但是编报的财务报表应当折算为人民币。

企业选择的记账本位币一经确定,不得随意改变,除非与确定记账本位币相关的、企业经营所处的主要经济环境发生了重大变化。

按照国际会计惯例,选择记账本位币的基本原则是确定企业的功能货币,即以企业的功能货币作为记账本位币。功能货币是某一会计主体从事经营活动的主要经济环境中的货币,也即国际会计准则所称的"编报货币"。它是计量企业现金流通、经营成果的统一尺度。

外币业务,又称外币交易,是指某一会计主体以记账本位币以外的其他货币进行款项收付、往来核算和计价的经济业务。企业外币业务种类繁多,从会计要素的角度来看,可对外币业务做如下分类。

(1)企业资产变动引起的外币业务。主要指企业以外币计价和反映的各项资产所发生的增减业务,包括产品的购销、固定资产与无形资产的购置及长期投资等。

(2)企业负债变动引起的外币业务。主要指以外币计价的各项流动负债和长期负债的增减业务,长期负债中的外币业务主要有企业向金融机构举借的长期外币借款、融资租入固定资产的长期应付外币款项。

(3)企业所有者权益变动引起的外币业务。表现为投资者以外币投入的资本,包括以外币形式进行的利润分配。

(4)收入增减引起的外币业务。主要指企业通过销售产品和提供劳务等所取得的各种以外币计价的营业收入。

(5)费用增减引起的外币业务。如支付外币借款的利息,支付国外销售产品的各项运费、保险费和佣金等销售费用。

(6)外币折算业务。把外币的金额重新表述为另一种货币。进行外币折算,并不是实际发生了兑换或交易外币经济业务,而仅仅是改变了其计量单位。

企业在核算外币业务时,应当设置相应的外币账户,包括外币现金、外币银行存款、以外币结算的债权(如应收票据、应收账款、预付账款等)和债务(如短期借款、应付票据、应付账款、预收账款、长期借款等),应当与非外币的该相同账户分别设置,并分别核算。

二、外汇与汇率

(一)外汇的含义

外汇,是指以外币表示的能用于国际结算的支付手段(静态含义),或把一个国家的货币兑换成另一国家的货币,以清偿国际债权债务关系的一种支付行为(动态含义)。

国际货币基金组织对外汇的含义是从以上静态和动态两方面进行解释的。实际上,"外汇"这个词是"国外汇兑"或"国际汇兑"的简称,即它包含"汇"与"兑"两方面的含义。"汇"是指资金在不同地区之间的移动,"兑"是指不同货币之间的兑换。

外汇具有两个特征:第一,必须是以外币表示的国外资产,凡是用本国货币表示的信用工具和有价证券不能视为外汇;第二,必须是可以自由地兑换成其他形式支付手段的外币资产,凡不能兑换成其他国家货币及支付手段的外国货币也不能视为外汇。也就是说,只有在国际上可以流通使用的外国货币才能作为外汇。

根据以上定义和特征,外汇具体包括以下内容:可以自由兑换的外国货币,包括纸币、铸币等;外币有价证券,包括政府公债、国库券、公司债券、股票、息票等;外币收支凭证,包括票据、银行存款凭证、邮政储蓄凭证等;其他外币资金。

(二)汇率及其标价方法

汇率,是指一国的货币兑换成另一国货币的折算比例,也称汇价、兑换率或外汇牌价。

国际间政治、经济、文化往来所引起的债权债务关系,都要在有关国家之间进行清算,这种清算会涉及多种货币,使得经济贸易往来的国际化与货币的国家化发生矛盾。要解决不同价值、不同名称货币之间兑换的矛盾,就要规定各国货币之间的兑换比率,外汇汇率就由此而产生。

当两种或两种以上的货币进行兑换买卖时,如果没有标准的兑换价格,该买卖行为便无法成立,只有确定不同货币之间的汇率或汇价,才能使外币资产成为一种商品而进行交换。确定两种不同货币之间的比价时,首先需要确定以哪一种货币为标准。按照确定的标准不同,有两种标价方法,即直接标价法和间接标价法。

直接标价法,是指以一定单位的外国货币为标准,折合成若干本国货币来表示汇率。在直接标价法下,外国货币的数额固定不变,汇率的涨跌都以相对的本国货币数额的变动表示。如 1 美元兑换 7.34 元人民币即为直接标价法。汇率上升,表示要换得同样数额的外国货币需要付出更多的本国货币,反映出本国货币币值的下降;反之,汇率下降,表示换取同样数额的外国货币可少付出本国货币,反映出本国货币币值的上升。因此,直接标价法也被称为应付标价法。目前世界上大多数国家,包括我国在内,采用的都是直接标价法。

间接标价法,是指以一定单位的本国货币为标准,折合成若干单位的外币来表示汇率。在间接标价法下,本币数额不变,汇率的涨跌都以相对外币数额的变动来表示。汇率上升,表示用同样数额的本国货币能兑换到更多的外国货币,反映本国货币币值上升;反之,汇率下降,表示同样数额的本国货币只能兑换到较少的外国货币,反映本国货币币值的下降。因此,间接标价法也被称为应收标价法。英国是长期以来一直用间接标价法的国家。美国为了与国际外汇市场对美元的标价一致,于 1978 年 9 月 1 日起,改用了间接标价法,但对英镑的汇率仍沿用直接标价法。

两种汇率标价方法虽然基础不同,但表示一国货币对外币汇率的高低的意义是相同的。实际上,直接标价法与间接标价法所表示的汇率是互为倒数的关系。一般来讲,一个国家在一定时期内,外汇汇率的标价方法只能采用其中的一种。应当指出的是,随着国际金融市场的迅速发展,为了便于外币交易,世界主要外汇市场、银行之间对汇率的报价,都是以美元为标准来表示各国货币价格的,这已成为一种惯例,于是,事实上已形成了一种美元标价法。

(三)汇率的种类

汇率可按不同的标准进行分类。

1. 按汇率制度分类

按照经济活动中所实行的汇率制度,汇率可分为固定汇率和浮动汇率。

固定汇率,是指一国的货币与另一国货币的兑换比率是基本固定不变的。在金本位制度下,通常是以货币的含金量作为制定汇率的基础,对比不同货币的含金量来制定不同货币之间的汇率。由于各国货币法定含金量不会经常变化,或波动幅度很小,故这种汇率具有相对稳定性,称为固定汇率。1944 年召开的布雷顿森林会议确定了固定汇率制,国际货币基金组织将各国货币与美元建立固定比价,直到 20 世纪 70 年代,随着美元的一再贬值,固定汇率制逐步崩溃。

浮动汇率,是指一国货币与另一国货币的兑换比率是根据外汇市场的供求情况而定的,不受管理当局的限制。随着固定汇率制的崩溃,不少国家相继实行浮动汇率制。在浮动汇率制下,政府原则上不对汇率变动进行干预,但事实上,如果汇率波动太大,对国家的外贸业务和国际收支等产生重大影响,政府也会对汇率的波动进行一定的干预或施加影响。所以,浮动汇率制又分为自由浮动和管理浮动两种。当前,世界各国一般都实行管理浮动汇率制。

2. 按银行经营外汇买卖的角度分类

大多数外汇交易都与银行发生关系,从银行买卖外汇的角度可将汇率分为买入汇率、卖出汇率、中间汇率和现钞汇率。

买入汇率,是指银行向客户买入外汇时所采用的折算汇率,也称买入价。

卖出汇率,是指银行向客户卖出外汇时所采用的折算汇率,也称卖出价。

在我国,人民币与外币汇率采用直接标价法,银行的买入汇率总要低于银行的卖出汇率。我国银行一般同时公布买入汇率和卖出汇率。买入价与卖出价的差额即为银行或经纪人买卖外汇的收益。此外,国内企业出口销售所取得的外汇在结算后可通过银行兑换为人民币,这一过程称为结汇,其外汇价格即结汇价,也就是银行的买入价;同时,企业用汇时,可以向银行以人民币按当日的卖出价购入外汇,这一过程称为售汇,其外汇价格即售汇价,也就是银行的卖出价。

中间汇率,是指银行公布的买入汇率和卖出汇率之间的平均数,也称中间价。

现钞汇率,是指银行买入或卖出外币现钞时所采用的汇率,也称现钞买卖价。由于外币现钞一般不能在本国流通,只能运到发行国去,才能充当流通和支付手段。在转运时,银行要承担运费、保险费并垫付利息,所以现钞买入价最低,但现钞卖出价与外汇卖出价相同。

3. 按汇率制定的方法分类

按照不同外币所采用的汇率制定方法,汇率可分为基本汇率和套算汇率。

基本汇率,是指根据本国货币与关键货币的价值之比而确定的汇率。所谓关键货币是指在所有的外币中最为重要的一种外币,具体来说要具备三个条件:是本国国际收支中使用最多的一种货币;是本国外汇储备中占比最大的一种货币;是国际上普遍可接受的货币。从各种主要外币的使用情况来看,美元是国际收支中使用最多的一种货币,所以一般国家都将美元作为确定汇率的关键货币。

套算汇率,是指根据基本汇率计算出的其中一种货币对其他国家货币之间的汇率。在国际外汇市场上,由于美元的市场容量大,通常主要外汇市场只公布某一国家的货币对美元的比价,于是当交易的两个货币都不是美元时,就必须进行套算。

4. 按外汇交易的交割期限分类

外汇市场一般都可以进行现汇交易和期汇交易,汇率由此而分为即期汇率和远期汇率。

即期汇率,是指外汇买卖成交后的当天或两个营业日之内进行交割的汇率,也称为现汇汇率,即现汇交易中即期交割的汇率。根据支付凭证的不同,现汇分为电汇、信汇和票汇,其汇率有所不同。由于电汇交款迅速,国际上大额款项大多采用电汇,世界各国外汇市场公布的现汇汇率,一般指的就是电汇汇率。

我国《企业会计准则第19号——外币折算》从外币业务的会计处理角度做出了规定:中国人民银行公布的当日人民币外汇牌价的中间价为即期汇率。

远期汇率,是指外汇买卖成交后并不马上交割,而是约定在以后一定期限内进行交割并约定交割时所采用的汇率,又称期汇汇率。在远期外汇交易中,买卖双方先按远期汇率签订买入或卖出外汇的合约,到了约定的期限,按规定的汇率进行交割。

远期外汇交易期限一般为1～6个月,也有少数长达1年的。其特点是无论到期日的即期汇率涨跌如何,都按照原约定的汇率交割。

5.按处理外币业务登记入账的时间分类

根据外币业务发生后会计处理并登记入账的时间,汇率可分为现行汇率和历史汇率。

现行汇率,是指外币业务发生时的当天汇率,即企业将外汇款项记入账中或编制报表时采用的汇率,又常称为记账汇率。

历史汇率,是指经济业务最初发生时的汇率,即最初取得外币资产或承担外币负债时记录入账的汇率,因此也被称为账面汇率。

现行汇率和历史汇率是相对而言的,期初记录业务时采用的是当时的现行汇率,但到期末时,汇率很可能已发生了变化,变化了的汇率即为新的现行汇率,账面上已记录的汇率则为历史汇率。

(四)汇率风险

汇率风险,是指汇率的变动可能使持有外币资产或外币负债的一方遭受损失。由于外汇汇率的变动,外币作为一种金融资产,价值产生不稳定性,而引起企业在外币业务的会计处理中预期的现金流出或流入发生变化,对企业可能带来经济损失或利益。这种损失或利益,一般在会计上是用外币折算成记账本位币的差额来反映的。汇率风险一般指下列三种情况:

(1)交易风险,是指外币交易形成的风险,即由于外币债权或债务在到期清偿时汇率已发生变动而造成损失的风险。

(2)折算风险,是指会计期末,企业所有外币账户余额按期末汇率进行调整,折算为记账本位币后与原来账面金额之间产生差异,由此给企业带来损失的风险。因为事实上这一损失并非产生于外币交易,仅仅是由会计上进行折算所形成,所以这种风险也称会计风险。

(3)经济风险,是指公司的股票市场价值由于汇率变动而出现下降的风险。主要指因现在汇率变动而引起的企业未来现金流量变化的风险。

三、外币业务记账方法

企业所发生的以外币计价的业务,通常对外方的权利和义务结算要以原币为准,而在企业会计主体账簿体系中,又必须按记账本位币记录入账和编制会计报表。由于原币与记账本位币大多不一致,记账时需进行处理,国际上对此有两种记账方法,即外币统账制记账方法与外币分账制记账方法。

(1)外币统账制记账方法。

外币统账制记账方法也称本位币记账法,是一种以本国货币为记账本位币的记账方法。在这种方法下,企业发生的外币业务都要折合为记账本位币加以反映,同时还要记录外币的金额,所以这种方法又称为复币记账法。根据《企业会计准则第19号——外币折算》的规定,在这种方法下对汇率的使用有两种处理方式:一种方式是采用交易发生日的即期汇率将外币金额折算为记账本位币金额反映;另一种方式是采用按照系统合理的方法确定的、与交易发生日即期汇率近似的汇率折算。无论采用其中哪一种方法,在资产负债表日,企业所有外币账户余额都应当根据外币货币性项目和外币非货币性项目,分别予以相应的处理。

（2）外币分账制记账方法。

外币分账制记账方法也称原币记账法,是指企业发生外币业务时,直接按各种原币金额记账,不再折合成记账本位币金额。在这种方法下,企业的本币业务与外币业务分设不同的账户体系来反映,即按币种各设总账和明细账。资产负债表日,分别对货币性项目和非货币性项目进行调整:货币性项目按资产负债表日即期汇率折算,非货币性项目按交易日即期汇率折算,产生的汇兑差额计入当期损益。这种记账方法适用于外币业务发生笔数很多的企业,如经办外汇业务的银行、融资租赁公司等金融机构。

四、汇兑损益

(一)汇兑损益的含义

如果对企业外币业务进行会计处理只是单一地采用历史汇率,而且外汇汇率是稳定不变的,那么外币业务的结算和兑换就非常简单,也不会发生由于汇率的不同而产生的损益。但是,在浮动汇率制环境下,外汇汇率瞬息万变,企业的外币交易变得十分复杂。由于汇率是变动的,而企业因购销业务发生的应收(应付)外币账款及其结算日期、企业举借的外币借款及其清偿日期等往往不一致,因此,以同样的外币金额在不同时点折合为记账本位币的金额就会不相等,从而产生差额,这一差额应当作为汇兑损益处理。

汇兑损益,是指企业发生外币业务,由于账务处理的时间及汇率的不同而产生的折合为记账本位币的差额,全称为外汇兑换损益。

(二)汇兑损益的分类

汇兑损益从其本质上讲是由外币汇率的变动而形成的,具体表现为外币汇率之差与外币金额的乘积。企业由于外币业务而产生汇兑损益的情况很多,通常可分为如下几类。

1. 根据汇兑损益形成的不同分类

汇兑损益根据其形成的不同来划分,一般可分为交易外币汇兑损益、兑换外币汇兑损益和报表折算汇兑损益。

交易外币汇兑损益,是指在发生以外币计价的业务时,因收回债权或偿付债务、期末账户余额调整而产生的汇兑损益。交易外币汇兑损益具体又包括折算损益和调整损益两种。折算外币汇兑损益是指企业对于外币购销业务进行会计处理,以单一的等值货币来重新表述某种外币金额时所产生的汇兑损益。比如,我国某贸易公司向美国经销商出口一批产品,价值20万美元,款项尚未收到,交易日的汇率为 100 USD＝654.42 CNY,结算日的汇率为 100 USD＝643.21 CNY,于是该应收账款在结算时折算成人民币就形成了 22 420 元（＝（200 000 ×6.544 2)元－(200 000×6.432 1)元)汇兑损失。而在会计期末,企业需要将所有的外币债权、债务及货币资金账户余额按照期末汇率进行调整,调整后的记账本位币金额与原账面本位币金额之差即为调整外币汇兑损益。

兑换外币汇兑损益,是指以一种货币实际交换另一种货币时,由于二者价值上的差异而在交换过程中产生的损益。如上述案例中企业在将出口销售款 20 万美元收回后,通过银行兑换成欧元,在兑换过程中所出现的损益就是兑换外币汇兑损益。

报表折算汇兑损益,是指跨国集团公司要将分布在不同国家和地区的子公司财务报表进行合并,因此需要将以不同货币编制的报表折算为记账本位币,在这一折算过程中所产生的损益。

2. 根据汇兑损益在当期是否实现分类

汇兑损益按其是否在本期实现,可分为已实现的汇兑损益和未实现的汇兑损益。

已实现的汇兑损益,是指产生汇兑损益的外币业务在报表编制日之前已完成结算,汇兑损益金额已最终确定,如应收的债权已经收回,应付的债务已经偿付。上述根据形成的不同划分的汇兑损益中的兑换外币汇兑损益,是在本期内用一种货币兑换另一种货币,兑换过程结束即兑换损益已形成,所以必然是已实现的汇兑损益;而交易外币汇兑损益则包括已实现的和未实现的汇兑损益,要视其是否已在会计期末完成结算而定。

未实现的汇兑损益,是指产生汇兑损益的外币业务在报表编制日之前尚未完成结算,汇兑损益金额未最终确定,或仅仅是由于外币折算而形成的差额。在以上几种根据形成的不同划分的汇兑损益中,调整外币汇兑损益和报表折算汇兑损益一般是在期末对外币账户余额与报表项目进行折算形成的,其目的是说明期末会计报表上外币资产和负债以记账本位币反映的当前价值,然而实际上在本期并没有由于这两种会计处理而使企业获得现实的收益或受到损失,因此必然是未实现的汇兑损益。至于交易外币汇兑损益中的折算外币汇兑损益,如果应收的债权尚未收回或应付的债务尚未支付,此时记录在账上的汇兑损益也是未实现的汇兑损益。

五、汇兑损益的核算原则

(一)外币货币性项目与外币非货币性项目

据我国《企业会计准则第19号——外币折算》相关规定,企业在资产负债表日,应当分别对外币货币性项目和外币非货币性项目进行会计处理。

1. 外币货币性项目

货币性项目,是指企业持有的货币资金和将以固定或可确定的金额收取的资产或者偿付的负债。货币性项目分为货币性资产和货币性负债。货币性资产包括库存现金、银行存款、应收账款、其他应收款、长期应收款等;货币性负债包括短期借款、应付账款、其他应付款、长期借款、应付债券、长期应付款等。

对于外币货币性项目,因结算或采用资产负债表日的即期汇率折算而产生的汇兑差额,计入当期损益,同时调增或调减外币货币性项目的记账本位币金额。

2. 外币非货币性项目

非货币性项目,是指货币性项目以外的项目,包括存货、长期股权投资、固定资产、无形资产等。对于外币非货币性项目在资产负债表日的处理,应当结合其所采用的计量基础予以分别对待。

对于以历史成本计量的外币非货币性项目,比如企业期初购入的存货,在交易发生日已按当时的即期汇率折算,那么在资产负债表日就不再按照当日的汇率进行调整,即不改变其原记账本位币金额。

对于以成本与可变现净值孰低计量的存货,如果其可变现净值以外币确定,则在确定存货的期末价值时,应先将可变现净值折算为记账本位币,再与以记账本位币反映的存货成本比较。与此同时,在计提存货跌价准备时亦应当考虑汇率变动的影响。

对于以公允价值计量的外币非货币性项目,比如股票、基金等交易性金融资产,由于这些项目采用公允价值计量模式,所以也相应采用公允价值确定日的即期汇率进行折算,折算后的记账本位币金额与原记账本位币金额的差额作为公允价值变动(含汇率变动)处理,计入当期损益。

(二)不同外币业务下汇兑损益的处理

企业可能由于各种外币业务的发生而产生汇兑损益,对此应当分不同的情况进行处理。

(1)企业筹建期间发生的汇兑损益。

企业在筹备建立期间,由于办理各项手续、人员培训等发生外币支出,由此而形成的汇兑损益应当计入"长期待摊费用"账户,待企业开始正常生产经营后再计入当期损益。

(2)企业生产经营期间发生的汇兑损益。

对于外币业务较多的企业,其汇兑损益主要产生于企业的生产经营过程中,根据相关规定,会计处理一般可以计入"汇兑损益"或"财务费用"账户,作为当期损益处理。当发生汇兑收益时,记入以上账户的贷方;反之,发生汇兑损失则记入其账户的借方。

(3)企业购建固定资产发生的汇兑损益。

企业为购买或建造固定资产而举借外币借款,由此而产生的汇兑损益按照借款费用资本化的原则进行处理。企业为购建固定资产借入的外币专门借款,在每一会计期间,其本金和利息随着汇率的变动会产生汇兑损益,该汇兑损益有两种处理方式:

一种是在购建的固定资产达到预定可使用状态前,予以资本化,计入所购建固定资产的成本。这里有三个条件:资产支出已发生;借款费用已经发生;为使资产达到预定可使用状态所必要的购建活动已开始。

另一种是在该项固定资产达到预定可使用状态后,计入当期财务费用。

(4)购置无形资产发生的汇兑损益。

企业为购置专利、商标等无形资产发生的汇兑损益,应当计入相应的无形资产成本,并随该项无形资产的成本及其使用年限而分期摊销。

(5)报表折算产生的汇兑损益。

企业在会计期末合并报表时,必须按照母公司记账本位币将子公司或分支机构的外币报表进行折算,由此产生的汇兑损益作为"外币报表折算差额"在合并的资产负债表中反映,作为所有者权益项目单独列示。

(6)企业清算期间发生的汇兑损益。

如果企业被清算,在此期间发生的汇兑损益作为"清算损益"处理。

另外应当说明的是,在汇兑损益的账务处理上,对于计入当期损益的汇兑损益,企业可通过"财务费用"下的汇兑损益账户进行核算。若企业外币业务量较大,也可单独设置"汇兑损益"账户核算。

第二节 外币交易的会计处理

一、外币购销交易会计处理的两种观点

企业发生以外币计价的购销业务时,就会产生相应外币计价的应收、应付款项这类债权债务,这类业务的会计处理将是两个过程的复合:前一过程是把外币购销额折算为本位币金额,将以债权、债务记录入账;后一过程是为清偿债务或收回债权而办理外币资金结算并进行记录。以出口销售业务为例(延期收款),销售成立日即以某一确定的汇率将外币货款计入"应收账款"账户,结算之日根据当天汇率(或其他汇率)结清该笔"应收账款",并反映其过程中产生的汇兑损益。整个过程是简单明了的,但是在实际经济活动中,这两个过程往往会跨决算期,这就会产生三个日期之间前后汇率变动的差异。对此在会计上如何处理,国际上存在着两种不同的观点,即单一交易观点和两项交易观点。

(一)单一交易观点

单一交易观点,是指外币业务交易发生与日后货款结算是一项业务交易的两个不可分割的组成部分,汇率发生变化应对原交易记录进行相应的调整。

持单一交易观点的人认为,由于汇率的变动,用记账本位币计价入账的购入商品成本或销售商品收入,在购销货款没有以外币结算之时,其价值是不确定的,因此在交易发生日和报表编制日,将购销商品的外币金额按当日汇率折合成记账本位币,折算金额都是暂时的;只有在外币购销货款结算以后,以结算日汇率折算的记账本位币金额,才是最终确定的购进商品成本或所销商品的收入,应当对原来的记录做相应的调整。持单一交易观点的人注重的是交易的现金支付,而不是约定价格。在这一观点之下,由于交易发生日、报表编制日、交易结算日这三个时点汇率变动所产生的本位币的差额,都应作为已入账的购入商品成本或销售收入的调整额,而不作为外币折算损益处理,这样在会计账上就不会出现独立表示的由汇率变动所致的差额,即汇兑损益。

(二)两项交易观点

两项交易观点,是指外币业务交易发生与日后货款结算是两个独立的事项,汇率发生变化不对原交易记录进行相应的调整。

持两项交易观点的人认为,外币交易日确定的是购销业务,结算日产生的是一笔外币买卖业务,二者相对独立。外币的购货成本与销售收入的本国货币值,应当取决于外币业务交易发生时的汇率,而与以后货款结算时汇率的变动无关。交易结算日由于汇率变动而产生的外币折算损益,计入"汇兑损益"或"财务费用——汇兑损益"账户,不调整购货成本和销售收入账户金额。但是,在两项交易观点下,对于未实现的汇兑损益存在着两种不同的处理方式:一种是当期确认,即将未实现的汇兑损益计入当期损益,列入当期利润表;另一种是作为递延损益,列入资产负债表,直到完成结算才作为已实现的损益入账。

【例 5-1】 我国 A 公司 2022 年 12 月 10 日向美国 B 公司销售一批产品,价款为 30 万美

元,货已发出。双方在合同上约定,货款将在 2023 年 1 月 10 日结算。该期间汇率的变动情况如下:

2022 年 12 月 10 日 　　　　　1.00 USD＝6.56 CNY

2022 年 12 月 31 日 　　　　　1.00 USD＝6.43 CNY

2023 年 1 月 10 日 　　　　　1.00 USD＝6.32 CNY

(1)如果 A 公司在单一交易观点下进行会计处理:

2022 年 12 月 10 日,确认销售收入与债权:

借:应收账款　　　　　　　　　　　　　　　　　　1 968 000

　　贷:主营业务收入　　　　　　　　　　　　　　　　　　1 968 000

2022 年 12 月 31 日,在资产负债表日,根据汇率变化所形成的差额对销售收入与债权的账面价值进行调整:

借:主营业务收入　　　　　　　　　　　　　　　　　　39 000

　　贷:应收账款　　　　　　　　　　　　　　　　　　39 000

2023 年 1 月 10 日,先根据汇率变化所形成的差额进行收入与债权账面价值的再次调整:

借:主营业务收入　　　　　　　　　　　　　　　　　　33 000

　　贷:应收账款　　　　　　　　　　　　　　　　　　33 000

2023 年 1 月 10 日,再按该日汇率进行款项结算:

借:银行存款　　　　　　　　　　　　　　　　　　1 896 000

　　贷:应收账款　　　　　　　　　　　　　　　　　　1 896 000

(2)如果 A 公司按照两项交易观点的第一种方法进行会计处理:

2022 年 12 月 10 日,确认销售收入与债权:

借:应收账款　　　　　　　　　　　　　　　　　　1 968 000

　　贷:主营业务收入　　　　　　　　　　　　　　　　　　1 968 000

2022 年 12 月 31 日,在资产负债表日,根据汇率变化所形成的差额确认汇兑损益,并对债权的账面价值进行调整:

借:财务费用——汇兑损益　　　　　　　　　　　　　　39 000

　　贷:应收账款　　　　　　　　　　　　　　　　　　39 000

2023 年 1 月 10 日,先根据汇率变化所形成的差额再次确认汇兑损益并调整债权账面价值:

借:财务费用——汇兑损益　　　　　　　　　　　　　　33 000

　　贷:应收账款　　　　　　　　　　　　　　　　　　33 000

2023 年 1 月 10 日,再按该日汇率进行款项结算:

借:银行存款　　　　　　　　　　　　　　　　　　1 896 000

　　贷:应收账款　　　　　　　　　　　　　　　　　　1 896 000

(3)如果 A 公司按照两项交易观点的第二种方法进行会计处理:

2022 年 12 月 10 日,确认销售收入与债权:

借:应收账款　　　　　　　　　　　　　　　　　　1 968 000

　　贷:主营业务收入　　　　　　　　　　　　　　　　　　1 968 000

2022 年 12 月 31 日,在资产负债表日,根据汇率变化所形成的差额确认递延汇兑损益,并对债权的账面价值进行调整：

  借：递延汇兑损益   39 000

   贷：应收账款   39 000

2023 年 1 月 10 日，先根据汇率变化所形成的差额再次确认递延汇兑损益并调整债权账面价值：

  借：递延汇兑损益   33 000

   贷：应收账款   33 000

2023 年 1 月 10 日，再按该日汇率进行款项结算：

  借：银行存款   1 896 000

   贷：应收账款   1 896 000

2023 年 1 月 10 日，还需将递延汇兑损益结转为已实现损益：

  借：财务费用——汇兑损益   72 000

   贷：递延汇兑损益   72 000

  从上面举例中可以看到，两种观点下三种处理方法各有不同，其不同就在于对外币折算差额的处理不同。其中，单一交易观点下的处理，是将外币折算差额作为对销售收入或购货成本的调整；在两项交易观点之下，不论是采用当期确认法还是采用递延法，凡是发生的外币折算损益，在会计处理上都同样作为汇兑损益入账，不同的仅仅是在账上反映的时期有所不同，前者当期就作为损益实现，后者递延在后期实现。

  对于以上两种观点，两项交易观点在思路上比较清晰，方法简便，所以这一观点被大多数国家所采用；而对两项交易观点下的当期确认法和递延法，如果未实现汇兑损益数额不大，时间跨度也较小，那么这两种方法的差异造成的影响并不大。比较而言，当期确认法更为简单，它使当期会计报表能及时反映汇率变动对企业财务状况的潜在影响。但是，当期确认法的运用也有其不利之处。若外币交易结算时间跨度大，且汇率变动幅度也较大，在这种情况下采用当期确认法会导致企业当期收益中包含较大数额的未实现汇兑损益，从而影响企业经营成果的真实性，误导投资者。因此，对于长期性外币项目的未实现汇兑损益，选择递延法处理更为合理一些。

  目前大多数国家采用的都是两项交易观点，而其中又以采用当期确认方法的为多。国际会计准则委员会在《国际会计准则第 21 号——外汇汇率变动的影响》中规定，原则上采用两项交易观点的第一种方法处理外币业务，但也未完全否定第二种方法。美国财务会计准则委员会在第 52 号公告《外币折算》中也建议采用两项交易观点，并要求采用当期确认法。我国同样也明确提出，在外币交易的会计处理中采用两项交易观点，在当期确认汇兑损益，不递延。

二、外币交易其他事项的会计处理

  根据上述相关处理原则，下面就主要几种外币业务类型分别介绍其会计处理。

(一)外币应收、应付事项及期末账户调整的会计处理

  企业发生外币购销商品业务时，应根据折算汇率将外币金额折算为记账本位币金额，按照折算后的记账本位币金额登记有关账户；同时，按照外币金额登记相应的外币账户。将外币金额折算为记账本位币金额时，可以采用外币业务发生日的即期汇率，也可以采用按照系统合理的方法确定的、与交易发生日即期汇率相近似的汇率。

期末(指月末、季末或年末),对各种外币账户的期末余额,要按照期末市场汇率进行调整,将外币账户期末余额折合为记账本位币金额,与调整前期末余额的差额,确认为汇兑损益。

【例 5-2】 A 公司 2021 年 6 月初银行存款(美元户)、短期借款(美元户)、应收账款(美元户)和应付账款(美元户)的余额及折算为人民币的金额如表 5-1 所示。

表 5-1   有关美元账户期初余额

单位:元

项目	美元金额	人民币金额	项目	美元金额	人民币金额
银行存款	1 000 000	7 568 000	应付账款	300 000	2 270 400
应收账款	500 000	3 784 000	短期借款	200 000	1 513 600

A 公司以人民币为记账本位币,采用交易日即期汇率为记账汇率,月末按照市场汇率调整计算汇兑损益,当月末市场汇率为 1.00 USD=7.21 CNY。

公司在本月发生如下业务:

(1)8 日收回前期出口商品款 400 000 美元,当日即期汇率为 1.00 USD=7.43 CNY。

(2)15 日用银行存款归还短期借款(美元户)100 000 美元,当日即期汇率为 1.00 USD=7.38 CNY。

(3)20 日支付上月进口商品款 250 000 美元,当日即期汇率为 1.00 USD=7.35 CNY。

(4)27 日销售一批商品,价款为 150 000 美元,款项尚未收到,当日即期汇率为 1.00 USD=7.28 CNY。

要求:

(1)根据上述经济业务编制会计分录;

(2)根据期末报表日汇率调整账户余额。

A 公司进行外币业务会计处理时:

(1)编制会计分录如下:

借:银行存款——美元户　　　　　　(400 000×7.43)　2 972 000

　　贷:应收账款——美元户　　　　　　　　　　　　　　　　2 972 000

借:短期借款——美元户　　　　　　(100 000×7.38)　738 000

　　贷:银行存款——美元户　　　　　　　　　　　　　　　　738 000

借:应付账款——美元户　　　　　　(250 000×7.35)　1 837 500

　　贷:银行存款——美元户　　　　　　　　　　　　　　　　1 837 500

借:应收账款——美元户　　　　　　(150 000×7.28)　1 092 000

　　贷:主营业务收入　　　　　　　　　　　　　　　　　　　1 092 000

(2)根据期末汇率调整账户余额处理如表 5-2 所示。

表 5-2   期末有关美元账户余额调整计算表

单位:元

账户名称	美元余额	期末即期汇率 (CNY/USD)	调整后 人民币余额	调整前 人民币余额	差额
银行存款	1 050 000	7.21	7 570 500	7 964 500	−394 000

续表

账户名称	美元余额	期末即期汇率（CNY/USD）	调整后人民币余额	调整前人民币余额	差额
应收账款	250 000	7.21	1 802 500	1 904 000	−101 500
应付账款	50 000	7.21	360 500	432 900	−72 400
短期借款	100 000	7.21	721 000	775 600	−54 600

　　借：财务费用——汇兑损益　　　　　　　　　　　　　495 500
　　　贷：银行存款——美元户　　　　　　　　　　　　　　　　394 000
　　　　　应收账款——美元户　　　　　　　　　　　　　　　　101 500
　　借：应付账款——美元户　　　　　　　　　　　　　　72 400
　　　　短期借款——美元户　　　　　　　　　　　　　　54 600
　　　贷：财务费用——汇兑损益　　　　　　　　　　　　　　　127 000

（二）外币投资的会计处理

当企业收到投资者以外币投入的资本时，应当采用交易发生日的即期汇率将到账的外币资本金额折算为记账本位币金额，不采用合同约定汇率和即期汇率的近似汇率折算，外币投入资本与相应的货币性项目的记账本位币金额之间不产生外币资本折算差额。

【例5-3】　A公司为上市公司，与外商签订的投资合同中规定外商分次投入外币资本。该上市公司于2022年1月1日收到外商投入资本500万美元，当日汇率为1.00 USD＝6.52 CNY；同年7月1日收到外商投入资本300万美元，当日汇率为1.00 USD＝6.41 CNY。该公司以人民币作为其记账本位币。公司的外币账务处理均以当日汇率为记账汇率。

根据上述资料，A公司编制的会计分录如下：

（1）2022年1月1日，收到第一笔外币投资时：

　　借：银行存款——美元户　　　　　　　　　　　　　32 600 000
　　　贷：实收资本　　　　　　　　　　　　　　　　　　　　32 600 000

（2）2022年7月1日，收到第二笔外币投资时：

　　借：银行存款——美元户　　　　　　　　　　　　　19 230 000
　　　贷：实收资本　　　　　　　　　　　　　　　　　　　　19 230 000

（三）外币兑换的会计处理

外币兑换业务包括企业从银行买入外汇、把外汇卖给银行，也包括不同币种外币之间的互相兑换。后者可看作一种外币兑换成人民币后再用兑得款购入另一种外币，是两个过程的复合，此时两种外币买入价或卖出价各自会与企业的记账汇率产生差异，从而形成汇兑损益。

【例5-4】　A公司2022年4月30日由于业务需要，以人民币向银行买入400 000美元，当日美元的银行买入价为1.00 USD＝6.43 CNY，卖出价为1.00 USD＝6.46 CNY，该企业以人民币作为记账本位币，并以当月1日的汇率作为记账汇率，月初汇率为1.00 USD＝6.41 CNY。

根据上述资料，A公司编制如下会计分录：

　　借：银行存款——美元户　　（400 000×6.41）　2 564 000
　　　　财务费用——汇兑损益　　　　　　　　　　　　20 000

　　贷:银行存款——人民币户　　　　　　　　　　(400 000×6.46)　2 584 000

(四)以外币计价的进出口商品购销业务的会计处理

　　企业发生的以外币计价的进出口商品购销业务,在会计处理上应当根据该笔交易定价的相关条款,按照我国会计准则中存货和销售收入的确认标准,将外币金额按业务发生当日的即期汇率折算为记账本位币金额入账。下面以进口商品业务为例说明其会计处理。

　　【例 5-5】　A公司 2022 年 7 月 1 日从德国进口一批原材料,价值 100 000 欧元,款项当日结清,当日欧元与人民币的即期汇率为 1.00 EUR＝7.78 CNY。同时 A 公司为该材料支付进口关税 23 340 元人民币,支付进口增值税 104 174.2 元人民币。该公司以人民币作为记账本位币,并以当日即期汇率为记账汇率。

　　在进口材料时,A 公司编制如下会计分录:

　　借:原材料　　　　　　　　(100 000×7.78＋23 340)　801 340
　　　　应交税金——应交增值税(进项税额)　　　　　104 174.2
　　　　贷:银行存款——欧元户　　　　　　　　　　　　　778 000
　　　　　　银行存款——人民币户　　　　　　　　　　　127 514.2

(五)外币借款业务的会计处理

　　企业借入外币时,应按照借入外币时的即期汇率或即期汇率的近似汇率折算为记账本位币入账,同时按照借入外币的金额登记相关外币账户。

　　【例 5-6】　A 公司于 2022 年 1 月 1 日从银行借入 100 万美元的借款,期限为 3 个月,到期一次还本付息,年利率为 6%,当日的即期汇率为 1.00 USD＝6.35 CNY,3 月 31 日的即期汇率为 1.00 USD＝6.30 CNY。假定借入的美元暂存银行。

　　2022 年 1 月 1 日,A 公司借入款项时,编制如下会计分录:

　　借:银行存款——美元户　　　　　　　　　　　　　6 350 000
　　　　贷:短期借款——美元户　　　　　　　　　　　　　6 350 000

　　2022 年 3 月 31 日,A 公司偿还借款时,应编制如下会计分录:

　　借:短期借款——美元户　　　　　　　　　　　　　6 350 000
　　　　财务费用——利息支出　　　　　　　　　　　　　　94 500
　　　　贷:银行存款——人民币户　　　　　　　　　　　　6 394 500
　　　　　　财务费用——汇兑损益　　　　　　　　　　　　　50 000

第三节　外币报表折算

一、外币报表折算的概念

(一)外币报表折算的含义

　　外币报表折算,是指从事国际经营活动的公司,使用其记账本位币重新表述财务报表中按外币计量的资产、负债、收入和费用的会计程序和方法。

跨国公司要定期将其分布在不同国家和地区的子公司及分支机构的会计报表进行合并，以全面综合地反映一个企业集团总的财务状况和经营成果。在国外的子公司通常是使用所在国本地货币编制会计报表的，其编报货币与母公司的编报货币不同，因而在合并报表之前，先要将以外币表示的子公司会计报表折算为以母公司编报货币表示的会计报表，然后再进行合并。因此，外币会计报表的折算是从事国际经营活动的公司在会计处理上的一个必不可少的步骤。

外币报表折算不同于外币兑换，后者是以一种货币兑换成另一种货币，它会发生实际货币的等值交换；而前者并不涉及不同货币的实际兑换，只是将会计报表中各项目的表述从一种货币单位转化为另一种货币单位。所以，从理论上讲，外币报表折算不影响报表中资产、负债的计量基础。进行外币报表折算是为了满足报表使用者的需要，不涉及按照一定的会计原则重新计算原来的会计资料的问题。

(二)外币报表折算的意义

概括地说，进行外币报表折算主要有以下三方面的意义：

第一，满足编制合并报表的需要。跨国公司通过控制股权的方式达到合并经营的目的，从而使母公司与子公司之间形成特殊的经济关系。一方面，母公司与子公司各自是独立的法律实体或会计主体；另一方面，它们又共同结合成为一个经济实体，因此需要编制跨国公司的合并会计报表，以反映整个公司集团整体的财务状况。但是，由于母公司与其国外子公司的个别会计报表是用不同的货币表述的，因而在编制合并报表时，不能把母、子公司不同种类的货币数量在一起相加，必须使用一种统一的货币单位，才能把母、子公司的经营成果汇总起来。这就意味着必须将国外子公司按某种外币表述的会计报表折算为按另一种货币表述的会计报表。因为编制合并报表的主要目的是满足母公司股东和债权人的需要，所以，合并报表通常以母公司报表所用货币来表述。

第二，满足各方面信息使用者的需要。编制会计报表的主要目的就是为不同的信息使用者提供他们所需要的信息，而这些信息使用者概括起来可以分为两大类：一类是现实的投资者和债权人；另一类是潜在的投资者和债权人。对于前者，企业有义务向他们提供他们所需要的会计信息，并将其作为企业的一项基本会计工作；而对于后者，随着企业在国际间投资、融资业务的不断扩大，会计信息在国际间交流的重要性日益增强，企业为了在国际金融市场上融资，就必须向各国潜在的投资者和债权人提供相关的信息。也就是说，企业需要在国外发行股票、债券时，就要将以本国货币编制的会计报表折算为按某种外国货币表述的会计报表，以便于国外潜在的投资者和债权人了解企业的财务状况，有助于他们做出投资决策，从而达到企业国际融资的目的。

第三，满足母公司对国外子公司及分支机构财务状况、经营成果考核与评价的需要。子公司、分支机构的经营活动往往是母公司经济活动整体中的组成部分，母公司为了统一管理和控制整个公司的经营，必须考核、评价国外子公司及分支机构的财务状况、经营成果，以及财务状况的变动情况，需要将国外子公司及分支机构用外币编制的会计报表转换为按母公司报告货币表述的会计报表。特别是对于跨国公司而言，其在国外拥有多家子公司，且这些子公司通常是以所在国货币作为其功能货币的，因此，要比较各子公司的财务状况与经营业绩，就需要将以不同外币表述的会计报表进行折算。

二、外币报表折算的方法

外币报表折算的方法,是指针对企业外币报表所列示的各项资产、负债、收入和费用等项目采用何种汇率折算以及外币折算损益如何处理所采取的相应对策。

(一)外币报表折算的主要会计问题

外币报表折算其实是一个相当复杂的会计问题,其难点主要在于汇率的变动,具体来说主要存在两个会计问题。

(1)外币报表折算汇率的选择。

如果外汇汇率是稳定不变的,那么外币报表折算是很简单的。然而,由于汇率的不断变动,在编制合并报表时,就存在着现行汇率、历史汇率和平均汇率。其中,现行汇率是报表编制日的汇率;历史汇率是报表中各项目发生时的汇率,而由于不同项目发生的时间不一,相对应的各项目的历史汇率具体值也各不相同;平均汇率一般是某一历史汇率与现行汇率的平均值。由于资产与负债、货币性项目与非货币性项目性质上的差异,不同的报表项目对汇率变动的反映程度不尽相同。选用不同的汇率折算,其折算结果自然也不相同。因此,怎样选择折算汇率才更为合理,多年来一直为人们所争论,各国至今尚未形成一致的国际惯例。

(2)外币报表折算损益的处理。

外币报表折算损益来源于采用一定汇率对报表进行的折算,不同的折算方式(即选用不同的折算汇率)下其折算损益数额也各不相同。比如,在确定的折算汇率条件下,如果折算汇率相对于原汇率是外币升值,则其将使外币资产项目产生折算利得,而使负债项目产生折算损失;反之,如果折算汇率相对于原汇率是外币贬值,则其将使外币资产项目产生折算损失,而使负债项目产生折算利得。最后综合起来其结果不是折算利得就是折算损失,关键是这一折算损益的出现打破了资产负债表的平衡,也带来了在会计上如何处理的问题。

(二)外币报表折算的四种方法

目前世界各国对外币报表折算还未形成一致公认的可接受的理论和方法,概括起来,主要有四种基本方法可供选择,这四种方法就是现行汇率法、流动与非流动项目法、货币性与非货币性项目法以及时态法。

1. 现行汇率法

现行汇率法,是指外币资产负债表中的所有资产、负债项目都根据报表编制日的汇率进行折算,资本项目按收到资本时的历史汇率折算,收益表中的收入和费用按确认这些项目时的汇率(或平均汇率)折算。

在现行汇率法下,外币报表上的资产、负债项目均按编表日的现行汇率(即期末汇率)进行折算,即使用统一的汇率,所以现行汇率法又称为单一汇率法。资本项目按投入时的历史汇率折算,便于反映真实的投资情况。收益表中的收入、费用项目,从理论上说应当按确认这些项目时的现行汇率折算,但为了简化,通常也可按当期的平均汇率折算。

现行汇率法是在 1967 年英镑贬值后,由英格兰和威尔士特许会计师协会在 1968 年的会计实务公告中提出的,目前现行汇率法为众多国家所采用,主要是由于该方法具有如下优点:

第一,反映现实的价值。按现行汇率折算,使报表各项目反映的是现实的价值,向报表使用者提供的信息更为真实。

第二,折算方法简单易行。现行汇率法不需要区分出资产和负债中的一部分项目另外按照历史汇率折算,因此,相较于其他折算方法,在会计实务中现行汇率法更为简便。

第三,保持报表原结构不变。采用单一汇率对各资产、负债项目进行折算,实际上相当于所有项目乘上一个常数,因而折算后资产负债表的各项目仍能保持原外币报表中各项目之间的比例关系,不会改变子公司会计报表的各项财务比率。

现行汇率法尽管有上述优点,但仍存在着一些值得研究的问题。首先,在未改变整个会计计价原则即仍然采用历史成本计价的情况下,将外币报表上按历史成本表示的资产项目按编表日的现行汇率折算,其折算结果既不是资产的历史成本,也不是资产的现行市价,折算后的资产价值也就失去了意义。其次,现行汇率法对所有的外币资产、负债项目进行折算,这一做法无异于假定子公司以所在国货币表示的资产和负债都同样受到汇率风险的影响。这一假设是缺乏合理性的,因为国外的存货和固定资产一般是受当地通货膨胀影响的。在项目折算前如果不先进行物价水平的调整,折算后的结果将出现前面同样的问题,即既不是历史成本,也不是现行成本。

2. 流动与非流动项目法

流动与非流动项目法,是指将资产与负债项目区分为流动项目与非流动项目两大类,流动项目按现行汇率折算、非流动项目按历史汇率折算的外币报表折算方法。

在流动与非流动项目法下,要将外币资产负债表项目按其流动性质分为流动项目与非流动项目,并分别采用不同的汇率进行折算。对于流动项目(流动资产与流动负债),按报表编制日的现行汇率折算;对于非流动项目,按原来入账时的历史汇率折算,即按资产取得当时和负债成立或发生当时的汇率折算。比如,固定资产按购置时的历史汇率折算;实收资本项目按收到资本时的汇率折算;资产负债表上的留存收益属于平衡数,可倒挤确定;对于收益表的项目,除了固定资产的折旧费和摊销费用按相关资产入账时的历史汇率折算外,其他收入和费用项目均按当期平均汇率折算。但其中的销售成本,则需根据"期初存货+本期购货-期末存货"的公式分别进行折算。期初存货按上期期末的现行汇率进行折算;本期购货按本期的平均汇率进行折算;期末存货按本期期末的现行汇率进行折算。

流动与非流动项目法的理论依据是,非流动资产在短期内不会转变为现金,非流动负债在短期内也不需偿还,所以它们不受现行汇率的影响。流动资产与流动负债按现行汇率折算,有利于对企业营运资本的分析。一个企业净营运资金的情况取决于折算过程中的结果是收益还是损失,若企业的流动资产大于流动负债,则在外币贬值时,企业将遭受折算损失;反之,在外币升值时,将产生折算利得。

但是,这种方法的缺点在于:第一,对于为什么不同的资产和负债项目要分别采用现行汇率和历史汇率折算,缺乏足够的理论依据。第二,流动项目的计价基础与折算汇率的不一致影响了折算后项目金额的意义。例如,存货以历史成本计价,在这一方法下,存货所使用的折算汇率却不是历史汇率而是现行汇率,因此,折算后的存货金额既不能反映历史价值(由于使用现行汇率),也不能反映现实价值(由于使用历史成本),其结果是存货项目的金额失去意义。第三,非流动项目按历史汇率折算掩盖了汇率变动的影响,如长期负债项目。

3. 货币性与非货币性项目法

货币性与非货币性项目法,是指将资产与负债项目区分为货币性项目与非货币性项目两大类,货币性项目按现行汇率折算、非货币性项目按历史汇率折算的外币报表折算方法。

所谓货币性项目,包括货币性资产与货币性负债。

货币性资产,是以货币形态存在的各项资产,包括现金、银行存款、应收账款和应收票据等金额固定的长短期债权。

货币性负债,是以货币形态存在的各项负债,包括应付账款、应付票据等金额固定的长短期债务。凡是企业应偿付的、有确定货币金额的债务均属于货币性负债。

非货币性项目,是指除货币性项目以外的资产、负债项目。如存货、固定资产、长期投资、无形资产等,都是非货币性项目。

在货币性与非货币性项目法下,外币资产负债表中所有的货币性资产与货币性负债项目均应按期末现行汇率折算,而非货币性资产与非货币性负债项目则按取得各项资产或承担各项负债时的历史汇率折算。对于投入资本各项目仍按照资本投入时的历史汇率折算,留存收益为平衡数。该方法下对于利润表项目的处理,与前述流动与非流动项目法相似。

货币性与非货币性项目法最早是由美国密歇根大学教授赫普沃思于1956年提出的,1960年得到美国全国会计师协会的支持。提出采用这一方法的理由是:货币性项目的主要特征是其价值是按外币(子公司所在国货币)的固定金额表示的,因此一旦汇率发生变动,这些项目的本国货币等值就会发生变动。所以,子公司资产负债表中所有的货币性项目外币余额,应按报表编制日的现行汇率折算为本国货币等值。对于外币应收、应付款项等货币性资产和负债,这些债权或债务的币值会随着汇率变动而相应有所增减,因此这些项目按编表日的现行汇率进行折算,比较恰当地反映了汇率变动所产生的影响。而非货币性项目的特征是在汇率变动时非货币性资产的价值随着当地通货贬值或升值后的物价涨跌而变动,因而它们按历史成本计量的价值应当按历史汇率折算。所以,货币性与非货币性项目法的支持者认为,和流动与非流动项目法比较,货币性与非货币性项目法有一定的改进,该方法反映了汇率变动对不同资产、负债项目的影响。

然而,和流动与非流动项目法一样,货币性与非货币性项目法也是根据报表项目的分类而确定所采用的折算汇率的,也同样没有充分的依据说明这种分类与不同的折算汇率之间的直接联系。如果外币报表的非货币性项目是以现时价格反映的,则使用历史汇率折算就显得不合理了。比如,存货、投资项目如果是以现时价格反映的,就不宜采用历史汇率折算,因为这样的处理实际上掩盖了在存货等项目上的汇率风险。

4. 时态法

时态法,是指按照外币报表上资产与负债项目的计价时间,分别采用现行汇率和历史汇率进行折算的方法。

按照时态法,凡是现金、应收应付款项目(包括长期负债)均按资产负债表编制日的汇率折算,其他的资产和负债项目则视其计价的不同,或采用历史汇率折算,或采用现行汇率折算。也就是说,以历史成本记录的资产和负债项目按历史汇率折算;以现时市价记录的资产和负债项目则按现行汇率进行折算。以存货为例,由于其计价方法有多种,可采用先进先出法、后进先出法、成本与市价孰低法,因而反映在资产负债表上的金额可能是按历史成本计价的,也可能是按现行价格计价的。于是,按历史成本反映的以历史汇率折算,按现行价格计价反映的以现行汇率进行折算。时态法下对于利润表项目的处理,也与流动与非流动项目法下的处理相似。该方法由于使用的汇率与报表项目计价的时间相关,因而称为时态法或时间度量法。

时态法是1972年由美国的伦纳德·洛伦森(Leonard Lorensen)提出的,提出该方法的理论依据是:外币折算实际上是将外币报表项目按一种不同的货币单位重新表述的过程,在这一过程中,改变的应当只是计量单位,而不是被计量项目的计量属性,因此,外币报表项目应按各项目计量日期的实际汇率折算,这样才能保证折算后子公司会计报表项目的计量基础不发生变化。

时态法是针对货币性与非货币性项目法的缺陷提出来的,通过这两种方法的比较可以看出,二者在折算程序的实质上是类似的。但是,时态法在折算汇率的选择上较为灵活、合理,它可以随报表项目计量基础的变动而相应改变折算汇率,因此,该方法既具有货币性与非货币性项目法的优点,又弥补了后者的不足。采用这一方法折算后的会计报表数据更恰当、更有意义,易于被人们所接受。然而时态法也同样有其不足之处,由于采用该方法时对资产负债表各项目使用的折算汇率不同,因而折算后的资产负债表各项目之间的比率关系不同于子公司原报表中的比率关系,从而有可能改变子公司原报表反映的财务状况。

以资产负债表为例,外币报表折算的四种方法下汇率比较见表 5-3。

表 5-3　外币资产负债表折算汇率比较

项目		现行汇率法	流动与非流动项目法	货币性与非货币性项目法	时态法
现金		现行汇率	现行汇率	现行汇率	现行汇率
应收账款		现行汇率	现行汇率	现行汇率	现行汇率
存货	按成本计价	现行汇率	现行汇率	历史汇率	历史汇率
	按市价计价	现行汇率	现行汇率	历史汇率	现行汇率
投资	按成本计价	现行汇率	历史汇率	历史汇率	历史汇率
	按市价计价	现行汇率	历史汇率	历史汇率	现行汇率
固定资产		现行汇率	历史汇率	历史汇率	历史汇率
无形资产		现行汇率	历史汇率	历史汇率	历史汇率
应付账款		现行汇率	现行汇率	现行汇率	现行汇率
长期负债		现行汇率	历史汇率	现行汇率	现行汇率
实收资本		历史汇率	历史汇率	历史汇率	历史汇率
留存收益		平衡数	平衡数	平衡数	平衡数

三、外币报表折算损益的会计处理

外币报表折算损益,是指在对子公司外币资产负债表等进行折算时,由于报表各项目采用不同的汇率折算而形成的差额。外币报表折算损益的会计处理是外币会计中争论较多的一个难题,它与外币报表折算方法一样,在国际上存在着各种观点。概括起来目前主要有四种不同的处理方式。

(一)折算损益全部计入当期损益

折算损益全部计入当期损益是指,将本期发生的外币报表折算损益,全部列入本期利润表。主张采用这一方式的人认为,汇率的变动是客观存在的,汇率变动已引起资产和负债折算后价值的改变,使资产的净值发生变动,而利润可界定为净资产的增加,因此,将外币报表折算后所产生的价值差额确认为本期损益,这一处理方式是合乎情理的。采用时态法进行外币报表折算时,就将折算损益全部计入当期损益。

但是这一处理方式也受到人们的批评,批评者认为,报表折算只是将按一种货币反映的财务报表重新以另一种货币来表述的过程,折算损益就是这一转换过程的产物,而这种损益并未导致子公司现金流量的增减,所以将其计入当期损益就会歪曲子公司的收益信息,使利润表中的利润项目难以反映出公司的真正经营成果。特别是对于有较多的国外子公司的企业集团来说,这种影响更为突出。

(二)折算损益全部递延

折算损益全部递延是指,将外币报表折算损益以单独项目列示于资产负债表内,作为递延处理。主张采用这种处理方式的人主要认为:外币报表折算损益只是将外币表示的资产、负债项目以母公司记账本位币重新计量所产生的调整额,而不是已经实现的损益。由于汇率的多变,本期表现为外币折算收益(或损失),至下期就有可能转变为外币折算损失(或收益),从而使二者相互抵销。因此,如果将这项未实现的损益计入当期损益,就有可能使会计报表使用者对公司的获利能力产生误解。而进行递延处理,则可避免这种情况。至于递延处理的做法,就是按照人为的标准将折算损益在若干个会计期间进行分摊。

针对该方式下的递延法提出的批评是,该方法缺乏足够的理论依据,因为产生于某一期间的报表折算损益与其后的会计期间并没有关系,采用递延处理的结果是使子公司各期收益平稳化,实际上是掩盖了汇率变动的真实情况。

(三)折算损益作为所有者权益的调整项

由于以上两种折算损益处理方式均存在缺陷,第三种处理方式出现:将外币报表折算损益直接列入资产负债表的股东权益项目下,作为"折算调整额",而不反映于利润表。其理由是外币报表折算损益并没有实现,这种处理方法使汇率变动因素不影响财务报表上所反映的本期收益。然而,也有人认为这种处理方式并不符合收益的总括观点,总括观点要求利润表内应包括一切非正常和非营业性的损益项目。

(四)报表折算损失计入当期损益,折算利得递延

在实务中还存在另一种处理方式,即根据谨慎性原则的要求,对于折算损失或利得采取不同的处理措施。若为外币报表折算损失,计入当期损益,列于当期利润表;若为折算利得,则列示于资产负债表内,作为递延项目,用来抵销以后会计期间可能发生的损失。如在流动与非流动项目法下,就是采用这种方式处理折算损益的。但这种方法也还是受到人们的批评,批评者认为报表折算差额属于未实现的损益,因此对折算损失和折算利得应采取同样的处理方式,确认折算损失而将折算利得递延这种方式是不合理的。

综上所述,外币报表折算损益究竟采用哪一种方法处理更为合理,目前仍是一个有待继续探讨的会计实务问题。结合上述外币报表折算的四种方法,折算汇率的选择方法与折算损益的处理方法的综合如表 5-4 所示。

表 5-4　外币报表折算汇率的选择方法与折算损益的处理方法的综合

折算损益的会计处理	现行汇率法	流动与非流动项目法	货币性与非货币性项目法	时态法
折算损失和折算利得均予递延	√			
折算损失和折算利得均计入当期损益			√	√
折算损失计入当期损益,折算利得递延		√		

四、外币报表折算举例

根据我国《企业会计准则第 19 号——外币折算》的相关规定,企业将境外子公司财务报表并入母公司财务报表时,应按下列要求进行折算:

第一,资产负债表中的资产和负债项目,采用资产负债表日的即期汇率折算;所有者权益项目,除了"未分配利润"项目外,其他项目采用发生时的即期汇率折算。

第二,利润表中的收入和费用项目,采用交易发生日的即期汇率折算;也可以采用按照系统合理的方法确定的、与交易发生日即期汇率近似的汇率折算。

第三,上述折算过程中产生的外币报表折算差额,在资产负债表中所有者权益项目下单独列示。

比较财务报表的折算比照上述规定处理。

【例 5-7】　由中国母公司 A 全资设立的境外子公司 B 以美元表示的 2021 年末和 2022 年末比较资产负债表及利润表和留存收益情况见表 5-5 和表 5-6。

假设股本发行及固定资产取得时的汇率为 1.00 USD＝6.70 CNY。2022 年初的存货是在 2021 年第四季度取得的(该企业采用先进先出法)。购货、销货、其他费用以及股利等在 2022 年内都是均匀发生的。2022 年度内的汇率资料如下:

2022 年 1 月 1 日　　　　　　　　　1.00 USD＝6.56 CNY
2022 年 12 月 31 日　　　　　　　　1.00 USD＝6.23 CNY
2022 年平均汇率　　　　　　　　　　1.00 USD＝6.45 CNY
2021 年第四季度平均汇率　　　　　　1.00 USD＝6.65 CNY
2022 年第四季度平均汇率　　　　　　1.00 USD＝6.34 CNY

表 5-5　B公司资产负债表

单位:美元

项目	2021 年 12 月 31 日	2022 年 12 月 31 日
资产		
货币资金	200 000	400 000
应收账款	500 000	800 000
存货	150 000	650 000
固定资产	1 150 000	1 150 000

续表

项目	2021 年 12 月 31 日	2022 年 12 月 31 日
资产合计	2 000 000	3 000 000
负债及所有者权益		
应付账款	600 000	800 000
长期负债	500 000	1 200 000
股本	500 000	500 000
留存收益	400 000	500 000
负债及所有者权益合计	2 000 000	3 000 000

表 5-6　B 公司利润表及留存收益情况

单位:美元

项目	金额
营业收入	2 000 000
营业成本	1 200 000
折旧费	200 000
其他费用	100 000
营业利润	500 000
所得税	125 000
净利润	375 000
留存收益(2021 年 12 月 31 日)	400 000
股利分配前留存收益	775 000
股利	275 000
留存收益(2022 年 12 月 31 日)	500 000

下面根据我国会计准则的规定采用现行汇率法进行折算。

利润表和留存收益情况的折算见表 5-7。

表 5-7　B 公司已折算利润表及留存收益情况
2022 年度

项目	外币/美元	平均汇率(CNY/USD)	折合本位币/元
营业收入	2 000 000	6.45	12 900 000
营业成本	1 200 000	6.45	7 740 000
折旧费	200 000	6.45	1 290 000

续表

项目	外币/美元	平均汇率(CNY/USD)	折合本位币/元
其他费用	100 000	6.45	645 000
营业利润	500 000		3 225 000
所得税	125 000	6.45	806 250
净利润	375 000		2 418 750
留存收益(2021年12月31日)	400 000		2 624 000*
股利分配前留存收益	775 000		5 042 750
股利	275 000	6.45	1 773 750
留存收益(2022年12月31日)	500 000		3 269 000

注：*见2021年折算报表中留存收益项目的折合本位币金额,按本例2021年12月31日留存收益的折算金额为2 624 000元。

资产负债表的折算见表5-8。

表 5-8　B公司已折算资产负债表

2022年12月31日

项目	外币/美元	现行汇率(CNY/USD)	折合本位币/元
资产			
货币资金	400 000	6.23	2 492 000
应收账款	800 000	6.23	4 984 000
存货	650 000	6.23	4 049 500
固定资产	1 150 000	6.23	7 164 500
资产合计	3 000 000		18 690 000
负债及所有者权益			
应付账款	800 000	6.23	4 984 000
长期负债	1 200 000	6.23	7 476 000
股本	500 000	6.70	3 350 000
留存收益	500 000		3 269 000
报表折算差额			−389 000
负债及所有者权益合计	3 000 000		18 690 000

五、外币折算信息的披露

我国企业会计准则与国际会计准则相比,要求披露的信息比较简单,只要求在附注中披露与外币折算相关的如下信息：

（1）企业及其境外经营选定的记账本位币及选定的原因,记账本位币发生变更的,说明变更的理由。

（2）采用近似汇率的,说明近似汇率的确定方法。

（3）计入当期损益的汇兑差额。

（4）处置境外经营对外币财务报表折算差额的影响。

本章小结

外币,是指企业所采用的记账本位币以外的货币。而外币业务,是指某一会计主体以记账本位币以外的其他货币进行款项收付、往来核算和计价的经济业务。记账本位币,是指企业经营所处的主要经济环境中的货币,也就是会计主体在会计核算时所统一采用的作为会计计量基本尺度的记账货币。企业会计准则规定,国内企业通常应选择人民币作为记账本位币,业务收支以人民币以外的货币为主的企业,也可采用某种外国货币作为记账本位币,但是编报的财务报表应当折算为人民币。

外汇,是指以外币表示的能用于国际结算的支付手段(静态含义),或把一个国家的货币兑换成另一国家的货币,以清偿国际债权债务关系的一种支付行为(动态含义)。汇率,是指一国的货币兑换成另一国货币的折算比例,也称汇价、兑换率或外汇牌价。按照确定的标准不同,有两种汇率标价方法,即直接标价法和间接标价法。

对于外币业务,国际上有两种记账方法,即外币统账制记账方法与外币分账制记账方法。

汇兑损益,是指企业发生外币业务,由于账务处理的时间及汇率的不同而产生的折合为记账本位币的差额。汇兑损益根据其形成的不同来划分,一般可分为交易外币汇兑损益、兑换外币汇兑损益和报表折算汇兑损益。汇兑损益按其是否在本期实现,则可分为已实现的汇兑损益和未实现的汇兑损益。

对于外币购销交易会计处理,国际上存在着两种不同的观点,即单一交易观点和两项交易观点。单一交易观点,是指外币业务交易发生与日后货款结算是一项业务交易的两个不可分割的组成部分,汇率发生变化应对原交易记录进行相应的调整。两项交易观点,是指外币业务交易发生与日后货款结算是两个独立的事项,汇率发生变化不对原交易记录进行相应的调整。

外币报表折算,是指从事国际经营活动的公司,使用其记账本位币重新表述财务报表中按外币计量的资产、负债、收入和费用的会计程序和方法。目前国际上对于外币报表折算主要有四种基本方法可供选择,这四种方法就是现行汇率法、流动与非流动项目法、货币性与非货币性项目法以及时态法。我国企业会计准则规定采用类似于现行汇率法的方法进行外币报表的折算。

思政园地

优化营商环境　扩大对外开放

近年来,我国引资量质齐升,其背后是中国日益优化的营商环境和外资所捕捉到的更多的投资机遇。政府工作报告提出,2023年在吸收利用外资方面,要扩大市场准入,加大现代服务业领域开放力度;落实好外资企业国民待遇;积极推动加入全面与进步跨太平洋伙伴关系协定(CPTPP)等高标准经贸协议,主动对照相关规则、规制、管理、标准,稳步扩大制度型开放;继续发挥进出口对经济的支撑作用;做好外资企业服务工作,推动外资标志性项目落地建设。随着过去 5 年来我国全面深化改革开放,自由贸易试验区已增至 21 个。全国和自由贸易试验区负面清单条数分别压减 51%、72%。一批外资大项目落地,我国持续成为外商投资兴业的热土。商务部最新数据显示,在全球经济下行压力增大背景下,2022 年我国实际使用外资金额为 12 326.8 亿元人民币,按可比口径同比增长 6.3%,这体现出中国经济的韧性、活力、潜力,以及对外资的强大吸引力,也再次证明对外开放是推动我国经济社会发展的重要引擎。

思考题

1. 何为记账本位币？选定记账本位币时应考虑哪些因素？

2. 什么是汇兑损益？如何对其进行分类？

3. 外币购销交易的基本会计处理观点有哪些？分别有哪些特点？

4. 会计期末对外币货币性项目应如何进行调整？

5. 我国企业会计准则对外币报表折算的规定有哪些？

练习题

1. 新开公司以人民币为记账本位币,采用业务发生日即期汇率为折合汇率,2020 年发生如下外币业务:

(1)3 月 1 日,接受国外 X 公司的外币投资 30 000 美元,收到外币汇款时,当日即期汇率为 1.00 USD＝7.60 CNY。

(2)7 月 1 日,向 Y 公司出口商品,售价共计 200 000 美元,当日即期汇率为 1.00 USD＝7.40 CNY,假设不考虑税费。

(3)10 月 1 日,以人民币向中国银行买入 30 000 美元,中国银行当日美元卖出价为 1.00 USD＝7.20 CNY,当日的即期汇率为 1.00 USD＝7.10 CNY。

要求:编制以上经济业务的会计分录。

2. 长城公司以人民币为记账本位币,采用业务发生时的即期汇率作为记账汇率,2021 年 12 月,该公司发生以下经济业务:

(1)4 日购入华美公司 H 股 10 000 股作为交易性金融资产,共支付款项 30 000 港元,当日即期汇率为 1.00 HKD＝0.90 CNY。

(2)10 日接受外商投入外币资本 20 000 美元,款项存入银行,当日即期汇率为 1.00 USD＝6.80 CNY。

(3)16 日进口材料一批,货款共计 12 000 美元,当日即期汇率为 1.00 USD＝6.70 CNY,材料已入库,货款尚未支付,假设不考虑相关税费。

(4)31 日即期汇率为 1.00 HKD＝0.70 CNY,1.00 USD＝6.90 CNY;上述 4 日购入的 H 股市值为 35 000 港元。

要求:

(1)根据上述业务编制有关会计分录。

(2)编制期末调整会计分录。

3. 假设甲公司在美国有一子公司 A 公司,A 公司为商品流通企业,采用美元记账并编制财务报表,固定资产未曾计提过减值准备。A 公司于 2022 年 12 月 31 日结束的会计年度的资产负债表、利润表见表 5-9 和表 5-10。

表 5-9　A 公司资产负债表

2022 年 12 月 31 日　　　　　　　　　　　　　　　　　　单位：美元

项目	金额
货币资金	1 000
应收账款	3 000
存货（按可变现净值）	5 000
固定资产	12 000
资产总额	21 000
应付账款	2 500
短期借款	2 000
应付债券	5 200
股本——普通股	9 000
未分配利润	2 300
负债及所有者权益合计	21 000

表 5-10　A 公司利润表

2022 年度　　　　　　　　　　　　　　　　　　　　　单位：美元

项目	金额
营业收入	28 000
营业成本	17 500
管理费用中的折旧费	1 800
其他管理费用	2 000
利润总额	6 700
所得税费用	2 400
净利润	4 300
年初未分配利润	0
可分配利润合计	4 300
股利分配	2 000
年末未分配利润	2 300

假设汇率资料如下：

2022 年 12 月 31 日现行汇率　　　1.00 USD＝6.50 CNY

2022 年平均汇率　　　　　　　　1.00 USD＝6.40 CNY

2022 年第四季度平均汇率	1.00 USD＝6.45 CNY
股票发行日汇率	1.00 USD＝6.80 CNY
股利支付日汇率	1.00 USD＝6.48 CNY
固定资产购置日汇率	1.00 USD＝6.70 CNY
债券发行日汇率	1.00 USD＝6.60 CNY

要求：用现行汇率法进行外币报表折算。

第六章 租赁会计

· 学习目标 ·

通过本章的学习,学生应了解租赁的含义及分类,熟悉承租人和出租人会计处理基本要求,掌握承租人和出租人的账务处理。

· 课前导读 ·

20世纪80年代我国受西方国家的启发,开启了租赁业务。经过四十多年的发展,我国租赁市场虽然相对于国外租赁市场来说规模较小,但却拥有着较大的发展空间。目前来看,在国家的各种优惠政策的刺激下,我国租赁市场发展较为迅速,很多行业甚至是依托于租赁才开始发展壮大,在这种背景下租赁会计准则不断变更以适应日益复杂的租赁业务。2006年2月,我国财政部颁发了CAS 21(以下称为原租赁准则)。但随着市场租赁业务变得日益复杂,原租赁准则中的一些会计处理给了许多人可乘之机,承租方企业可以通过人为操作使得租赁合同不满足融资租赁的判断标准,从而将经营租赁租金负债隐匿,美化公司财务状况,使得会计信息使用者无法掌握公司真实的负债情况,由此可能做出错误的投资决策。

FASB和IASB经历了长达十年的讨论,在2016年颁布了新的IFRS 16,更正了原租赁准则中的问题。我国财政部结合国内的形势发展,于2018年12月7日对《企业会计准则第21号——租赁》进行了修订,采用了国际租赁准则中"两租合一"的会计处理规定,并要求不同类型企业分别于2019年1月1日和2021年1月1日起正式执行此新准则。新准则势必会对租赁资产占比较高的企业产生较大影响。

新租赁准则中的
变化

/ 引 导 案 例 /

吉祥航空租赁业务现状

2006年9月,上海吉祥航空股份有限公司正式开航运营,主要服务为航空运输服务。2021年末,吉祥航空以融资租赁的方式租入了飞机及发动机、运输工具、高价周转件等;由于吉祥航空在2021年报中披露,公司将于2021年初正式实行新租赁准则,将"两租合一",所以对经营租赁未详细披露。

自购、融资租赁和经营租赁是吉祥航空引进飞机的常用方式;吉祥航空机队结构在

2017—2021 年这五年中经营租赁的飞机数目一直在增加,而吉祥航空融资租赁的飞机数量在 2017—2020 年的上涨微乎其微,直至 2021 年,融资租赁租入飞机的数量大幅增加。

在 2021 年之前,吉祥航空实施原租赁准则,无须对租赁进行负债核算,提高了公司的偿债能力,使其更易于进行债权融资和股本融资。随着 2021 年新租赁准则的实施,吉祥航空的经营租赁业务将会在资产负债表中体现出来,其公司的财务状况会受到很大的影响;同时,在失去了"表外融资"优势的情况下,吉祥航空也将会放弃对经营租赁的偏好,转而将经营租赁与融资租赁的优劣势结合起来进行选择。

问题:

(1)2021 年之前吉祥航空倾向于经营租赁还是融资租赁?

(2)新租赁准则的实施对吉祥航空租赁业务产生了什么影响?

第一节　租赁会计概述

一、租赁的含义

私有制是租赁产生的基础,私有制产生了人们对不同物品的不同所有权,人们根据所有权暂时出让使用权,收取一定的使用费用,从而产生了租赁。随着生产力发展,租赁业也逐渐发展起来。从会计事项的角度来看,租赁是一种以一定费用借贷实物的经济行为,出租人将自己所拥有的某种物品交与承租人使用,承租人由此获得在一段时期内使用该物品的权利,但物品的所有权仍保留在出租人手中。承租人为其所获得的使用权需向出租人支付一定的费用(租金)。按照我国《企业会计准则第 21 号——租赁》(后文简称 CAS 21)中的定义,租赁是指一定时期内,出租人以资产使用权转让给承租人的方式获取对价的合同,在现代租赁业务中,出租人主要是各种专业的租赁公司,承租人主要是其他各类企业,租赁物大多为单位价值较高的设备等固定资产。

二、租赁的分类及判断标准

从不同的角度可以对租赁做出不同的分类,正确地对租赁进行分类,一方面是我国企业会计准则的要求,另一方面有助于加深对租赁性质的认识,以有效利用各种租赁形式,充分发挥租赁的作用。

(一)按照与租赁资产有关的风险和报酬的归属分类

按照与租赁资产有关的风险和报酬归属于出租人或承租人的程度不同,租赁可以分为融资租赁和经营租赁。根据 CAS 21 的规定,承租人和出租人应当在租赁开始日将租赁分为融资租赁和经营租赁。租赁开始日是指租赁协议日与租赁各方就主要租赁条款做出承诺日中的较早者。

1.融资租赁及其判断标准

融资租赁是指实质上转移了与资产所有权有关的全部风险和报酬的租赁。其所有权最终可能转移,也可能不转移。

一项租赁是否为融资租赁,取决于交易的实质而不是合同的形式。在一项交易中,如果与资产所有权有关的全部风险和报酬实质上已发生了转移,该租赁应确认为融资租赁。一项租赁业务如果符合下列一项或数项标准,应当认定为融资租赁:

①在租赁期届满时,租赁资产的所有权转移给承租人。这种情况通常是指在租赁合同中已经约定或者根据具体情况在租赁开始日可以做出合理判断,在租赁期届满时租赁资产的所有权将会转移给承租人。

②承租人有购买租赁资产的选择权,所订立的购买价款预计将远低于行使选择权时租赁资产的公允价值,因而在租赁开始日就可以合理确定承租人将会行使这种选择权。其中,"远低于"是指租赁期届满时,承租人购买租赁资产的价款低于购买时租赁资产公允价值的 5% 及以下。

③即使资产的所有权不转让,但租赁期占租赁资产使用寿命的大部分。其中,"大部分"是指 75% 及以上。但是,如果租赁资产在进行租赁之前已经使用的年限超过该资产全新状态可使用年限的大部分,则该判断标准不适用。

④承租人在租赁开始日的最低租赁付款额现值,几乎相当于租赁开始日租赁资产的公允价值;出租人在租赁开始日的最低收款额现值,几乎相当于租赁开始日租赁资产公允价值。其中,"几乎相当于"是指所占比例达到 90% 及以上。但是,如果租赁资产在进行租赁之前已经使用的年限超过该资产全新状态可使用年限的大部分,则该判断标准不适用。

⑤租赁资产性质特殊,如果不做较大改造,只有承租人才能使用。例如,有些租赁业务中所涉及的租赁资产是出租人根据承租人的特殊要求进行购买或者定制的,具有特殊的用途,这种租赁资产如果不进行较大的改造,其他企业通常难以使用。

2. 经营租赁

经营租赁是指除融资租赁以外的其他租赁,是与资产所有权有关的风险和报酬在实质上并未从出租方转移到承租方的租赁。

相对于融资租赁,经营租赁具有以下特点:

①经营租赁是承租人为了经营活动中的短期性、临时性或季节性需要而向出租人租用某种资产的行为。对承租人而言,经营租赁可以满足其对租赁资产的临时性需要,避免因为短期需求而花费较多资金去购买该资产。

②租赁的期限比较短。经营租赁只是为满足企业季节性、临时性的需要而租入的资产,因而资产的使用期将远远短于其有效使用年限。

③出租人承担与资产所有权有关的风险和报酬。经营租赁下资产的所有权不转移给承租人,因此与资产所有权有关的风险和报酬应由出租人承担。相应地,出租人还要承担租出资产的保险、维修等费用。

(二)按照租赁资产的来源分类

在租赁业务中,出租人首先取得租赁资产,然后才能将该资产出租给承租人。按照出租人取得租赁资产的方式和租赁资产的来源,租赁可以分为直接融资租赁、杠杆租赁、售后租回和转租租赁。

1. 直接融资租赁

直接融资租赁是指租赁公司用自有资金、银行贷款或招股等方式,在国际或国内金融市场上筹集资金,向设备制造厂家购进用户所需设备,然后再租给承租企业使用的一种主要融资租赁方式。这种直接融资租赁方式,是由租赁当事人直接见面,对三方的要求和条件都很具体、很清楚。直接融资租赁方式没有时间间隔,出租人没有设备库存,资金流动加快,有较高的投资效益。

2. 杠杆租赁

杠杆租赁又称举债经营租赁或借债租赁,出租人只垫支购买资产所需资金的一部分,其余部分则以所购资产做担保向贷款人借款支付,再将资产出租给承租人使用,并按合同收取租金。在这种情况下,出租人同时又是借款人,须将收取的租金首先用于偿还贷款,否则租赁资产的所有权就可能转移给贷款人。

3. 售后租回

售后租回是指卖主(即承租人)将一项自制或外购的资产出售后,又将该项资产从买主(即出租人)处租回,简称"回租"。在售后租回方式下,卖主同时是承租人,买主同时是出租人。通过售后租回交易,资产的原所有者(即承租人)在保留对资产的占有权、使用权和控制权的前提下,将固定资产转化为货币资本,在出售时可取得全部价款的现金,而租金则是分期支付的,从而获得了所需的资金;而资产的新所有者(即出租人)通过售后租回交易,找到了一个风险小、回报有保障的投资机会。

4. 转租租赁

转租租赁是指租赁公司先作为承租人取得某项资产,再作为出租人将资产租予直接使用该资产的承租人,由此而构成双层租赁关系的租赁行为,简称"转租"。转租至少涉及三方(原出租人、原承租人和新承租人)和两份租约(原出租人和租约)。由于租赁公司取得租赁资产时的情形可能是融资租赁,也可能是经营租赁,所以转租的性质并不确定。以经营租赁方式租入的资产转租出去只能采用经营租赁;以融资方式租入的资产转租时既可以是融资租赁,也可以是经营租赁。

三、租赁会计规则的发展趋势

租赁会计规则泛指出租人和承租人对租赁业务进行会计处理应遵循的要求。我国于2007年1月1日开始实施的 CAS 21,对涉及租赁业务的出租人和承租人会计做了明确要求。该准则与同时期的《国际会计准则第17号——租赁》(IAS 17)的规定保持实质趋同,对规范和促进我国租赁业务(尤其是融资租赁业务)的发展发挥了积极作用。但无论我国租赁会计准则还是 IAS 17 在运用层面上仍存在不少问题。比如,从承租人角度看,某些实质上具有融资性质的租赁业务却没有被纳入财务报表内反映,只在财务报表附注中作为表外项目进行说明处理,使投资者难以准确获得决策所需的承租人相关租赁财务信息。

2009年3月,国际会计准则理事会(IASB)和美国财务会计准则委员会(FASB)联合公布了一份意在修订 IAS 17 的讨论稿;2010年8月,发布了征求意见稿;2013年4月,再次发布修订过的征求意见稿。修订后的 IAS 17 于2016年初发布。

2016年,国际会计准则理事会(IASB)与美国财务会计准则委员会(FASB)完成其租赁准则改进项目。其中,国际会计准则理事会发布了《国际财务报告准则第16号——租赁》(《国际财务报告准则第16号》)。《国际财务报告准则第16号》的生效会计期间为2019年1月1日或之后期间开始的年度报告期间,对于已采用《国际财务报告准则第 15 号——客户合同收入》(《国际财务报告准则第 15 号》)的主体,允许提前采用。《国际财务报告准则第 16 号》将取代原《国际会计准则第 17 号》《国际财务报告解释公告第 4 号》等。

2018 年 12 月 7 日,财政部修订发布了《企业会计准则第 21 号——租赁》。根据规定,在境内外同时上市的企业以及在境外上市并采用国际财务报告准则或企业会计准则编制财务报表的企业,自 2019 年 1 月 1 日起执行该准则;其他执行企业会计准则的企业自 2021 年 1 月 1 日起执行该准则。同时,母公司或子公司在境外上市且按照国际财务报告准则或企业会计准则编制境外财务报表的企业,可以提前执行该准则,但不应早于同时执行的新收入准则和新金融工具准则。《企业会计准则第 21 号——租赁》(2018 年修订)与国际会计准则理事会(IASB)于 2016 年 1 月发布的《国际财务报告准则第 16 号——租赁》实质趋同。

四、租赁会计涉及的主要概念

(一)租赁期

租赁期,是指租赁合同规定的不可撤销的租赁期间。租赁合同签订后一般不可撤销,但下列情况除外:①经出租人同意;②承租人与原出租人就同一资产或同类资产签订了新的租赁合同;③承租人支付了一笔足够大的额外款项;④发生了某些很少会出现的或有事项。

承租人有权选择续租该资产,并且在租赁开始日就可以合理确定承租人将会行使这种选择权,不论是否再支付租金,续租期也包括在租赁期之内。

(二)租赁付款额及或有租金、履约成本

租赁付款额,是指承租人向出租人支付的与在租赁期内使用租赁资产的权利相关的款项,包括:①固定付款额及实质固定付款额,存在租赁激励的,扣除租赁激励相关金额;②取决于指数或比率的可变租赁付款额,该款项在初始计量时根据租赁期开始日的指数或比率确定;③购买选择权的行权价格,前提是承租人合理确定将行使该选择权;④行使终止租赁选择权需支付的款项,前提是租赁期反映出承租人将行使终止租赁选择权;⑤根据承租人提供的担保余值预计应支付的款项。

或有租金,是指金额不固定、以时间长短以外的其他因素(如销售量、使用量、物价指数等)为依据计算的租金。

履约成本,是指租赁期内为租赁资产支付的各种使用费用,如技术咨询和服务费、人员培训费、维修费、保险费等。

(三)租赁收款额

租赁收款额,是指出租人因让渡在租赁期内使用租赁资产的权利而应向承租人收取的款项,包括:①承租人需支付的固定付款额及实质固定付款额,存在租赁激励的,扣除租赁激励相关金额;②取决于指数或比率的可变租赁付款额,该款项在初始计量时根据租赁期开始日的指数或比率确定;③购买选择权的行权价格,前提是合理确定承租人将行使该选择权;④承租人行使终止租赁选择权需支付的款项,前提是租赁期反映出承租人将行使终止租赁选择权;⑤由承租人、与承租人有关的一方以及有经济能力履行担保义务的独立第三方向出租人提供的担保余值。

（四）租赁内含利率

租赁内含利率，是指在租赁开始日，使租赁收款额的现值与未担保余值的现值之和等于租赁资产公允价值与出租人的初始直接费用之和的折现率。

（五）担保余值、资产余值和未担保余值

担保余值，是指与出租人无关的一方向出租人提供担保，保证在租赁结束时租赁资产的价值至少为某指定的金额；就承租人而言，是指由承租人或与其有关的第三方担保的资产余值；就出租人而言，是指就承租人而言的担保余值加上独立于承租人和出租人的第三方担保的资产余值。资产余值，是指在租赁开始日估计的租赁期届满时租赁资产的公允价值。未担保余值，是指租赁资产余值中，出租人无法保证能够实现或仅由与出租人有关的一方予以担保的部分。要求承租人或与其有关的第三方对资产余值进行担保，主要是促使承租人能够合理使用租赁资产，不过度损耗。

第二节　承租人的会计处理

一、使用权资产

（一）会计处理的基本要求

1. 租赁期开始日的会计处理

在租赁期开始日，承租人应当对租赁确认使用权资产和租赁负债。使用权资产应当按照成本进行初始计量。该成本包括：①租赁负债的初始计量金额；②在租赁期开始日或之前支付的租赁付款额，存在租赁激励的，扣除已享受的租赁激励相关金额；③承租人发生的初始直接费用；④承租人为拆卸及移除租赁资产、复原租赁资产所在场地或将租赁资产恢复至租赁条款约定状态预计将发生的成本。租赁负债应当按照租赁期开始日尚未支付的租赁付款额的现值进行初始计量。

2. 租赁期间的会计处理

（1）支付租金。

承租人应按照合同的规定支付租金。承租人向出租人支付租金，一方面应借记"租赁负债"科目，另一方面贷记"银行存款"等科目。

（2）利息费用的计算。

承租人应当按照固定的周期性利率计算租赁负债在租赁期内各期间的利息费用，并计入当期损益。

（3）折旧的计提。

承租人应当参照《企业会计准则第4号——固定资产》有关折旧规定，对使用权资产计提折旧。承租人能够合理确定租赁期届满时取得租赁资产所有权的，应当在租赁资产剩余使用寿命内计提折旧；无法合理确定租赁期届满时能够取得租赁资产所有权的，应当在租赁期与租赁资产剩余使用寿命两者孰短的期间内计提折旧。

(4)或有租金的处理。

或有租金应当在实际发生时根据或有租金产生的原因计入当期损益,如"管理费用""财务费用"。

(5)履约成本的处理。

对于租赁期内为租赁资产支付的各种使用费用,如技术咨询和服务费、人员培训费、维修费、保险费等,应当予以递延或者直接计入当期费用,计入科目应与折旧计入科目一致。

(6)租赁变更。

在租赁期开始日后,发生下列情形的,承租人应当重新确定租赁付款额,并按变动后租赁付款额和修订后的折现率计算的现值重新计量租赁负债:①因依据《企业会计准则第 21 号——租赁》第十五条第四款规定,续租选择权或终止租赁选择权的评估结果发生变化,或者前述选择权的实际行使情况与原评估结果不一致等导致租赁期变化的,应当根据新的租赁期重新确定租赁付款额;②因依据《企业会计准则第 21 号——租赁》第十五条第四款规定,购买选择权的评估结果发生变化的,应当根据新的评估结果重新确定租赁付款额。

在计算变动后租赁付款额的现值时,承租人应当采用剩余租赁期间的租赁内含利率作为修订后的折现率;无法确定剩余租赁期间的租赁内含利率的,应当采用重估日的承租人增量借款利率作为修订后的折现率。

3. 租赁期满的会计处理

租赁期满一般有三种处理情形:续租、购买或返还。

(1)续租的处理。如果租赁合同中约定了续租条款,承租人选择续租,则视同该项租赁资产一直存在,按照原有处理继续。如果承租人因为没有选择续租而支付了违约金,则计入当期营业外支出。

(2)购买的处理。如果承租人选择优惠购买权,则购买租赁资产时,承租人应将使用权资产转入固定资产,同时支付购买价款。

(3)返还的处理。承租人借记"租赁负债""使用权资产累计折旧"科目,贷记"使用权资产"科目。

(二)会计处理的示例

【例 6-1】 2021 年 12 月 20 日,甲公司与乙租赁公司签订了一项租赁合同,甲公司从乙公司处租入一台生产设备。该设备账面净值为 620 000 元,预期仍可使用 6 年,预计净残值为 2 000 元。租赁合同主要条款如下:

(1)租赁期开始日:2022 年 1 月 1 日。

(2)租赁期:2022 年 1 月 1 日—2026 年 12 月 31 日,共 5 年。

(3)租金支付:自租赁期开始日每年末支付租金 150 000 元。

(4)该设备在 2021 年 12 月 20 日的公允价值为 600 000 元。

(5)租赁合同规定的年利率为 7%。

(6)承租人的初始直接费用为 2 000 元,出租人的初始直接费用为 3 000 元。

(7)设备使用过程中发生的维修、保养等履约成本由甲公司承担,每年为 5 000 元。

(8)租赁期届满时,甲公司拥有该设备的优先购买权,购买价款为 1 000 元,预计该日该设备的公允价值为 50 000 元。甲公司对固定资产按照直线法计提折旧,对于未确认融资费用采用实际利率法进行摊销。

请站在甲公司的角度进行账务处理。

1. 租赁期开始日甲公司的会计处理

$$租赁期开始日租赁付款额的现值＝租赁期开始日租赁资产的公允价值$$
$$150\,000\times(P/A,r,5)+1\,000\times(P/V,r,5)＝600\,000$$

当 $r＝7\%$ 时,$150\,000\times4.100\,2+1\,000\times0.713\,0＝615\,743>600\,000$。

当 $r＝8\%$ 时,$150\,000\times3.992\,7+1\,000\times0.680\,6＝599\,585.6<600\,000$。

因此,$7\%<r<8\%$,采用内插法计算 r：

$$\frac{615\,743-600\,000}{615\,743-599\,585.6}＝\frac{7\%-r}{7\%-8\%}$$

得出,$r＝7.97\%$。

借：使用权资产	602 000
租赁负债——未确认融资费用	151 000
贷：租赁负债——租赁付款额	751 000
银行存款	2 000

2. 租赁期间的会计处理

(1) 计算利息费用,见表6-1。

表 6-1　各期利息费用的计算

单位：元

日 期	应付本金期初余额 ①	租金 ②	分摊的利息费用 ③＝①×7.97%	应付本金减少额 ④＝②－③	应付本金期末余额 ⑤＝①－④
2022 年 12 月 31 日	600 000	150 000	47 820	102 180	497 820
2023 年 12 月 31 日	497 820	150 000	39 676.25	110 323.75	387 496.25
2024 年 12 月 31 日	387 496.25	150 000	30 883.45	119 116.55	268 379.70
2025 年 12 月 31 日	268 379.70	150 000	21 389.86	128 610.14	139 769.56
2026 年 12 月 31 日	139 769.56	150 000	11 230.44	138 769.56	1 000
2026 年 12 月 31 日	1 000	1 000		1 000	0
合 计			151 000		

(2) 计提折旧。

本例题中,甲公司在租赁期满时将取得租赁资产的所有权,因此应当选择租赁资产尚可使用的期间而不是租赁期计提折旧。

$$租赁期内每期期末计提折旧＝(602\,000-2\,000)元\div6＝100\,000\,元$$

(3) 租赁期内每期期末的会计分录。

2022 年 12 月 31 日的会计分录：

借：租赁负债——租赁付款额	150 000

贷:银行存款		150 000
借:财务费用	47 820	
贷:租赁负债——未确认融资费用		47 820
借:制造费用	100 000	
贷:使用权资产累计折旧		100 000

2023 年到 2026 年期末的会计处理与上面相同,只是每一年分摊的融资费用金额不一样。

3.租赁期满的会计处理

本例题中租赁期满甲公司将购买该租赁资产,会计分录如下:

借:租赁负债——租赁付款额	1 000	
贷:银行存款		1 000
借:固定资产	602 000	
贷:使用权资产		602 000

二、短期租赁和低价值资产租赁

(一)会计处理的基本要求

短期租赁,是指在租赁期开始日,租赁期不超过 12 个月的租赁。包含购买选择权的租赁不属于短期租赁。

低价值资产租赁,是指单项租赁资产为全新资产时价值较低的租赁。低价值资产租赁的判定仅与资产的绝对价值有关,不受承租人规模、性质或其他情况影响。

对于短期租赁和低价值资产租赁,承租人可以选择不确认使用权资产和租赁负债。做出该选择的,承租人应当将短期租赁和低价值资产租赁的租赁付款额,在租赁期内各个期间按照直线法或其他系统合理的方法计入相关资产成本或当期损益。其他系统合理的方法能够更好地反映承租人的受益模式的,承租人应当采用该方法。

(二)会计处理的示例

【例 6-2】 2020 年 1 月 1 日甲制造公司向乙租赁公司租入生产设备一台,租期为 3 年。设备价值为 500 000 元,预计使用年限为 10 年。租赁合同主要条款如下:

(1)2020 年 1 月 1 日,甲公司向乙公司一次性预付租金 40 000 元;2020 年 12 月 31 日,支付租金 20 000 元;2021 年 12 月 31 日,支付租金 30 000 元;2022 年 12 月 31 日,支付租金 60 000 元。

(2)以上租金适用于该设备机器工时不超过 5 000 工时/年的情况,超出工时额外收费 10 元/工时。2020 年度未超机器工时,2021 年度超机器工时 400 工时,2022 年度未超机器工时。

(3)租赁期满后乙公司收回设备,三年租金总额为 150 000 元。

请站在甲公司的角度进行账务处理。

2020 年 1 月 1 日,甲公司预付租金的会计处理如下:

借:长期待摊费用	40 000	
贷:银行存款		40 000

2020 年度未超机器工时,则 12 月 31 日会计处理如下:

借:制造费用	50 000	

贷:银行存款	20 000
长期待摊费用	30 000

2021 年度超机器工时 400 工时,则 12 月 31 日会计处理如下:

借:制造费用	50 000
贷:银行存款	30 000
长期待摊费用	10 000
其他应付款	10 000
借:销售费用	4 000
贷:银行存款	4 000

2022 年度未超机器工时,则 12 月 31 日会计处理如下:

借:制造费用	50 000
其他应付款	10 000
贷:银行存款	60 000

第三节　出租人的会计处理

一、出租人对融资租赁业务的会计处理

(一)出租人会计处理的基本要求

结合 CAS 21 的相关规定,融资租赁中出租人会计处理的主要内容如下。

1. 租赁期开始日的会计处理

在租赁期开始日,出租人应当对融资租赁确认应收融资租赁款,并终止确认融资租赁资产。

出租人对应收融资租赁款进行初始计量时,应当以租赁投资净额作为应收融资租赁款的入账价值。租赁投资净额为未担保余值和租赁期开始日尚未收到的租赁收款额按照租赁内含利率折现的现值之和。

在转租的情况下,若转租的租赁内含利率无法确定,转租出租人可采用原租赁的折现率(根据与转租有关的初始直接费用进行调整)计量转租投资净额。

2. 租赁期间的会计处理

(1)收取租金。

出租人每期收到的租金,按照融资的理念,包括本金和利息两部分,因此在收取租金时一方面确认收款,另一方面应该对未实现融资收益进行分摊,计入当期的收益。

(2)分摊未实现融资收益。

出租人应当采用实际利率法对未实现融资收益进行分摊。出租人应当将租赁内含利率作为未实现融资收益的分摊率。如前文所述,租赁内含利率,是指在租赁开始日,使租赁收款额的现值与未担保余值的现值之和等于租赁资产公允价值与出租人的初始直接费用之和的折

现率。

（3）未担保余值发生变动。

出租人应当至少于每年末对未担保余值进行复核。未担保余值增加的，不做调整；如果有证据表明未担保余值减少，应将减少金额冲减"未担保余值"和"未实现融资收益"，并重新计算租赁内含利率。以后各期根据调整后的租赁投资净额和新的租赁内含利率进行未确认融资费用的分摊。租赁投资净额是融资租赁中最低租赁收款额及未担保余值之和与未实现融资收益之间的差额。已确认损失的未担保余值得以恢复的，应当在原已确认的损失金额内转回，并重新计算租赁内含利率，以后各期根据修正后的租赁投资净额和重新计算的租赁内含利率确认融资收入。

（4）或有租金的处理。

对于或有租金，出租人应当在实际发生时计入当期损益，计入科目与未实现融资收益计入的科目一致。

3. 租赁期满的会计处理

租赁期满，承租人可能会选择续租、购买或者返还。如果承租人选择续租，则出租人当作租赁一直存在持续处理；如果承租人选择购买，则出租人按照约定收取价款即可；如果承租人返还租赁资产，出租人将考虑是否存在担保余值或者未担保余值进行处理。

（二）出租人会计处理的示例

【例 6-3】　沿用例 6-1 的资料，请站在乙租赁公司的角度进行会计处理。

1. 租赁期开始日乙公司的会计处理

（1）判断租赁类型。

因为租赁期届满时甲公司拥有租赁资产的优惠购买权，所以该租赁属于融资租赁。

（2）计算租赁内含利率。

$$租赁收款额＝各期租金之和＋行使优惠购买权收到的金额$$
$$＝150\ 000\ 元×5＋1\ 000\ 元＝751\ 000\ 元$$

租赁内含利率的计算方法：

$$150\ 000×(P/A,r,5)＋1\ 000×(P/V,r,5)＝600\ 000＋3\ 000$$

当 $r＝7\%$ 时，$150\ 000×4.100\ 2＋1\ 000×0.713\ 0＝615\ 743＞603\ 000$。

当 $r＝8\%$ 时，$150\ 000×3.992\ 7＋1\ 000×0.680\ 6＝599\ 585.6＜603\ 000$。

因此，$7\%＜r＜8\%$，采用内插法计算 r：

$$\frac{615\ 743－603\ 000}{615\ 743－599\ 585.6}＝\frac{7\%－r}{7\%－8\%}$$

得出，$r＝7.79\%$。

（3）计算未实现融资收益。

应收融资租赁款＝租赁收款额＋初始直接费用＝150 000 元×5＋1 000 元＋3 000 元＝754 000 元。

根据以上计算租赁内含利率的方法，在本例题中，租赁收款额的现值就是租赁资产公允价值与出租人初始直接费用之和，则：

$$未实现融资收益＝754\ 000\ 元－(600\ 000＋3\ 000)元＝151\ 000\ 元$$

(4)2022 年 1 月 1 日,编制相关会计分录:

借:应收融资租赁款——租赁收款额　　　　　　　　　　　　754 000
　　资产处置损益　　　　　　　　　　　　　　　　　　　　20 000
　　贷:融资租赁资产　　　　　　　　　　　　　　　　　　　　　620 000
　　　银行存款　　　　　　　　　　　　　　　　　　　　　　　3 000
　　　应收融资租赁款——未实现融资收益　　　　　　　　　　151 000

2.租赁期间乙公司的会计处理

(1)未实现融资收益的分摊,见表 6-2。

在租赁期间,收取租金的同时要分摊确认融资收益。其中最后一期分摊的融资收益等于未确认融资收益全额扣除前面几期已经分摊的金额。

表 6-2　未实现融资收益分摊表

单位:元

日期	期初租赁投资净额 ①	租金 ②	分摊的融资收益 ③=①×7.79%	租赁投资净额减少额 ④=②-③	期末租赁投资净额 ⑤=①-④
2022 年 12 月 31 日	600 000	150 000	46 740	103 260	496 740
2023 年 12 月 31 日		150 000	38 696.05	111 303.95	385 436.05
2024 年 12 月 31 日		150 000	30 025.47	119 974.53	265 461.51
2025 年 12 月 31 日		150 000	20 679.45	129 320.55	136 140.97
2026 年 12 月 31 日		150 000	14 859.03	135 140.97	1 000
2026 年 12 月 31 日	1 000	1 000		1 000	0
合计			151 000		

(2)初始直接费用的处理。

对于出租人承担的初始直接费用的处理有两种选择:如果金额不大,可以在租赁期开始日直接计入当期费用;如果不选择计入租赁期当期费用,可以选择在租赁期间采用合理的方法进行分摊,例如按照各期分摊的未实现融资收益的比例进行分摊,然后在确认租赁收入时,冲减当期分摊的未实现融资收益。

本例题选择对出租人的初始直接费用进行分摊,则每期分摊的金额如下:

2022 年 12 月 31 日,分摊金额=3 000 元×(46 740 元/151 000 元)=928.61 元。

2023 年 12 月 31 日,分摊金额=3 000 元×(38 696.05 元/151 000 元)=768.80 元。

2024 年 12 月 31 日,分摊金额=3 000 元×(30 025.47 元/151 000 元)=596.53 元。

2025 年 12 月 31 日,分摊金额=3 000 元×(20 679.45 元/151 000 元)=410.85 元。

2026 年 12 月 31 日,分摊金额=3 000 元×(14 859.03 元/151 000 元)=295.21 元。

(3)租赁期间的会计处理分录。

2022 年 12 月 31 日的会计分录:

借:银行存款　　　　　　　　　　　　　　　　　　　　　　　150 000

　　贷:应收融资租赁款——租赁收款额　　　　　　　　　　　　　　150 000
　借:应收融资租赁款——未实现融资收益　　　　　46 740
　　贷:租赁收入　　　　　　　　　　　　　　　　　　　　　　　46 740
　借:租赁收入　　　　　　　　　　　　　　　　　928.61
　　贷:应收融资租赁款——未实现融资收益　　　　　　　　　　　928.61

2023 年到 2026 年期末的会计处理与上面相同,只是每一年分摊的融资收益和初始直接费用的金额不一样。

3. 租赁期满的会计处理

本例题中租赁期满甲公司将购买该租赁资产,乙公司将收取购买价款,会计分录如下:
　借:银行存款　　　　　　　　　　　　　　　　　1 000
　　贷:应收融资租赁款——租赁收款额　　　　　　　　　　　　　1 000

二、出租人对经营租赁业务的会计处理

(一)出租人会计处理的基本要求

结合 CAS 21 的相关规定,经营租赁中出租人会计处理的主要内容如下。

1. 租出资产时的会计处理

在经营租赁方式下,与租赁资产所有权有关的风险和报酬并没有实质上转移给承租人,出租人应当按资产的性质,将用作经营租赁的资产包括在资产负债表中的相关项目内。出租人可能是专业的租赁公司,也可能是其他类型的公司(将不需用或者未使用的固定资产等租出)。对于经营租出的固定资产应通过固定资产明细账户进行核算,把原有用途的固定资产转入"固定资产——经营租出固定资产"。

出租人发生的与经营租赁有关的初始直接费用应当资本化,在租赁期内按照与租金收入确认相同的基础进行分摊,分期计入当期损益。

2. 租赁期间的会计处理

(1)对于经营租赁的租金,出租人应当在租赁期内各个期间按照直线法确认为当期损益;其他方法更为系统合理的,也可以采用其他方法。具体核算时,计入"主营业务收入"(专业租赁公司)或"其他业务收入"(非专业租赁公司)。

(2)对于经营租赁资产中的固定资产,出租人应当采用类似资产的折旧政策计提折旧;对于其他经营租赁资产,应当采用系统合理的方法进行摊销。折旧额或摊销额应与租金收入相配比,在计提或摊销时计入"主营业务成本"(专业租赁公司)或"其他业务成本"(非专业租赁公司)。

(3)或有租金应当在实际发生时计入当期损益,计入科目应与租金的入账科目一致。

(4)如果在租赁期间发生了由出租人承担的维修等费用,日常性的修理采用合理的方式计入当期损益,方式与折旧的处理一致;大修理则应予以资本化。

(二)出租人会计处理的示例

【例 6-4】 沿用例 6-2 的资料,请站在乙租赁公司的角度进行会计处理。

1. 租赁开始日乙公司的处理

(1)判断租赁类型。根据融资租赁判断的标准,该租赁不属于融资租赁,应作为经营租赁来核算。

(2)2020 年 1 月 1 日,乙租赁公司租出资产、收到预付租金的会计处理如下:

借:固定资产——经营租出固定资产	500 000	
贷:固定资产——未使用固定资产		500 000
借:银行存款	40 000	
贷:应收账款——应收经营租赁款		40 000

2.租赁期间乙租赁公司的处理

(1)2020 年度未超机器工时,则 12 月 31 日会计处理如下:

借:银行存款	20 000	
应收账款——应收经营租赁款	30 000	
贷:主营业务收入——经营租赁收入		50 000

(2)2021 年度超机器工时 400 工时,则 12 月 31 日会计处理如下:

借:银行存款	30 000	
应收账款——应收经营租赁款	20 000	
贷:主营业务收入——经营租赁收入		50 000
借:银行存款	4 000	
贷:主营业务收入——经营租赁		4 000

(3)2022 年度未超机器工时,则 12 月 31 日会计处理如下:

借:银行存款	60 000	
贷:主营业务收入——经营租赁收入		50 000
应收账款——应收经营租赁款		10 000

(4)各期期末应计提折旧,假设采用直线法计提折旧,预计无残值,会计处理如下:

借:主营业务成本	50 000	
贷:累计折旧		50 000

3.租赁期满乙公司的处理

2023 年 1 月 1 日,根据租赁合同规定收回出租资产,会计处理如下:

借:固定资产——未使用固定资产	500 000	
贷:固定资产——经营租出固定资产		500 000

第四节 售后租回交易的会计处理

一、售后租回会计处理的基本要求

承租人和出租人应当按照《企业会计准则第 14 号——收入》的规定,评估确定售后租回交易中的资产转让是否属于销售。

售后租回交易中的资产转让属于销售的,承租人应当按原资产账面价值中与租回获得的使用权有关的部分,计量售后租回所形成的使用权资产,并仅就转让至出租人的权利确认相关利得或损失;出租人应当根据其他适用的企业会计准则对资产购买进行会计处理,并根据《企业会计准则第 21 号——租赁》对资产出租进行会计处理。

如果销售对价的公允价值与资产的公允价值不同,或者出租人未按市场价格收取租金,则企业应当将销售对价低于市场价格的款项作为预付租金进行会计处理,将高于市场价格的款项作为出租人向承租人提供的额外融资进行会计处理;同时,承租人按照公允价值调整相关销售利得或损失,出租人按市场价格调整租金收入。

在进行上述调整时,企业应当基于以下两者中更易于确定的项目:销售对价的公允价值与资产公允价值之间的差额、租赁合同中付款额的现值与按租赁市价计算的付款额现值之间的差额。

售后租回交易中的资产转让不属于销售的,承租人应当继续确认被转让资产,同时确认一项与转让收入等额的金融负债,并按照《企业会计准则第 22 号——金融工具确认和计量》对该金融负债进行会计处理;出租人不确认被转让资产,但应当确认一项与转让收入等额的金融资产,并按照《企业会计准则第 22 号——金融工具确认和计量》对该金融资产进行会计处理。

二、售后租回会计处理的示例

(一)售后租回交易中的资产转让属于销售

【例 6-5】 假设甲机械公司于 2021 年 1 月 1 日将一台原价为 500 000 元、累计折旧 200 000 元的机器设备以公允价值 350 000 元的价格出售给乙租赁公司,并立即签订租赁合同,条款如下:

(1)租赁期开始日:2021 年 1 月 1 日。

(2)租赁期:2021 年 1 月 1 日—2025 年 12 月 31 日,共 5 年。

(3)租赁资产按公允价值租回,乙公司租赁内含利率为 8%。

(4)租金支付:自租赁期开始日每年末支付租金 87 660 元。

(5)租赁期届满时,该设备归甲公司所有。该设备预计剩余使用寿命 5 年,无残值,甲公司采用直线法计提折旧。

请分别站在甲公司和乙公司的角度进行会计处理。

1. 出售方甲公司会计处理

(1)租赁开始日的会计处理。

已知出租人租赁内含利率为 8%,则选择该利率作为现值的折算利率。

租赁付款额=87 660 元×5=438 300 元。

租赁付款额的现值=438 300 元×(P/A,5,8%)=87 660 元×3.992 7=350 000 元。

未确认融资费用=438 300 元−350 000 元=88 300 元。

最低租赁付款额的现值与公允价值相等,可见双方是根据租赁内含利率确定的租金,这是一种比较合理的确定租金的方式。在此情况下,租入资产按照公允价值入账,未确认融资费用按照租赁内含利率分摊。

2021 年 1 月 1 日,甲公司的会计处理如下:

出售机器设备的会计分录为:

借:银行存款　　　　　　　　　　　　　　　　　　　　350 000

　　累计折旧　　　　　　　　　　　　　　　　　　　　200 000

贷:固定资产					500 000
资产处置损益					50 000

租回机器设备的会计分录为：

借:使用权资产	350 000	
租赁负债——未确认融资费用	88 300	
贷:租赁负债——租赁付款额		438 300

(2)租赁期间的会计处理。

①计算未确认融资费用的分摊,见表6-3。

表 6-3　未确认融资费用分摊表

单位:元

日期	应付本金 期初余额 ①	租金 ②	分摊的融资 费用 ③=①×8%	应付本金 减少额 ④=②-③	应付本金 期末余额 ⑤=①-④
2021 年 12 月 31 日	350 000	87 660	28 000	59 660	290 340
2022 年 12 月 31 日	290 340	87 660	23 227.2	64 432.8	225 907.2
2023 年 12 月 31 日	225 907.2	87 660	18 072.58	69 587.42	156 319.78
2024 年 12 月 31 日	156 319.78	87 660	12 505.58	75 154.42	81 165.36
2025 年 12 月 31 日	81 165.36	87 660	6 494.64	81 165.36	0
合计			88 300		

最后一期分摊的融资费用等于未确认融资费用全额扣除前面几期已经分摊的金额。

②计提折旧:

$$租赁期内每期期末计提折旧=350 000 元÷5=70 000 元$$

③租赁期内每期期末的会计分录。

2021 年 12 月 31 日的会计分录:

借:租赁负债——租赁负债款额	87 660	
贷:银行存款		87 660
借:财务费用	28 000	
贷:租赁负债——未确认融资费用		28 000
借:制造费用	70 000	
贷:累计折旧		70 000

2022 年到 2025 年期末的会计处理与上面相同,只是每一年分摊的融资费用金额不一样。

(3)租赁期满的会计处理。

本例题中租赁期满甲公司将直接拥有该租赁设备的所有权,则将租入固定资产转为自有固定资产,然后进行企业固定资产的正常核算。

2.购买方乙公司会计处理

(1)租赁期开始日的会计处理。

借:固定资产	350 000

贷:银行存款	350 000

租出机器设备的会计分录:

借:应收融资租赁款——租赁收款额	43 8300	
贷:融资租赁资产		350 000
应收融资租赁款——未实现融资收益		88 300

(2)租赁期间的会计处理。

①未实现融资收益的分摊。

在租赁期间,收取租金的同时要分摊确认融资收益,未实现融资收益的分摊采用实际利率法,分摊的金额同表6-3。

②租赁期间的会计处理分录。

2021年12月31日的会计分录:

借:银行存款	88 760	
贷:应收融资租赁款——租赁收款额		88 760
借:应收融资租赁款——未实现融资收益	28 000	
贷:租赁收入		28 000

2022年到2025年期末的会计处理与上面相同,只是每一年分摊的融资收益的金额不一样。

(3)租赁期满的会计处理。

本例题中租赁期满甲公司直接拥有该租赁资产,乙公司不需进行处理。

(二)售后租回交易中的资产转让不属于销售

【例6-6】 2022年1月1日,甲公司将一套公允价值为300 000元的机器设备以同等价格出售给乙租赁公司,并立即签订租赁合同,按照资产公允价值先取得等价的银行存款,再分三年按照经营租赁的方式每年归还120 000元。请分别站在甲公司和乙公司的角度进行会计处理。

出售方甲公司的会计处理:

借:银行存款	300 000	
贷:长期应付款		300 000

购买方乙公司的会计处理:

借:长期应收款	300 000	
贷:银行存款		300 000

本章小结

租赁是指一定时期内,出租人以资产使用权转让给承租人的方式获取对价的合同。按照出租人取得租赁资产的方式和租赁资产的来源,租赁可以分为直接融资租赁、杠杆租赁、售后租回和转租租赁。而按照与租赁资产有关的风险和报酬归属于出租人或承租人的程度不同,租赁可以分为融资租赁和经营租赁。

承租人在租赁期开始日应对所有租赁业务确认使用权资产和租赁负债(除简化处理的短期租赁和低价值资产租赁外)。其中,使用权资产是承租人可在租赁期内使用租赁资产的权利,租赁负债是在租赁期开始日还未支付的租赁付款额的现值。短期租赁,是指在租赁期开始日,租赁期不超过 12 个月的租赁。低价值资产租赁,是指单项租赁资产为全新资产时价值较低的租赁。使用权资产后续计量,承租人能够合理确定租赁期届满时取得租赁资产所有权的,应当在租赁资产使用寿命内计提折旧。无法合理确定租赁期届满时能够取得租赁资产所有权的,应当在租赁期与租赁资产使用寿命两者孰短的期间内计提折旧。承租人应当采用实际利率法计算租赁期内各个期间的利息,并计入当期损益。

出租人应当在租赁期开始日将租赁分为融资租赁和经营租赁。融资租赁是指实质上转移了与资产所有权有关的全部风险和报酬的租赁。在融资租赁中,出租人在租赁期开始日,应当将租赁开始日最低租赁收款额与初始直接费用之和作为应收融资租赁款的入账价值,同时记录未担保余值;将最低租赁收款额、初始直接费用及未担保余值之和与其现值之和的差额确认为未实现融资收益。在租赁期间内,出租人每期收到的租金,按照融资的理念,包括本金和利息两部分,因此在收取租金时一方面确认收款,另一方面应该对未实现融资收益进行分摊,计入当期的收益。出租人同样需要采用实际利率法对未实现融资收益进行分摊。经营租赁是指除融资租赁以外的其他租赁,是与资产所有权有关的风险和报酬在实质上并未从出租方转移到承租方的租赁。经营租赁中,出租人在租出资产时,经营租出的资产仍需包括在资产负债表中的相关项目内,出租人发生的初始直接费用,应当计入当期损益。在租赁期间内,对于经营租赁的租金,出租人应当在租赁期内各个期间按照直线法确认为当期损益;对于经营租赁资产中的固定资产,出租人应当采用类似资产的折旧政策计提折旧;或有租金应当在实际发生时计入当期损益,计入科目应与租金的入账科目一致。如果在租赁期间发生了由出租人承担的维修等费用,日常性的修理采用合理的方式计入当期损益。

售后租回交易属于一种比较特殊的租赁业务。售后租回交易中的资产转让属于销售时,销售方兼承租方应当按原资产账面价值中与租回获得的使用权有关的部分,计量售后租回所形成的使用权资产,并仅就转让至购买方兼出租人的权利确认相关利得或损失。购买方兼出租人根据其他适用的企业会计准则对资产购买进行会计处理,并根据《企业会计准则第21号——租赁》对资产出租进行会计处理。售后租回交易中的资产转让不属于销售时,卖方兼承租人不终止确认所转让的资产,而应当将收到的现金作为金融负债,并按照《企业会计准则第22号——金融工具确认和计量》进行会计处理。买方兼出租人不确认被转让资产,而应当将支付的现金作为金融资产,并按照《企业会计准则第22号——金融工具确认和计量》进行会计处理。

思政园地

租金减让政策体现了"立党为公、执政为民"的二十大精神

2020年6月24日,财政部发布了《关于印发〈新冠肺炎疫情相关租金减让会计处理规定〉的通知》,通知指出,为配合国务院及相关部门关于推动服务业小微企业和个体工商户等租金减免政策的落实,简化新冠肺炎疫情相关租金减让的会计处理,减轻企业负担,根据《企业会计准则——基本准则》《企业会计准则第21号——租赁》等,财政部制定了《新冠肺炎疫情相关租金减让会计处理规定》。该规定既是政府恢复社会经济的重要举措,也直接减轻了中小企业以及个体工商户负担,体现了政府部门对企业与个体户的扶持;同时,该规定也是"立党为公、执政为民"的二十大精神的生动诠释。

思考题

1. 何为使用权资产? 承租人如何确认使用权资产的金额?
2. 如何划分经营租赁与融资租赁? 它们分别适用于什么情形?

练习题

1. 甲公司为非专业租赁公司,2023 年 1 月 1 日将其闲置的设备一台出租给乙公司,该设备账面价值为 600 000 元,已提折旧 100 000 元,预计还可使用 5 年,期末无残值,按直线法对该设备计提折旧。双方租赁合约规定,租期为 3 年,每月支付一次租金 8 000 元。期末甲公司收回该设备。

要求:做出相应甲公司与乙公司的账务处理。

2. 甲机械公司于 2022 年 12 月 20 日与乙租赁公司签订了一份设备租赁合同。该设备为全新设备,2023 年 1 月 1 日的公允价值为 550 万元,预计使用年限为 5 年。合同主要条款如下:

(1)租赁开始日:2023 年 1 月 1 日。

(2)租赁期:2023 年 1 月 1 日至 2026 年 12 月 31 日,共 4 年。

(3)租金支付方式:自租赁开始日起每年末支付租金 150 万元。

(4)甲机械公司担保租赁期满时的设备余值为 10 万元,没有未担保余值。

(5)租赁合同利率为 7%。

(6)2026 年 12 月 31 日租赁合同届满时,甲机械公司应将设备归还给乙租赁公司。

设备于 2022 年 12 月 25 日运抵甲机械公司,甲机械公司作为生产设备立即投入使用,甲机械公司对该项融资租赁固定资产采用年限平均法计提折旧,为简化计算,折旧计提等均在年末进行。

要求:请分别完成甲公司和乙公司的会计处理。

3. 设甲公司于 2022 年 6 月 1 日以下述条件出租某项全新设备给乙公司:

(1) 设备的账面价值为 50 000 元,公允价值为 60 000 元;

(2) 该设备预计使用年限为 6 年,且期末无残值,按直线法折旧;

(3) 租约规定租赁期为 5 年,每 6 个月支付一次租金 8 000 元,合同规定的利率为 6%;

(4) 租期结束,乙公司可以 1 000 元的价格买下该设备,此时该设备公允价值为 10 000 元。

要求:请完成甲公司的会计处理。

第七章 衍生金融工具会计

■ 学习目标 ■

通过本章学习,学生应了解衍生金融工具的内涵,熟悉衍生金融工具的种类,理解衍生金融工具的持有意图,掌握交易性衍生金融工具和套期性衍生金融工具基本的账务处理。

■ 课前导读 ■

衍生金融工具的产生与资本市场的发展有着密切的联系。第二次世界大战后的西方国家盛行凯恩斯主义并逐渐建立起以固定汇率制度为特征的国际经济秩序。这个时期,全球商品价格相对稳定。到了 20 世纪 60 年代末 70 年代初,西方经济进入滞胀时期,西方国家开始不断放弃凯恩斯主义政策,允许利率、汇率等市场价格有更大的浮动空间,最终导致美元与黄金挂钩、协议国货币与美元挂钩的布雷顿森林体系彻底瓦解。此后新自由主义经济政策不仅使西方国家渐渐走出了滞胀的困境,也开启了当代经济全球化新浪潮。在新的国际经济体制下,国际贸易、跨国投资和融资的快速增长使国际投资者在各领域拥有更多的选择,但也面临着与以往相比更多更复杂的风险。风险的存在是多维度的。风险既体现在不同生产要素的价格在未来不同时点、不同地点上的不确定性,也体现在不同投资者对这些不确定性的需求和判断。在一个利率、汇率、商品价格自由浮动和国际政治政策风险时时存在的世界里,投资者有必要通过衍生金融工具交易寻求必要的确定性。经过 40 多年的发展,衍生金融工具一跃成为当代资本市场的核心组成部分。

为了适应社会主义市场经济发展需要,规范金融工具的会计处理,提高会计信息质量,根据《企业会计准则——基本准则》,中华人民共和国财政部对《企业会计准则第 22 号——金融工具确认和计量》进行了修订,于 2017 年 3 月 31 日予以印发。在境内外同时上市的企业以及在境外上市并采用国际财务报告准则或企业会计准则编制财务报告的企业,自 2018 年 1 月 1 日起施行;其他境内上市企业自 2019 年 1 月 1 日起施行;执行企业会计准则的非上市企业自 2021 年 1 月 1 日起施行。同时,财政部鼓励企业提前执行。执行该准则的企业,应当同时执行财政部 2017 年修订印发的《企业会计准则第 23 号——金融资产转移》和《企业会计准则第 24 号——套期会计》。

衍生金融工具
准则变化

/ 引 导 案 例 /

北电股份的套期

北电股份有限公司(简称北电股份)于 2022 年 12 月 1 日购进存货一批,价款为 1 000 000 美元,购销合同约定购货方应于 2023 年 3 月 1 日支付货款。北电股份有限公司于 2022 年 12 月 1 日与外汇经纪银行签订一项按 90 天远期汇率向银行买入 100 000 美元的远期外汇合约,以规避该笔应收账款可能带来的外汇变动风险。北电股份以人民币作为记账本位币。

有关汇率情况如下:

2022 年 12 月 1 日即期汇率　　　　　　　1 USD=7.122 5 CNY
2022 年 12 月 1 日 90 天远期汇率　　　　　1 USD=7.012 5 CNY
2022 年 12 月 31 日即期汇率　　　　　　　1 USD=6.964 6 CNY
2023 年 3 月 1 日即期汇率　　　　　　　　1 USD=6.940 0 CNY

问题:北电股份有限公司所签订的远期外汇合约是否属于衍生金融工具? 是否起到了规避风险的效果? 在哪些时间点需要进行账务处理?

第一节　衍生金融工具概述

从字面意义上理解,"衍生"即"演变而产生",衍生金融工具是在基本金融工具的基础上演变而产生的。

一、金融工具的概念和分类

根据《企业会计准则第 22 号——金融工具确认和计量》中的定义,金融工具,是指形成一方的金融资产并形成其他方的金融负债或权益工具的合同。金融工具可以有不同的分类标准。根据金融工具会计研究的需要,金融工具可以按其发展顺序分为基本金融工具和衍生金融工具两大类。

基本金融工具(primary financial instruments),即传统的金融工具,主要包括现金、存放于金融机构的款项等货币资金,普通股和优先股等股权证券,代表在未来期间收取金融资产的合同权利或支付金融资产的合同义务的债券投资、应付债券,应收账款、应收票据、应付账款、应付票据、存入保证金、存出保证金等。

衍生金融工具(derivative financial instruments)是相对于基本金融工具而言的金融工具。

二、衍生金融工具的概念和特征

衍生金融工具是 20 世纪 70 年代以后全球金融创新的结果。衍生金融工具是由基础金融工具派生而来的,是价值随基础变量的变动而变动的待执行合同。《企业会计准则第 22

号——金融工具确认和计量》中指出,衍生金融工具是指同时具备下列特征的金融工具或其他合同:

(1)其价值随特定利率、金融工具价格、商品价格、汇率、价格指数、费率指数、信用等级、信用指数或其他变量的变动而变动。变量为非金融变量的,该变量不应与合同的任何一方存在特定关系。

(2)不要求初始净投资,或者与对市场因素变化预期有类似反应的其他合同相比,要求较少的初始净投资。

股票、债券等基本金融工具的交易通常需要较大的初始净投资额。衍生金融工具则不同,远期类衍生金融工具的交易通常不要求初始净投资,期权类衍生金融工具的交易需要支付少量初始净投资。衍生金融工具的交易通常通过保证金制度来促进交易双方履约,所缴纳的保证金在交易结束时要么退回,要么冲抵交易款项;即使将其看作初始投资额,其金额也是相对很小的。

(3)在未来某一日期结算。

衍生金融工具的交易属于未来交易,通常为非即时结算。例如,远期合同在合同约定日进行交易,期权合同在到期日或到期日前的某一日交易。值得注意的是,未来交易日可能是:①合同规定的到期日,如远期合同;②合同到期日前的某一日,如美式期权;③未来一段时间,如利率互换是在未来一段时间内定期结算利率差额,货币互换则是在未来一段时间内定期结算汇率差额,到期换回本金。

三、衍生金融工具的分类

衍生金融工具包括的种类很多,并且其品种还在持续发展变化中。对于衍生金融工具可以从不同的角度进行分类,其中比较常见的分类方法有以下三种。

(一)按照不同的交易方式与特点分类

衍生金融工具按照不同的交易方式与特点,可以分为远期合同、期货合同、期权合同、互换合同、结构化金融衍生工具等。

1. 远期合同

远期合同是指交易双方在场外市场上通过协商,在约定的未来日期(交割日),按约定的价格(远期价格)买卖某种标的金融资产(或金融变量)的合约。远期合同规定了将来交割的资产、交割的日期、交割的价格和数量,合约条款根据双方需求协商确定。远期合同一旦签订,双方都必须承担合同中规定的义务,即按合同约定条款在交割日办理交易对象的交割。

远期合同主要包括远期利率协议、远期外汇合约和远期股票合约等。远期合同一般在场外市场而不是在有组织的交易所里交易,因此,远期合同具有较强的灵活性。与此相应的是,远期合同为非标准化合约,流通性差,存在寻找交易对手困难的情况。

远期合同一旦订立,买卖双方在合同有效期内都拥有金融工具交换的权利和义务。例如,合同的一方(买方)承诺在三个月后将按6.548的汇率支付6 548万元人民币购买1 000万美元,合同的另一方(卖方)承诺在三个月后支付1 000万美元以交换6 548万元人民币。合同一经签订,买卖双方均拥有在三个月后按固定价格交换金融工具的权利和义务。如果美元兑人民币汇率上涨,该远期合同有利于买方而不利于卖方,对买方而言形成一项金融资产,而对卖方而言形成一项金融负债;若汇率下降,则合同产生的效果相反。远期合同中的权利和义务构成相应的金融资产和金融负债。

2.期货合同

期货合同是高度标准化的远期合同,指买卖双方在有组织的交易所内,以公开竞价的形式达成的,在将来某一特定时间交付标准数量的特定金融工具的协议。期货合同的买卖是参与者在对某种物品价格走势进行预测的基础上进行的。期货主要包括货币期货、利率期货、股票指数期货和股票期货四种。期货合同的操作过程如下。

①委托交易。

委托交易是指客户签发委托书委托其经纪人进行期货合约的买卖。委托书的内容包括买入或卖出、交易所名称、交易品种类别、交割时间、合约数量、交易价格、委托书有效期等。常用的委托书指令有市价指令和限价指令。前者指客户要求经纪人在当前的市场价格下替客户买卖合同;后者指客户给出一个买入的最高价或卖出的最低价,经纪人只能以比限价更优惠的价格替客户成交。

②开立账户并交纳保证金。

期货交易中通常存在着违约风险,期货市场则通过建立保证金制度来预防违约风险的发生,因此期货市场参与者在进行交易时必须开立保证金账户并存放一定数额的履约保证金。保证金分为初始保证金和维持保证金两种。前者是交易开始日交纳的保证金,保证金数额由清算所和交易所根据交易货币的不同而定;后者指给账户增加货币以维持以前允许保证金下降的最低数额,如果账户余额低于维持保证金数额,经纪人则向客户发出催交保证金的通知,要求客户存入一定资金,从而使账户余额达到初始保证金水平。

③现货交割。

期货合同必须通过对冲或按合同规定进行现货交割而平仓,但大部分合同是通过对冲完成交易的,只有极少数合同最终进行实物的交割。期货合同的交割,一般的做法是在最后交易日,合同的多头和空头分别向清算所提交“买方交割确认书”和“卖方交割确认书”,由交易清算所负责进行实物交割。

3.期权合同

期权合同是指合同买方向卖方支付一定费用,在约定时间内(或约定日期)享有按事先确定的价格向合同卖方买卖特定数量的某种金融工具的权利的契约。期权主要包括现货期权和期货期权两大类;也可按买方的权利划分为看涨期权和看跌期权。与期货合同不同的是,期权合同给予合同持有人(买方)的是一种选择权,而非强制性义务。在行情有利的情况下,合同持有人会行使期权,买进或卖出金融资产;相反,在行情不利的情况下,合同持有人可以放弃买卖该项金融资产的权利。对于欧式期权,买方只有在合同到期日才能行使权力;但对于美式期权,买方可以在合同到期前的任何一天行使权力。

期权交易双方的权利和义务见表7-1。

表 7-1　期权交易双方的权利和义务

交易方	看涨期权	看跌期权
买方	有权在到期日或到期日前按合同中的协定价格购买某种资产	有权在到期日或到期日前按合同中的协定价格卖出某种资产

续表

交易方	看涨期权	看跌期权
卖方	有义务在到期日或到期日前应买方要求按合同中的协定价格卖出某种资产	有义务在到期日或到期日前应买方要求按合同中的协定价格买入某种资产

4. 互换合同

互换合同是指两个或两个以上的当事人按共同商定的条件,在约定的时间内交换现金流的协议。互换合同可以看作是若干个远期合同的组合,主要包括利率互换、货币互换等。

①利率互换。

利率互换是指交易双方在债务币种一样的情况下互相交换不同形式利率。

例如,A 公司借入固定利率人民币的成本是 10%,浮动利率人民币的成本是 LIBOR +0.75%;甲公司借入固定利率人民币的成本是 12%,浮动利率人民币的成本是 LIBOR +0.35%。假定 A 公司希望借入浮动利率人民币,甲公司希望借入固定利率人民币,由于 A 公司具有借入固定利率人民币的利率优势,而甲公司具有借入浮动利率人民币的利率优势,如果 A 公司和甲公司分别以固定利率和浮动利率借款,然后交换各自的利息负担,双方就可以达到降低借款利息的目的。

②货币互换。

货币互换是指交易双方交换不同币种但期限相同的固定利率贷款。在货币互换中,贷款的本金和利息是一起交换的。货币互换在企业的理财活动中起着非常重要的作用,能够帮助企业有效规避汇率和利率波动产生的不确定性,且具有互换优势的双方可以通过货币互换充分发挥其在不同货币市场上的借款优势,以达到降低资金的获取成本的目的。

例如,B 公司在美元市场上申请贷款的利率为 9%,在人民币市场上申请贷款的利率为 6%;乙公司在美元市场上申请贷款的利率为 7%,在人民币市场上申请贷款的利率为 9%。假定 B 公司希望取得美元贷款,乙公司希望取得人民币贷款,由于 B 公司在人民币市场上具有贷款的利率优势,而乙公司在美元市场上具有贷款的利率优势,如果 B 公司和乙公司在各自具有优势的市场上贷款,然后进行货币互换,就能达到在获取自己所需资金的同时降低获取成本的目的。

5. 结构化金融衍生工具

前述 4 种常见的衍生金融工具通常也被称作建构模块工具,它们是较简单和基础的衍生金融工具,而利用其结构化特性,通过相互结合或者与基础金融工具相结合,能够开发设计出更多具有复杂特性的金融衍生产品,这类产品通常被称为结构化金融衍生工具或结构化产品。例如,在股票交易所交易的各类结构化票据、目前我国各家商业银行推广的挂钩不同标的资产的理财产品等都是其典型代表。

(二)按照不同的使用领域分类

按照不同的使用领域,衍生金融工具可以分为股票市场中的衍生金融工具、外汇市场中的衍生金融工具和利率市场中的衍生金融工具。

1. 股票市场中的衍生金融工具

股票市场中的衍生金融工具是指合约双方的交易都被限定于股票一级市场和二级市场,

即股票市场中以合约为主要表现形式的跨期交易。运用于股票一级市场的衍生金融工具主要是可转换债券和认股权证;运用于股票二级市场的衍生金融工具主要是股票指数期货和股票指数期权以及在此基础上的混合交易合约。

2.外汇市场中的衍生金融工具

外汇市场中的衍生金融工具是指合约双方的交易被限定于与外汇有关的各类跨期业务,主要包括外汇远期、外汇期货、外汇期权、货币互换以及在此基础上的混合交易合约。

3.利率市场中的衍生金融工具

利率市场中的衍生金融工具是指以利率或者利率的载体(如债券)为基础工具的衍生金融工具,主要包括利率期货、利率期权、利率互换、远期利率协议以及在此基础上的混合交易合约。

(三)按照不同的交易性质分类

按照衍生金融工具的不同交易性质,其又可以分为远期交易性质的衍生金融工具和选择权交易性质的衍生金融工具。

1.远期交易性质的衍生金融工具

远期交易性质的衍生金融工具是指交易双方签订并履行的在将来某一日期按一定条件进行交易的合约,主要包括远期合同、期货合同和互换合同等。

2.选择权交易性质的衍生金融工具

选择权交易性质的衍生金融工具是指虽然交易双方签订在未来进行交易,但合约购买方有权选择履行与否的合约,主要有期权合同、认股权证、可转换债券等。

四、衍生金融工具的持有意图

企业持有衍生金融工具的意图可能是交易以获取差价(投机套利),也可能是套期保值(对冲风险)。

1.以交易为目的的衍生金融工具

以交易为目的的衍生金融工具是指企业在预测标的物的变量(如利率、价格指数、汇率、费率指数、信用等级等)的基础上,利用衍生金融工具投机套利,谋取利润,例如,当某币种的汇率预测将呈上升趋势时,通过签订远期外汇合同以较低的远期汇率买进该币种,待汇率上升后再卖出,从中赚取差价,获取利润。但是,运用衍生金融工具进行投机交易存在较高的风险。若标的物的变量的实际变化与预测的趋势一致,则会产生收益;但是若实际变化与预测趋势相反,则会带来亏损。

2.以套期保值为目的的衍生金融工具

根据我国《企业会计准则第 24 号——套期会计》,套期是指企业为管理外汇风险、利率风险、价格风险、信用风险等特定风险引起的风险敞口,指定金融工具为套期工具,以使套期工具的公允价值或现金流量变动,预期抵销被套期项目全部或部分公允价值或现金流量变动的风险管理活动。例如,为了规避浮动利率美元贷款利率上升的风险,企业可以通过利率互换将浮动利率换成固定利率。

第二节　交易性衍生金融工具会计

如前所述,企业持有衍生金融工具的目的可能是交易以获取差价,也可能是套期保值。本节主要阐述以交易为目的、为获取差价而持有的远期合同、期货合同、互换合同、期权合同这四类常见的衍生金融工具的会计处理。

一、账户的设置

1."衍生工具"账户

我国 2018 年发布的企业会计准则指南中规范了衍生金融工具的会计核算方法,指出为核算企业衍生金融工具的公允价值及其变动形成的资产或负债,企业应当设置"衍生工具"科目,但衍生金融工具作为套期工具使用的,应该在"套期工具"科目中核算。

"衍生工具"会计科目属于资产和负债的"共同类科目",既可以核算资产,也可以核算负债。该科目账户按衍生工具类别分别进行明细核算。企业取得衍生工具时,按其公允价值借记"衍生工具"科目,按发生的交易费用借记"投资收益"科目,按实际支付的金额贷记"银行存款"等科目。资产负债表日,衍生工具的公允价值高于其账面余额的差额,借记"衍生工具"科目,同时贷记"公允价值变动损益"科目;公允价值低于其账面余额的,做相反的会计分录。衍生工具终止确认时,应借记或贷记"衍生工具"科目。本账户期末若为借方余额,反映企业衍生金融工具形成的资产的公允价值;若为贷方余额,则反映企业衍生金融工具形成的负债的公允价值。

2."公允价值变动损益"账户

"公允价值变动损益"账户核算企业交易性金融资产、交易性金融负债、采用公允价值模式计量的投资性房地产、衍生工具、套期保值业务中公允价值变动形成的应计入当期损益的利得或损失等。

资产负债表日,若衍生工具为金融资产,则公允价值高于其账面余额的差额,借记"衍生工具"科目,贷记"公允价值变动损益"科目;公允价值低于其账面余额的,做相反的会计分录。若衍生工具为金融负债,则公允价值高于其账面余额的差额,借记"公允价值变动损益"科目,贷记"衍生工具"科目;公允价值低于其账面余额的,做相反的会计分录。

衍生工具履约和终止确认时,若该衍生工具表现为金融资产,应将实际收到的金额借记"银行存款"科目,按照衍生工具的账面价值贷记"衍生工具"科目,差额借记或贷记"投资收益"科目。同时,将"公允价值变动损益"账户中反映衍生工具公允价值变动的金额转出,借记或贷记"公允价值变动损益"科目,贷记或借记"投资收益"科目。

若该衍生工具表现为金融负债,应按照衍生工具的账面价值借记"衍生工具"科目,贷记"银行存款"科目,差额借记或贷记"投资收益"科目。同时,将"公允价值变动损益"账户中反映衍生工具公允价值变动的金额转出,贷记或借记"公允价值变动损益"科目,借记或贷记"投资收益"科目。

二、远期合同的会计处理

远期合同是买卖双方分别承诺在将来某一特定时间购买和提供某种交易对象而达成的契约。远期合同规定了将来交割的资产、交割的日期、交割的价格和数量,合约条款根据双方需求协商确定。远期合同一旦签订后,双方都必须承担合同中规定的义务,即按合同条款届时办理交易对象的交割。

在作为衍生金融工具的远期合同中,最常见的是远期外汇合同。远期外汇合同是指客户与外汇经纪银行签订的由银行按照双方约定的汇率在未来某一时间以一种货币兑换另一种货币的契约。远期外汇合同在签订日合同双方的权利和义务是对等的,其公允价值为零,因此,远期外汇合同签订日合同双方在会计上不做任何账务处理,只在备查簿中做备查登记;随着汇率的不断变化,远期外汇合同表现为资产或负债时,再在报表编制日确认其作为资产或负债的公允价值。

【例 7-1】 A 公司出于投机的目的,于 2020 年 2 月 1 日与外汇经纪银行签订了一项 60 天期、以人民币兑换 300 万美元的远期外汇合同。有关的利率资料如表 7-2 所示。

表 7-2 美元即期汇率和远期汇率表

日期(2020 年)	即期汇率	60 天远期汇率	30 天远期汇率
2 月 1 日	1 USD＝6.50 CNY	1 USD＝6.54 CNY	
2 月 29 日	1 USD＝6.55 CNY		1 USD＝6.59 CNY
3 月 31 日	1 USD＝6.57 CNY		

(1)2 月 1 日签订远期外汇合同时,风险与收益是对等的,此合同的公允价值为 0,无须进行会计处理。

(2)对于远期外汇合同而言,合同的公允价值取决于合同净头寸的金额和性质。2 月 29 日时 30 天的远期汇率为 1 USD＝6.59 CNY,远期合同的净头寸为 150 000 元,因为按远期外汇合同的约定,A 公司按 1 USD＝6.54 CNY 的汇率购入 300 万美元,2 月 29 日时 30 天的远期汇率为 1 USD＝6.59 CNY,在预计汇率上升的情况下,仍然按照合同中规定的较低汇率购入美元,则产生的收益为:

(6.59－6.54)元人民币/美元×3 000 000 美元＝150 000 元人民币

2 月 29 日的会计处理为:

借:衍生工具——远期外汇合同   150 000

贷:公允价值变动损益   150 000

编制资产负债表时,"衍生工具"账户借方余额 150 000 元列示于资产负债表左方"流动资产"大项中的"其他流动资产"中。

(3)3 月 31 日合同到期,即期汇率为 1 USD＝6.57 CNY。A 公司按照 1 USD＝6.54 CNY 的汇率购入 300 万美元,并按照 3 月 31 日的即期汇率卖出 300 万美元,产生的收益为:

(6.57－6.54)元人民币/美元×3 000 000 美元＝90 000 元人民币

3 月 31 日的会计处理为:

借:公允价值变动损益   60 000

贷：衍生工具——远期外汇合同		60 000
借：银行存款——人民币	19 710 000	
贷：银行存款——美元		19 620 000
衍生工具——远期外汇合同		90 000
借：公允价值变动损益	90 000	
贷：投资收益		90 000

【例7-2】 沿用例7-1的资料，但有关利率的数据发生变化，如表7-3所示。

表7-3　美元即期汇率和远期汇率表

日期（2020年）	即期汇率	60天远期汇率	30天远期汇率
2月1日	1 USD＝6.50 CNY	1 USD＝6.54 CNY	
2月29日	1 USD＝6.55 CNY		1 USD＝6.52 CNY
3月31日	1 USD＝6.57 CNY		

（1）2月1日无须进行会计处理。按远期外汇合同的约定，A公司按1 USD＝6.54 CNY的汇率购入300万美元，2月29日时30天的远期汇率为1 USD＝6.52 CNY，下降。

（2）在预计汇率下降的情况下，A公司选择于2月29日以150 000元的价格出售此合同，则会计处理为：

2月29日，反映合同的价值：

| 借：衍生工具——远期外汇合同 | 150 000 | |
| 贷：公允价值变动损益 | | 150 000 |

出售合同，终止确认：

借：银行存款	150 000	
贷：衍生工具——远期外汇合同		150 000
借：公允价值变动损益	150 000	
贷：投资收益		150 000

【例7-3】 沿用例7-1的资料，但有关利率的数据发生变化，如表7-4所示。

表7-4　美元即期汇率和远期汇率表

日期（2020年）	即期汇率	60天远期汇率	30天远期汇率
2月1日	1 USD＝6.50 CNY	1 USD＝6.54 CNY	
2月29日	1 USD＝6.47 CNY		1 USD＝6.45 CNY
3月31日	1 USD＝6.44 CNY		

（1）2月1日无须进行会计处理。

（2）按远期外汇合同的约定，A公司按1 USD＝6.54 CNY的汇率购入300万美元，2月29日时30天的远期汇率为1 USD＝6.45 CNY，下降。2月29日该合同的公允价值为：

$$（6.45-6.54）元人民币/美元×3 000 000美元＝-270 000元人民币$$

该合同表现为金融负债，2月29日的会计处理为：

借:公允价值变动损益　　　　　　　　　　　　　　　270 000
　　贷:衍生工具——远期外汇合同　　　　　　　　　　　　　270 000

编制资产负债表时,"衍生工具"账户贷方余额270 000元列示于资产负债表右方的"其他流动负债"项目中。

三、期货合同的会计处理

期货合同是高度标准化的远期合同,指买卖双方在有组织的交易所内以公开竞价的形式达成的,在将来某一特定时间交付标准数量特定金融工具的协议。期货合同的买卖是参与者在对某种物品价格走势进行预测的基础上进行的。

期货交易会发生相应的手续费,交易性期货合同发生的相应费用,应于发生时计入当期损益,而不作为期货合同的衍生工具的价值。

【例7-4】　根据中国金融期货交易所金融期货交易细则、结算细则等有关规定,深沪300指数期货合约价值乘数为300,最低保证金比例为10%。交易手续费为交易金额的万分之三。假设投资者看多,2020年2月28日在指数2 901点购入1手指数合约,2月29日股指期货下降1%,3月1日该投资者在此指数水平下卖出股指合约平仓。

(1)2月28日开仓时,交纳保证金金额为:
$$(2\,901×300)\text{元}×10\%=87\,030\text{元}$$

交纳手续费金额为:
$$(2\,901×300)\text{元}×0.000\,3=261.09\text{元}$$

会计处理为:
借:财务费用　　　　　　　　　　　　　　　　　261.09
　　贷:银行存款　　　　　　　　　　　　　　　　　　261.09
借:衍生工具——股指期货合同　　　　　　　　　87 030
　　贷:银行存款　　　　　　　　　　　　　　　　　　87 030

(2)由于投资者购买的是多头,而2月29日出现了下跌,即该投资者发生亏损,需要按照交易所的规定补交保证金。

亏损额为:$(2\,901×300)$元$×1\%=8\,703$元。

补交额为:$(2\,901×300)$元$×10\%×99\%-(87\,030-8\,703)$元$=7\,832.7$元。

会计处理为:
借:公允价值变动损益　　　　　　　　　　　　　8 703
　　贷:衍生工具——股指期货合同　　　　　　　　　　8 703
借:衍生工具——股指期货合同　　　　　　　　　7 832.7
　　贷:银行存款　　　　　　　　　　　　　　　　　　7 832.7

在2月29日编制资产负债表时,"衍生工具——股指期货合同"账户借方余额86 159.7元(=87 030元-8 703元+7 832.7元)作为资产列示于资产负债表左方的"其他流动资产"项目中。

(3)3月1日,交纳平仓费。

平仓费金额为:$(2\,901×300)$元$×99\%×0.000\,3=258.48$元。

会计处理为:

借:银行存款	86 159.7	
贷:衍生工具——股指期货合同		86 159.7
借:投资收益	8 703	
贷:公允价值变动损益		8 703
借:财务费用	258.48	
贷:银行存款		258.48

四、互换合同的会计处理

互换合同是指两个或两个以上的当事人按共同商定的条件,在约定的时间内定期交换现金流的金融交易。互换合同可以看作是若干个远期合同的组合,主要可分为货币互换和利率互换等类别。

无论是利率互换合同还是货币互换合同,合同签订日互换双方的权利和义务是等值的,合同签订日的公允价值为零。合同持有期间,若利率或汇率的变化引起合同持有者行使未来经济利益流入的权利或承担未来经济利益流出的义务,使合同表现为资产或负债时,再将该衍生工具确认为资产或负债。

【例 7-5】 A 公司于 2022 年 7 月 1 日与乙银行签订了一项名义本金为 5 000 万元、期限为 1 年的利率互换合同。合同期满时,A 公司将收到乙银行支付的按照浮动利率计算的利息,并向乙银行支付按照固定利率计算的利息。固定利率为 10%。2022 年 12 月 31 日和 2023 年 6 月 30 日的浮动利率分别为 10.5% 和 9.8%,合同公允价值分别为 125 000 元和 75 000 元,按照固定利率计算的利息和按照浮动利率计算的利息相抵后,乙银行应向 A 公司支付利息差额 75 000 元。A 公司的会计处理为:

(1)互换合同的基础为市场利率,合同双方未来交换的权利和义务是等值的,因此合同签订日的公允价值为 0,无须进行会计处理。

(2)2022 年 12 月 31 日,反映互换合同价值的会计分录为:

| 借:衍生工具——互换合同 | 125 000 | |
| 贷:公允价值变动损益 | | 125 000 |

(3)2023 年 6 月 30 日,反映利息差额结算的会计分录为:

借:公允价值变动损益	50 000	
贷:衍生工具——互换合同		50 000
借:银行存款	75 000	
贷:衍生工具——互换合同		75 000
借:公允价值变动损益	75 000	
贷:投资收益		75 000

五、期权合同的会计处理

期权合同是指合同买方向卖方支付一定费用,在约定时间内(或约定日期)享有按事先确定的价格向合同卖方买卖某种金融工具的权利的契约。

与期货合同不同的是,期权合同给予合同持有人的是一种选择权,而非强制性义务。在行情有利的情况下,合同持有人会行使期权,买进或卖出金融资产;相反,在行情不利的情况下,合同持有人可以放弃买卖该项金融资产的权利。

【例 7-6】 A 公司于 2022 年 12 月 1 日买入一项期权合同,合同规定 A 公司在 2023 年 3 月 1 日前的任何一天有权以每股 39 元的价格购入 10 万股某公司的股票。A 公司为取得该项期权,支付期权费 200 000 元。2022 年 12 月 31 日,上述股票的市场价格上涨至每股 47 元,期权合同的公允价值也涨至 350 000 元。2023 年 1 月 31 日,该股票的市价为每股 51 元,而期权合同的公允价值为 420 000 元。A 公司估计期权价格涨至 2023 年 1 月 31 日的 420 000 元后不会再有继续上涨的机会,于当日将该合同按公允价值转让。

(1)2022 年 12 月 1 日,签订期权合同时,会计处理为:

借:衍生工具——期权合同　　　　　　　　　　　　200 000
　　贷:银行存款　　　　　　　　　　　　　　　　　　　　200 000

(2)2022 年 12 月 31 日,A 公司按照期权合同的公允价值调整期权的账面价值,会计处理为:

借:衍生工具——期权合同　　　　　　　　　　　　150 000
　　贷:公允价值变动损益　　　　　　　　　　　　　　　　150 000

在 2022 年 12 月 31 日的年度资产负债表中,期权合同的公允价值 350 000 元应作为一项资产列示于资产负债表左边的"其他流动资产"项目中。"公允价值变动损益"则作为当年损益记入利润表中。与此同时,在报表附注中应披露该项合同的意图、到期日、期权交易对象公允价值、期权合同取得成本等方面的信息。

(3)2023 年 1 月 31 日,A 公司转让期权合同的会计处理为:

借:银行存款　　　　　　　　　　　　　　　　　　420 000
　　贷:衍生工具——期权合同　　　　　　　　　　　　　　350 000
　　　　公允价值变动损益　　　　　　　　　　　　　　　　70 000
借:公允价值变动损益　　　　　　　　　　　　　　220 000
　　贷:投资收益　　　　　　　　　　　　　　　　　　　　220 000

第三节　套期性衍生金融工具会计

套期会计方法,是指企业将套期工具和被套期项目产生的利得或损失在相同会计期间计入当期损益(或其他综合收益)以反映风险管理活动影响的方法。对套期性衍生金融工具运用套期会计方法进行处理,必须满足相关条件。

一、套期会计概述

(一)套期工具和被套期项目

1. 套期工具

套期工具,是指企业为进行套期而指定的、其公允价值或现金流量变动预期可抵销被套期项目的公允价值或现金流量变动的金融工具。对于符合套期工具条件的衍生金融工具,在套期开始时,一般应将其整体或其一定比例指定为套期工具。

可以作为套期工具的金融工具包括:①以公允价值计量且其变动计入当期损益的衍生工具,但签出期权除外。企业只有在对购入期权(包括嵌入混合合同中的购入期权)进行套期时,签出期权才可以作为套期工具。嵌入混合合同中但未分拆的衍生工具不能作为单独的套期工具。②以公允价值计量且其变动计入当期损益的非衍生金融资产或非衍生金融负债,但指定为以公允价值计量且其变动计入当期损益、其自身信用风险变动引起的公允价值变动计入其他综合收益的金融负债除外。企业自身权益工具不属于企业的金融资产或金融负债,不能作为套期工具。

对于外汇风险套期,企业可以将非衍生金融资产(选择以公允价值计量且其变动计入其他综合收益的非交易性权益工具投资除外)或非衍生金融负债的外汇风险成分指定为套期工具。

2. 被套期项目

被套期项目,是指使企业面临公允价值或现金流量变动风险,且被指定为被套期对象的、能够可靠计量的项目。

企业可以将下列单个项目、项目组合或其组成部分指定为被套期项目:①已确认资产或负债。②尚未确认的确定承诺。确定承诺,是指在未来某特定日期或期间,以约定价格交换特定数量资源、具有法律约束力的协议。③极可能发生的预期交易。预期交易,是指尚未承诺但预期会发生的交易。④境外经营净投资。

(二)套期保值的分类

套期保值按套期关系(即套期工具和被套期项目之间的关系)可划分为公允价值套期、现金流量套期和境外经营净投资套期三类。

1. 公允价值套期

公允价值套期,是指对已确认资产或负债、尚未确认的确定承诺,或上述项目组成部分的公允价值变动风险敞口进行的套期。例如,A公司承担了一项金额为20万美元的应付账款,为规避美元升值导致的折合人民币金额的上升,A公司签订了远期外汇合同,对该笔应付账款进行的套期保值,就属于对已确认负债进行公允价值的套期保值。再比如,乙公司与美国的A公司签订了一项半年后以固定外币金额购买某设备的合同,为避免汇率变动风险而签订了一项远期外汇合同,这属于对尚未确认的确定承诺进行的公允价值套期保值。

2. 现金流量套期

现金流量套期,是指对现金流量变动风险敞口进行的套期。该现金流量变动源于与已确认资产或负债、极可能发生的预期交易,或与上述项目组成部分有关的特定风险,且将影响企业的损益。例如,企业根据以往的消耗记录对原材料的消耗情况进行预测,预计未来半年需要消耗10吨,目前库存4吨,预期采购6吨,才能满足需要。在未来半年的时间内,原材料的价格是在不断波动的,所以库存4吨原材料的风险与预期采购6吨原材料面临的风险是不一样的。库存4吨原材料所承受的是公允价值变动的风险,而预期采购的6吨原材料所承受的是现金流量的风险。对该现金流量变动风险敞口进行的套期即为现金流量套期。

3. 境外经营净投资套期

境外经营净投资套期,是指对境外经营净投资外汇风险敞口进行的套期。境外经营净投资,是指企业在境外经营净资产中的权益份额。例如,中国企业设在美国的经营单位,通常以美元作为记账本位币。在期末报送资产负债表给中国企业时,需要将美元折算为人民币,此时按期末即期汇率进行折合,会产生汇率风险。通常资产会大于负债,故相抵的结果为净资产上产生汇率风险。为了规避这种外汇风险,企业可以采用签订一笔远期外汇合同的方式。这就属于境外经营净投资套期。

(三)运用套期会计的条件及有效性评价

1. 运用套期会计的条件

公允价值套期、现金流量套期或境外经营净投资套期同时满足下列条件的,才能运用《企业会计准则第 24 号——套期会计》规定的套期会计方法进行处理:①套期关系仅由符合条件的套期工具和被套期项目组成。②在套期开始时,企业正式指定了套期工具和被套期项目,并准备了关于套期关系和企业从事套期的风险管理策略和风险管理目标的书面文件。该文件至少载明了套期工具、被套期项目、被套期风险的性质以及套期有效性评估方法(包括套期无效部分产生的原因分析以及套期比率确定方法)等内容。③套期关系符合套期有效性要求。套期有效性,是指套期工具的公允价值或现金流量变动能够抵销被套期风险引起的被套期项目公允价值或现金流量变动的程度。套期工具的公允价值或现金流量变动大于或小于被套期项目的公允价值或现金流量变动的部分为套期无效部分。

2. 套期关系的有效性评价

套期同时满足下列条件的,企业应当认定套期关系符合套期有效性要求:①被套期项目和套期工具之间存在经济关系。该经济关系使得套期工具和被套期项目的价值因面临相同的被套期风险而发生方向相反的变动。②被套期项目和套期工具经济关系产生的价值变动中,信用风险的影响不占主导地位。③套期关系的套期比率,应当等于企业实际套期的被套期项目数量与对其进行套期的套期工具实际数量之比,但不应当反映被套期项目和套期工具相对权重的失衡,这种失衡会导致套期无效,并可能产生与套期会计目标不一致的会计结果。例如,企业确定拟采用的套期比率是为了避免确认现金流量套期的套期无效部分,或是为了创造更多的被套期项目进行公允价值调整以达到增加使用公允价值会计的目的,可能会产生与套期会计目标不一致的会计结果。

套期保值有效性评价方法有三种,包括:①主要条款比较法,是指通过比较套期工具和被套期项目的主要条款,确定套期保值是否有效的方法。这种方法对套期保值有效性进行评价不需要计算,但只能用于套期预期性评价。②比率分析法,是指通过比较被套期风险引起的套期工具和被套期项目公允价值或现金流量变动的比例,确定套期保值是否有效的方法。③回归分析法,是指研究分析套期工具和被套期项目价值变动之间的相关性,确定套期保值是否有效的方法。相关性越高,套期保值越具有效性。

二、套期会计的账户设置

为反映企业开展的套期保值业务中套期工具公允价值变动形成的资产或负债,以及被套期项目公允价值变动形成的资产或负债,应设置"套期保值"和"被套期保值"两个账户。

1. "套期工具"账户

"套期工具"账户反映企业开展的套期保值业务中套期工具公允价值形成的资产或负债,该账户按套期工具的类别设置明细账。指定套期关系后,按套期工具的公允价值及其公允价值变动借记或贷记该账户,贷记或借记相应账户。本账户期末借方余额,反映企业套期工具形成的资产的公允价值;本账户期末贷方余额,反映企业套期工具形成的负债的公允价值。当金融资产或金融负债不再作为套期工具时,应转销该套期工具形成的资产或负债。

2."被套期项目"账户

"被套期项目"账户反映企业开展的套期保值业务中被套期项目公允价值变动形成的资产或负债。该账户按被套期项目类别设置明细账。企业将已确认的资产或负债指定为被套期项目时,应按其账面价值,借记或贷记本账户,贷记或借记"库存商品""长期借款""债权投资""应收账款"等账户。资产负债表日,对于有效套期,应按被套期项目产生的利得,借记本账户,贷记"套期损益"(或"公允价值变动损益")、"资本公积——其他资本公积"等账户;按被套期项目产生的损失,做相反的会计分录。当资产或负债不再作为被套期项目核算时,应转销被套期项目形成的资产或负债。本账户期末借方余额,反映企业被套期项目形成的资产;贷方余额则反映企业被套期项目形成的负债。

3."套期损益"账户

企业开展套期保值业务时有效套期关系中套期工具或被套期项目的公允价值变动,设"套期损益"账户核算。该账户的核算方法与"公允价值变动损益"账户核算方法相同。

三、公允价值套期保值会计

采用衍生金融工具进行公允价值套期保值符合运用套期保值会计的条件,应按套期保值会计方法进行账务处理。衍生金融工具公允价值变动形成的利得或损失应计入当期损益;被套期项目因被套期风险形成的利得或损失也应计入当期损益,并同时调整被套期项目的账面价值。

【例7-7】 A公司于2023年1月3日出口一批商品,货款为200万英镑,约定于2023年3月3日收款。为避免英镑可能下跌而造成的损失,A公司于出口商品的当日买入一份期限为2个月、以1英镑=1.382美元的汇率卖出200万英镑的看跌期权合同。有关即期汇率和期权合同价值资料如表7-5所示。

表7-5　即期汇率和期权合同价值表

日期(2023年)	即期汇率	期权合同价值
1月3日	1英镑=1.377美元	$11 000
1月31日	1英镑=1.379美元	$6 800
2月28日	1英镑=1.376美元	$12 100
3月3日	1英镑=1.374美元	$12 500

(1)2023年1月3日,出口商品会议分录(单位:美元)如下:

借:应收账款　　　　　　　　　　　　　　　　2 754 000

　贷:主营业务收入　　　　　　　　　　　　　　　2 754 000

(2)2023年1月3日,买入看跌期权进行套期保值.会计处理上应将作为套期保值对象的应收账款的账面价值转入"被套期项目"账户,同时用"套期工具"账户反映期权合同的公允价

值。会议分录(单位:美元)如下:

借:被套期项目——应收账款 2 754 000
　贷:应收账款 2 754 000
借:套期工具——期权合同 11 000
　贷:银行存款 11 000

(3)2023年1月31日,被套期项目汇率变动形成的利得为4 000美元(=2 000 000英镑×(1.379-1.377)美元/英镑),套期公允价值变动产生的损失为4 200美元,套期有效程度为95%(=4 000美元÷4 200美元),在80%~125%之间,属于高度有效。应将被套期项目汇率变动形成的利得以及套期工具公允价值变动产生的损失,计入当期损益,并将被套期项目和套期工具的价值调整为1月31日的公允价值。会议分录(单位:美元)如下:

借:被套期项目——应收账款 4 000
　贷:套期损益 4 000
借:套期损益 4 200
　贷:套期工具——期权合同 4 200

(4)2023年2月28日,被套期项目汇率变动产生的损失为6 000美元(=2 000 000英镑×(1.379-1.376)美元/英镑),套期公允价值变动带来的利得为5 300美元,套期有效程度为113%(=6 000美元÷5 300美元),在80%~125%之间,属于高度有效。应将被套期项目汇率变动形成的利得以及套期工具公允价值变动产生的损失,计入当期损益,并将被套期项目和套期工具的价值调整为2月28日的公允价值。会议分录(单位:美元)如下:

借:套期损益 6 000
　贷:被套期项目——应收账款 6 000
借:套期工具——期权合同 5 300
　贷:套期损益 5 300

(5)2023年3月3日,被套期保值项目应收账款收回,履行套期工具期权合同。会议分录(单位:美元)如下:

借:套期损益 4 000
　贷:被套期项目——应收账款 4 000
借:银行存款——英镑 2 748 000
　贷:被套期项目——应收账款 2 748 000
借:套期工具——期权合同 400
　贷:套期损益 400
借:银行存款——美元 2 764 000
　贷:银行存款——英镑 2 748 000
　　套期工具——期权合同 12 500
　　套期损益 3 500

从例7-7可以看出,在不采取套期保值的情况下,A公司被套期项目因汇率波动造成的损失为6 000美元(=(1.377-1.374)美元/英镑×2 000 000英镑)。采用套期保值措施后,汇率波动造成的损失下降至1 000美元,该数据即为"套期损益"账户的借方净发生额。

四、现金流量套期保值会计

现金流量套期满足运用套期会计方法条件的,应当按照下列方法处理:

(1)套期工具利得或损失中属于有效套期的部分,应当直接确认为所有者权益,并单列项目反映;套期工具利得或损失中属于无效套期的部分(即扣除直接确认为所有者权益后的其他利得或损失),应当计入当期损益。

(2)被套期项目为预期交易,且该预期交易使企业随后确认了一项金融资产或金融负债的,原直接确认为所有者权益的相关利得或损失,应当在该金融资产或金融负债影响企业损益的相同期间转出,计入当期损益。但是,企业预期原直接在所有者权益中确认的净损失全部或部分损失在未来会计期间不能弥补的,应当将不能弥补的部分转出,计入当期损益。

(3)非金融资产或非金融负债的预期交易形成了一项确定承诺时,该确定承诺满足《企业会计准则第 24 号——套期会计》规定的套期会计方法条件的,也应当选择以上两种方式之一进行处理。企业选择了以上两种方式之一作为会计政策后,应当一致地运用于相关的所有预期交易套期,不得随意变更。

【例 7-8】 A 公司 2021 年 4 月 1 日从乙银行筹集到 3 000 万美元资金用于生产线的建设,借款期限为 5 年。浮动利率为 6 个月的 LIBOR+0.25%。每半年支付一次利息,付息时间为每年的 3 月 31 日和 9 月 30 日。筹集一年后,为避免浮动利率对未来现金流量的不利影响,A 公司决定将浮动利率换成固定利率。于是,A 公司于 2022 年 4 月 1 日与丙银行签订了一项名义本金为 3 000 万美元、期限为 4 年的互换合同。在合同期内,A 公司将收到丙银行支付的按浮动利率计算的利息,并向丙银行支付按固定利率计算的利息,固定利率为 10%。A 公司 2022 年 9 月 30 日和 2023 年 3 月 31 日的浮动利率以及 A 公司在互换中支付和收到的利息金额参见表 7-6。

表 7-6 浮动利率、固定利率及相关收入与支出

日期	浮动利率	浮动利率收入/美元	固定利率	固定利息支出/美元
2022 年 9 月 30 日	10.5%	1 575 000	10%	1 500 000
2022 年 12 月 31 日	9.6%	720 000	10%	750 000
2023 年 3 月 31 日	9.8%	1 470 000	10%	1 500 000

(1)2022 年 4 月 1 日,A 公司与丙银行签订互换合同。会计分录(单位:美元)如下:

借:长期借款　　　　　　　　　　　　　　　　30 000 000

　　贷:被套期项目——长期借款　　　　　　　　　　30 000 000

(2)2022 年 9 月 30 日,A 公司第一次付息。

2022 年 9 月 30 日,A 公司按合同规定向丙银行支付按 3 000 万美元本金、10% 的固定利率计算的半年期利息 150 万美元,同时收到丙银行按 3 000 万美元本金、10.5% 的浮动利率计算的半年期利息 157.5 万美元。采用净额支出方式,丙银行应该支付给 A 公司利息差额 7.5 万美元。

A 公司和丙银行签订的利率互换合同并不改变 A 公司向贷款提供者乙银行支付债务利息的事实。A 公司实际向乙银行支付的债务利息作为利息费用入账,而从丙银行收到的 7.5

万美元的利息差额则计入所有者权益。

①A公司支付给乙银行利息,会计分录(单位:美元)如下:

借:在建工程 1 575 000
  贷:银行存款 1 575 000

②A公司反映互换合同的公允价值,会计分录(单位:美元)如下:

借:套期工具——互换合同 75 000
  贷:资本公积——其他资本公积 75 000

③A公司从丙银行收到利息差额,会计分录(单位:美元)如下:

借:银行存款 75 000
  贷:套期工具——互换合同 75 000

(3)2022年12月31日(资产负债表日)计提利息费用和互换损益。

由于不知第二个互换期的浮动利率,A公司2022年12月31日以当年末的浮动利率9.6%为依据编制调整分录,反映2022年度应负担的利息费用和互换损益。A公司按9.6%的浮动利率计算的2022年10月至12月应负担的利息为72万美元。会计分录(单位:美元)如下:

①借:在建工程 720 000
  贷:应付利息——乙银行 720 000

A公司按10%的固定利率和9.6%的浮动利率计算的利息差额为3万美元。会计分录(单位:美元)如下:

②借:资本公积——其他资本公积 30 000
  贷:套期工具——互换合同 30 000

在2022年度,A公司因互换交易产生的损益以及互换后的债务成本净额如表7-7所示。

表7-7 互换损益计算表

单位:美元

项目或期间	利息费用	互换损益	利息支出
2022年4月1日—9月30日	1 575 000	75 000	1 500 000
2022年10月—12月	720 000	(30 000)	750 000
全年合计	2 295 000	45 000	2 250 00

(4)2023年3月31日,A公司第二次付息。会计分录(单位:美元)如下:

①借:在建工程 750 000
    应付利息——乙银行 720 000
  贷:银行存款 1 470 000

②借:套期工具——互换合同 30 000
  贷:银行存款 30 000

2022年4月1日至2023年3月31日,A公司的债务利息为:

1 575 000美元+1 470 000美元=3 045 000美元

互换合同产生的净收益为:75 000美元-30 000美元=45 000美元。

该笔债务的实际成本降至:3 045 000美元-45 000美元=3 000 000美元。

（5）互换合同到期时，A 公司套期保值结束的会计处理（单位：美元）为：

借：被套期项目——长期借款　　　　　　　　　　　　　　30 000 000

　　贷：长期借款　　　　　　　　　　　　　　　　　　　　　　　30 000 000

五、境外经营净投资套期保值会计

境外经营净投资套期保值的会计处理与现金流量套期保值的会计处理基本相同，具有以下特点：

（1）套期工具形成的利得或损失中属于有效套期的部分，应当直接确认为所有者权益，并单列项目反映。境外经营处置时，上述在所有者权益中单列项目反映的套期工具利得或损失应当转出，计入当期损益。

（2）套期工具形成的利得或损失中属于无效套期的部分，应当计入当期损益。

【例 7-9】　2022 年 11 月 1 日，境内 A 公司在美国的子公司 B 公司的净投资额为 300 万美元。为规避境外经营净投资外汇风险，A 公司与某境外金融机构签订了一项 2 个月的外汇远期合同，约定于 2023 年 1 月 1 日卖出 300 万美元。有关汇率及远期合同公允价值的信息如表 7-8 所示。

表 7-8　汇率及远期合同公允价值信息表

日期	即期汇率（美元：人民币）	远期汇率（美元：人民币）	远期合同公允价值/元人民币
2022 年 11 月 1 日	1：7.29	1：7.28	0
2022 年 12 月 31 日	1：7.27		74 000

（1）2022 年 11 月 1 日 A 公司与境外金融机构签订的远期外汇合同的公允价值为 0，不做账务处理。其余会计分录（单位：美元）如下：

借：被套期项目——对境外 B 公司经营净投资　　　　　　3 000 000

　　贷：长期股权投资——对境外 B 公司　　　　　　　　　　　　3 000 000

（2）2022 年 12 月 31 日，A 公司确认远期外汇合同公允价值的变动及其对 B 公司净投资的汇兑损益。合同公允价值为 74 000 元，套期工具形成的利得中的有效部分 60 000 元（＝300 万美元×（7.29－7.27）元人民币/美元）应计入所有者权益，无效部分直接计入当期损益。

①反映远期外汇合同公允价值的变动：

借：套期工具——远期外汇合同　　　　　　　　　　　74 000

　　贷：资本公积——其他资本公积　　（3 000 000×（7.29－7.27）） 60 000

　　　　财务费用——汇兑损失　　　　　（74 000－60 000） 14 000

②反映对乙公司净投资的汇兑损益：

借：外币报表折算差额　　　　　　　　　　　　　　　60 000

　　贷：被套期项目——对境外 B 公司经营净投资　　　　　　　60 000

③反映远期外汇合同的结算：

借：银行存款　　　　　　　　　　　　　　　　　　　74 000

　　贷：套期工具——远期外汇合同　　　　　　　　　　　　　74 000

境外经营净投资套期保值产生的利得或损失在资产负债表的所有者权益中列示，直至子公司被处置时再转入损益。

本章小结

本章在阐述衍生金融工具的概念、特征及其分类情况的基础上,详细介绍了交易性衍生金融工具的账务处理和套期性衍生金融工具的账务处理。

衍生金融工具是由基础金融工具派生而来的,是价值随基础变量变动而变动的待执行合同。衍生金融工具按照不同的交易方式与特点,可以分为远期合同、期货合同、期权合同、互换合同、结构化金融衍生工具等;按照不同的使用领域,可以分为股票市场中的衍生金融工具、外汇市场中的衍生金融工具、利率市场中的衍生金融工具;按照不同的交易性质,可以分为远期交易性质的衍生金融工具和选择权交易性质的衍生金融工具。

企业持有衍生金融工具的目的可能是交易以获取差价,也可能是套期保值。

以获取差价为目的的交易性衍生金融工具在进行账务处理时需设置"衍生工具"和"公允价值变动损益"账户。"衍生工具"会计科目属于资产和负债的"共同类科目",既可以核算资产,也可以核算负债。

以套期保值为目的的套期性衍生金融工具在进行账务处理时需设置"套期工具""被套期项目""套期损益"账户。"套期工具"账户反映企业开展的套期保值业务中套期工具公允价值形成的资产或负债;"被套期项目"账户反映企业开展的套期保值业务中被套期项目公允价值变动形成的资产或负债;"套期损益"账户反映企业开展套期保值业务时有效套期关系中套期工具或被套期项目的公允价值变动。

思政园地

互联网技术带动我国金融业蓬勃发展

改革开放40多年来,中国取得了举世瞩目的发展成就。站在新的历史起点上,只有继续坚持改革开放才能取得新的更大的成绩。在新的起点上中国也面临更大的机遇与挑战。为应对2008年发生的金融危机,中国采取了积极的财政政策、适度宽松的货币政策,宽松的环境推动了经济的快速发展但也使得中国经济的债务率急剧攀升;以互联网、大数据、云计算、人工智能为代表的信息革命推动着中国经济的新旧动能转换,推动着传统金融的变革和新金融的发展,但创新的试错也带来了秩序的失调和风险的积累。在繁荣与失序并存的时候,在新旧动能转换的时代,中国的金融业能否在降杠杆和化解风险中稳步前行? 在创新与公司治理不相协调之际,进一步打开大门能否保持中国金融业的竞争? 这一切也对金融监管提出了更高要求。

思考题

1. 如何理解衍生金融工具的含义?
2. 衍生金融工具会计面临的主要问题是什么?
3. 什么是套期会计?
4. 什么是公允价值套期? 什么是现金流量套期? 二者的会计处理有什么主要区别?

练习题

1. 根据中国金融期货交易所金融期货交易细则、结算细则等有关规定,深沪300指数期货合约价值乘数为 300,最低保证金比例为 10%。交易手续费为交易金额的万分之三。假设投资者看多,4 月 29 日在指数 4 850 点购入 1 手指数合约,4 月 30 日股指期货下降 1%,5 月 1 日该投资者在此指数水平下卖出股指合约平仓。

要求:编制投资者购买深沪 300 指数期货合约到卖出合约平仓的会计分录。

2.A 公司于 2023 年 2 月 1 日买入一项期权合同,合同规定 A 公司在 2023 年 5 月 1 日前的任何一天有权以每股 22 元的价格购入 10 万股 B 公司的股票。A 公司为取得该项期权,支付期权费 100 000 元。2023 年 3 月 31 日,上述股票的市场价格上涨至每股 26 元,期权合同的公允价值也涨至 150 000 元,A 公司于当日将该合同按公允价值转让。

要求:编制 A 公司的会计分录。

3.2023 年 1 月 1 日,A 公司为规避所持有 K 库存商品公允价值变动风险,与某金融机构签订了一项衍生金融工具合同,并将其指定为 2023 年上半年 K 库存商品价格变化引起的公允价值变动风险的套期。衍生金融工具的标的资产与被套期项目存货在数量、质量、价格变动和产地方面相同。2023 年 1 月 1 日,衍生金融工具的公允价值为 0,被套期项目(K 库存商品)的账面价值和成本均为 1 000 000 元,公允价值为 1 100 000 元。2023 年 6 月 30 日,衍生金融工具的公允价值上涨了 25 000 元,K 库存商品的公允价值下降了 25 000 元,当日 A 公司将 K 库存商品出售,并将衍生金融工具结算。A 公司采用比率分析法评价套期有效性,即通过比较衍生金融工具和 K 库存商品的公允价值变动评价套期有效性。A 公司预期该套期完全有效。假定不考虑衍生金融工具的时间价值、商品销售相关的增值税及其他因素。

要求:根据上述资料编制 A 公司的有关会计分录。

第八章 股份支付会计

· 学习目标 ·

通过本章学习,学生应了解股份支付的内涵,掌握股份支付的确认和计量,掌握股份支付的会计处理方法。

· 课前导读 ·

随着公司股权的日益分散、人力资本对企业价值创造重要性的日益提高和管理技术的日益复杂化,世界各国的公司为了合理激励公司管理人员,不断创新激励方式,不断探索建立健全企业员工(包括经营者)激励机制。

2006 年 1 月和 9 月,国务院国有资产监督管理委员会和财政部相继出台了《国有控股上市公司(境外)实施股权激励试行办法》和《国有控股上市公司(境内)实施股权激励试行办法》;2016 年 7 月,证监会发布了《上市公司股权激励管理办法》,明确规定了上市公司建立股权激励制度的条件、方式和批准程序。这些法规的出台为我国企业实施股权激励创造了条件,企

股权激励

业可以通过股票期权等权益工具对职工实行激励,而且对于已完成股权分置改革的上市公司,允许建立股权激励机制。

/ 引 导 案 例 /

华为公司股权激励政策

华为公司内部股权计划始于 1990 年即华为成立三年之时,至今已实施了 4 次大型的股权激励计划。

(1)创业期的股票激励。1990 年,华为第一次提出内部融资、员工持股的概念。当时参股的价格为每股 10 元,以税后利润的 15% 作为股权分红。

(2)网络经济泡沫时期的股权激励。2001 年底,由于受到网络经济泡沫的影响,此时华为开始实行名为"虚拟受限股"的期权改革。

(3)非典时期的自愿降薪运动。2003 年,华为以运动的形式号召公司中层以上员工自愿提交"降薪申请",同时进一步实施管理层收购,稳住员工队伍,共渡难关。

(4)新一轮经济危机时期的激励措施。2008 年 12 月,华为推出"配股"公告,此次配股的

股票价格为每股 4.04 元,年利率逾 6%,涉及范围几乎包括了所有在华为工作一年以上的员工。

华为公司的股权激励历程说明,股权激励可以将员工的人力资本与企业的未来发展紧密联系起来,形成一个良性的循环体系。员工获得股权,参与公司分红,实现公司发展和员工个人财富的增值;同时,与股权激励同步的内部融资,可以增加公司的资本比例,缓冲公司现金流紧张的局面。

问题:

(1)华为实施股权激励计划的作用是什么?

(2)华为公司在向员工进行股份支付时如何进行会计核算?

第一节　股份支付概述

一、股份支付的内涵

(一)股份支付的含义

股份支付是"以股份为基础的支付"的简称,是指企业为获取职工和其他方提供的服务而授予权益工具或者承担以权益工具为基础确定的负债的交易。现代企业的薪酬制度是一个由多种薪酬方式有机组成的薪酬组合,它通常由基本工资、短期奖金、长期激励、福利和额外供应品(或服务)等部分组成。其中,基本工资用于保障员工的基本生活;短期奖金是对员工绩效的直接回报;长期激励是用于奖励员工为企业长期绩效做出贡献的奖金,是解决所有者与经营者、普通员工利益一致性的薪酬制度,其主要形式——股份支付制度对激励员工在任职期间努力工作可以起到很好的作用;福利用于解决员工的后顾之忧、弥补现金激励不足;额外供应品(或服务)是对福利的一种补充。

企业通过授予职工股票期权、认股权证等衍生工具或其他权益工具换取职工提供的服务,从而实现对职工的激励或补偿,属于职工薪酬的重要组成部分。由于股份支付以权益工具的公允价值为计量基础,因此《企业会计准则第 9 号——职工薪酬》规定,以股份为基础的薪酬适用《企业会计准则第 11 号——股份支付》。

(二)股份支付的特征

理解股份支付的定义,要把握以下几个关键词:职工和其他方、服务、权益工具。只有符合以下三个特征的交易才能按照股份支付进行处理。

(1)股份支付是企业与职工或其他方之间发生的交易。

企业与股东之间无论是新发行股份,还是支付股票股利等,或者企业合并交易中的合并方与被合并方之间支付对价,均有可能会以股份的形式进行支付,但这些都不能按照股份支付准则来处理。只有发生在企业与职工或向企业提供服务的其他方之间的交易,才可能符合股份支付准则对股份支付的定义。

(2)股份支付是以获取职工或其他方服务为目的的交易。

职工或其他方为企业提供了服务,企业以股份的形式支付代价。企业在这个交易中获取了其职工或其他方提供的服务(可以作为当期费用处理)或取得这些服务的权利(可以作为资产处理)。企业获取这些服务或权利的目的是用于其正常生产经营,不是转手获利等。

(3)股份支付交易的对价或其定价与企业自身权益工具的价值密切相关。

股份支付交易同企业与其职工间其他类型交易的最大不同,是交易对价或其定价与企业自身权益工具未来的价值密切相关。在股份支付中,企业要么向职工支付其自身权益工具,要么向职工支付一笔现金,而其金额高低取决于结算时企业自身权益工具的公允价值。对价的特殊性可以说是股份支付最突出的特征。

二、股份支付的环节与时点

股份支付不是一个时点上的交易,而可能是很长一段时间的交易。从环节上说,典型的股份支付通常涉及四个主要环节:授予环节、等待可行权环节、行权环节和出售环节(时点见图8-1)。在这些环节中,有些时点是比较重要的,如授予日、可行权日、等待期内的资产负债表日、行权日、出售日、失效日。

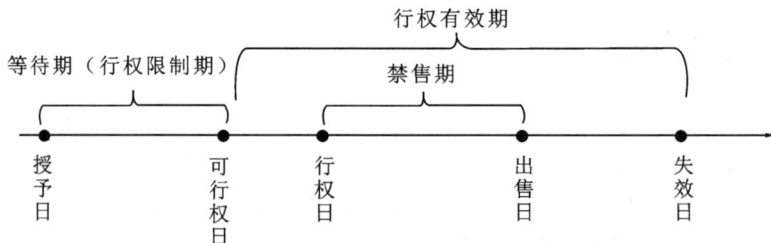

图 8-1 典型的股份支付交易环节时点示意图

从图8-1中可以看出,授予环节主要发生在授予日。等待可行权环节是指从授予日到可行权日。除非立即行权,否则股份支付均会存在等待期。行权环节从可行权日到实际行权日,这个时期称为行权有效期。出售环节一般在行权日后,行权日与出售日之间的时期称为禁售期。行权有效期不是无限的,行权有效期的最后一天即为失效日。

1. 授予日

授予日是指股份支付协议获得批准的日期。"获得批准"是指企业与职工或其他方就股份支付的协议条款和条件已达成一致,该协议获得股东大会或类似机构的批准。这里的"达成一致"是指双方在对该计划或协议内容充分形成一致理解的基础上,均接受其条款和条件。如果按照相关法规的规定,在提交股东大会或类似机构之前存在必要程序或要求,则应履行该程序或满足该要求。

2. 可行权日

可行权日是指可行权条件得到满足,职工或其他方从企业取得权益工具或现金权利的日期。有的股份支付协议是一次性可行权,有的则是分批可行权。一次性可行权和分批可行权就像根据购买合同是一次性付款还是分期付款一样。只有已经可行权的股票期权,才是职工真正拥有的"财产",才能去择机行权。

3. 等待期内的资产负债表日

从授予日至可行权日的时段,是可行权条件得到满足的期间,因此称为"等待期",又称为

"行权限制期"。在这个期间的每个期末,也就是资产负债表日,需要进行会计处理。

4. 行权日

行权日是指职工和其他方行使权利、获取现金或权益工具的日期。例如,持有股票期权的职工在某个日期行使了以特定价格购买一定数量本公司股票的权利,该日期即为行权日。

行权是按期权的约定价格实际购买股票。一般在可行权日之后到期权到期日之前的可选择时段(即行权有效期)内行权。

5. 出售日

出售日是指股票的持有人将行使期权所取得的期权股票出售的日期。按照我国法规规定,用于期权激励的股份支付协议,应在行权日与出售日之间设立禁售期,其中,国有控股上市公司的禁售期不得低于 2 年。

6. 失效日

失效日是指权利失效的日期。在行权有效期内均可以行权,行权有效期的最后一天即为失效日。

三、股份支付的主要类型

按照股份支付的方式和工具类型,股份支付主要可以划分为两大类。

1. 以权益结算的股份支付

以权益结算的股份支付是指企业为获取服务而以股份或其他权益工具作为对价进行结算的交易。以权益结算的股份支付最常用的工具有两类:限制性股票和股票期权。

限制性股票是指职工或其他方按照股份支付协议规定的条款和条件,从企业获得一定数量的本企业股票。企业授予职工一定数量的股票,在一个确定的等待期内或在满足特定业绩条件指标之前,职工出售股票要受到持续服务期限条款或业绩条件的限制。股票期权是指企业授予职工或其他方在未来一定期限内以预先确定的价格和条件购买本企业一定数量股票的权利。

2. 以现金结算的股份支付

以现金结算的股份支付是指企业为获取服务而承担以股份或其他权益工具为基础计算的交付现金或其他资产的义务的交易。以现金结算的股份支付最常用的工具有两类:模拟股票和现金股票增值权。

模拟股票和现金股票增值权是用现金支付模拟的股权激励机制,虽与股票挂钩,但用现金支付。除不需实际行权和持有股票外,模拟股票和现金股票增值权的运作原理与股票期权是一样的,都是以一种增值权形式与股票价值挂钩的薪酬工具。

四、股份支付的可行权条件

股份支付中通常涉及可行权条件。可行权条件是指能够确定企业是否得到职工或其他方提供的服务,且该服务使职工或其他方具有获取股份支付协议规定的权益工具或现金等权利的条件;反之,则称为非可行权条件。可行权条件包括服务期限条件和业绩条件,在满足这些条件之前,职工或其他方无法获取股份。

（一）服务期限条件

服务期限条件是指职工或其他方需完成规定的服务期限才能行权的条件。例如，股份支付协议规定，职工从 2023 年 3 月 1 日开始，连续在本企业工作满 5 年，即可享受一定数量的股票期权。很显然，企业在服务期内享受了职工提供的服务，因此，应将该服务计入相关的成本费用。

（二）业绩条件

业绩条件是指企业达到特定业绩目标的条件，具体包括市场条件和非市场条件。

市场条件是指行权价格、可行权条件以及行权可能性与权益工具的市场价格相关的业绩条件，如股份支付协议中关于股价上升至何种水平职工可相应取得多少股份的规定。

非市场条件是指除市场条件之外的其他业绩条件，如股份支付协议中关于达到最低盈利目标或销售目标才可行权的规定。

对于可行权条件为业绩条件的股份支付，企业在确定权益工具在授予日的公允价值时，应考虑市场条件的影响，而不考虑非市场条件的影响。市场条件是否得到满足，不影响企业对预计可行权情况的估计。但非市场条件是否满足，影响到企业对预计可行权条件的估计。只要职工满足了其他所有非市场条件，企业就应当确认已取得的服务。

【例 8-1】　楚旬公司是一家高科技上市公司。2020 年 1 月份，为了激励高管，该公司准备在每年度财务报告公布后，根据年度业绩考核结果对管理人员实施奖励。当考核合格时，公司将提取年度净利润的 0.5％作为管理人员的激励基金，基金只能用于为激励对象购买楚旬公司的流通股票并做相应冻结。

公司与管理层成员签署协议，规定如果管理层成员在其后 3 年中都在公司任职服务，并且公司股价每年提高 10％以上，管理层成员即可以低于市价的价格购买一定数量的本公司股票。同时作为协议的补充，公司把全体管理层成员的年薪提高了 60 000 元，但这部分年薪将存入公司专门建立的内部基金。3 年后，管理层成员可用属于其个人的部分抵减未来行权时需支付的购买股票款项。如果管理层成员决定退出这项基金，可随时全部提取。

楚旬公司以期权定价模型估计授予的此项期权在授予日的公允价值为 3 000 000 元，在授予日，该公司估计 3 年内管理层离职的比例为 15％；第二年末，公司调整其估计离职比率为 10％；到第三年末，实际离职率为 8％。

第一年，公司股价提高了 12％，第二年提高了 11％，第三年提高了 5％。公司在第一年末、第二年末均预计下年能实现当年股价增长 10％以上的目标。

【分析】　在本例中，如果不同时满足服务 3 年和公司股价年增长 10％以上的要求，管理层成员就无权行使其股票期权，因此二者都属于可行权条件，其中，服务满 3 年是一项服务期限条件，10％以上的股价增长要求是一项市场业绩条件。虽然公司要求管理层成员将部分薪金存入同一账户保管，但不影响其行权，因此，该条款不是可行权条件。

最后，92％的管理层成员满足了市场条件之外的全部可行权条件。尽管股价年增长 10％以上的市场条件未得到满足，楚旬公司在第三年的年末也应确认取得管理层提供的服务，并确认相应的费用。

（三）可行权条件的修改

通常情况下，股份支付协议生效后，不应对其条款和条件随意进行修改。但在某些特殊情况下,可能需要修改授予权益工具的股份支付协议中的条款和条件。例如,股票除权、除息或者有其他原因需要调整行权价格或股票期权数量。此外,为取得更佳的激励效果,有关法规也允许企业依据股份支付协议的规定,调整行权价格或股票期权数量,但应当由董事会做出决议并经股东大会审议批准,或者由股东大会授权董事会决定。

在会计核算上,无论已授予的权益工具的条件和条款如何修改,甚至取消权益工具的授予或结算该权益工具,企业都应至少确认按照所授予的权益工具在授予日的公允价值来计量获取的相应服务,除非因不能满足权益工具的可行权条件(除市场条件外)而无法行权。

1. 条款和条件的有利修改

企业应当分别以下情况,确认导致股份支付公允价值总额升高以及其他对职工有利的修改的影响:

(1)如果修改增加了所授予的权益工具的公允价值,企业按照权益工具公允价值的增加相应地确认取得服务的增加。权益工具公允价值的增加,是指修改前后的权益工具在修改日的公允价值之间的差额。

(2)如果修改增加了所授予权益工具的数量,企业应将增加的权益工具的公允价值相应地确认为取得服务的增加。

(3)如果企业按照有利于职工的方式修改可行权条件,如缩短等待期、变更或取消业绩条件(非市场条件),企业在处理可行权条件时,应当考虑修改后的可行权条件。

2. 条款和条件的不利修改

如果企业以减少股份支付公允价值总额的方式或其他不利于职工的方式修改条件或条款,企业仍应继续对取得的服务进行会计处理,如同该变更从未发生,除非企业取消了部分或全部已授予的权益工具。具体包括如下几种情况:

(1)如果修改减少了授予的权益工具的公允价值,企业应当继续以权益工具在授予日的公允价值为基础,确认取得服务的金额,而不应考虑权益工具公允价值的减少。

(2)如果修改减少了授予的权益工具的数量,企业应当将减少部分作为已授予的权益工具的取消来进行处理。

(3)如果企业以不利于职工的方式修改了可行权条件,如延长等待期、增加或变更业绩条件(非市场条件),企业在处理可行权条件时,不应考虑修改后的可行权条件。

3. 取消或结算

如果企业在等待期内取消了所授予的权益工具或结算了所授予的权益工具(因未满足可行权条件而取消的除外),企业应当进行如下处理:

(1)将取消或结算作为加速可行权处理,立即确认原本应在剩余等待期内确认的金额。

(2)在取消或结算时支付给职工的所有款项均应作为权益的回购处理,回购支付的金额高于该权益工具在回购日公允价值的部分,计入当期费用。

如果向职工授予新的权益工具,并在新权益工具授予日认定所授予的新权益工具是用于替代被取消的权益工具的,企业应以与处理原权益工具条款和条件修改相同的方式,对所授予的替代权益工具进行处理。权益工具公允价值的增加,是指在替代权益工具的授予日,替代权益工具公允价值与被取消的权益工具净公允价值之间的差额。被取消的权益工具的净公允价值,是指其在被取消前立即计量的公允价值减去因取消原权益工具而作为权益回购支付给职工的款项。如果企业未将新授予的权益工具认定为替代权益工具,则应将其作为一项新授予的股份支付进行处理。

企业如果回购其职工已可行权的权益工具,应当借记所有者权益,回购支付的金额高于该权益工具的回购日公允价值的部分,计入当期损益。

五、股份支付的信息披露

与股份支付相关的信息披露包括表内披露和报表附注中的披露。

(一)表内披露

股份支付在资产负债表日确认的资产成本应在资产负债表中列示,费用则在利润表中列示。以权益结算的股份支付确认的资本公积应在资产负债表中的所有者权益项目下列示;以现金结算的股份支付确认的应付职工薪酬在资产负债表中的流动负债项目下列示。

(二)报表附注中的披露

根据《企业会计准则第 11 号——股份支付》的规定,企业应当在报表附注中披露两方面的信息:一是与股份支付本身有关的信息;二是股份支付交易对当期财务状况和经营成果的影响。

企业应当在附注中披露与股份支付有关的下列信息:当期授予、行权和失效的各项权益工具总额;期末发行在外的股份期权和其他权益工具行权价格的范围和合同剩余期限;当期行权的股份期权和其他权益工具以行权日价格计算的加权平均价格;权益工具公允价值的确定方法。

企业应当在附注中披露股份支付交易对当期财务状况和经营成果的影响,至少应包括下列信息:当期因以权益结算的股份支付而确认的费用总额;当期因以现金结算的股份支付而确认的费用总额;当期以股份支付换取的职工服务总额及其他方服务总额。

第二节　以权益结算的股份支付的确认和计量

一、以权益结算的股份支付的确认和计量原则

(一)换取职工服务的股份支付的确认和计量原则

就确认时点来看,换取职工服务的股份支付可以分为有等待期的股份支付和授予后立即可执行的股份支付。对于有等待期的换取职工服务的股份支付,企业应当以股份支付所授予的权益工具的公允价值计量。在等待期内的每个资产负债表日,企业应以对可行权权益工具数量的最佳估计为基础,按照权益工具在授予日的公允价值,将当期取得的服务计入相关资产成本或当期费用,同时计入资本公积中的其他资本公积。在这种情况下,需要对未来可行权权益工具的数量进行最佳估计,用估计的权益工具的数量乘以权益工具在授予日的公允价值就可以得出应计入当期费用或资产成本的金额。这一部分由于还未实际行权,并不是企业的股份数量增加,因此,先计入资本公积中。

对于授予后立即可行权的换取职工服务的以权益结算的股份支付,应在授予日按照权益工具的公允价值,将取得的服务计入相关资产成本或当期费用,同时计入资本公积中的股本溢价。

（二）换取其他方服务的股份支付的确认和计量原则

对于换取其他方服务的股份支付,企业应当以股份支付所换取的服务的公允价值计量。企业应当按照其他方服务在取得日的公允价值,将取得的服务计入相关资产成本或费用。如果其他方服务的公允价值不能可靠计量,但权益工具的公允价值能够可靠计量,企业应当按照权益工具在服务取得日的公允价值,将取得的服务计入相关资产成本或费用。

比较上述两种情况的确认和计量原则可以发现,换取其他方服务的股份支付一般是以所取得服务的公允价值来确定计入当期费用或资产成本的金额;而换取职工服务的股份支付是以所支付股份的公允价值来确定计入当期费用或资产成本的金额。

二、以权益结算的股份支付的会计处理

股份支付的会计处理必须以完整、有效的股份支付协议为基础。

1.授予日

除了立即可行权的股份支付外,企业在授予日不需要做会计处理。对于立即可行权的股份支付,其会计处理与可行权日的会计处理相同。

2.等待期内每个资产负债表日

对于以权益结算的股份支付,企业应当在等待期内的每个资产负债表日,将取得职工或其他方提供的服务计入当期费用或资产成本,同时确认所有者权益。计入成本或费用的金额应当按照授予日权益工具的公允价值计量,即使权益工具的公允价值发生变动,也不确认其后公允价值的变动。由于未来可行权的职工人数会发生变动,企业必须根据最新取得的可行权职工人数变动等后续信息做出最佳估计,修正预计可行权的权益工具数量。

根据上述权益工具的公允价值和预计可行权的权益工具数量,计算截至当期累计应确认的成本或费用金额,再减去前期累计已确认金额,作为当期应确认的成本或费用金额。

在等待期的资产负债表日,企业根据授予日权益工具的公允价值乘以预计可行权的权益工具数量,按照职工所付出服务的性质,借记"生产成本""制造费用""管理费用""销售费用""研发支出""在建工程"等科目,贷记"资本公积——其他资本公积"科目。

3.可行权日

在可行权日,也就是等待期结束,有权利参加行权的职工人数应当确定,预计可行权权益工具的数量也应当确定,且应与未来实际可行权工具的数量保持一致。至于未来是否行权,则另当别论。因此,可行权日的会计处理和等待期内的资产负债表日处理一样,只是可行权权益工具的数量是确定的。

4.可行权日之后

对于以权益结算的股份支付,在可行权日之后不再对已确认的成本费用和所有者权益总额进行调整。

5.行权日

企业应在行权日根据行权情况,确认股本和股本溢价:根据行权时收到的款项,借记"银行

存款"科目;结转等待期内确认的资本公积,借记"资本公积——其他资本公积"科目;根据转换的股本数,贷记"股本"科目;按其差额,贷记"资本公积——股本溢价"科目。

三、以权益结算的股份支付的应用举例

(一)附服务期限条件的以权益结算的股份支付

【例8-2】 A公司为上市公司。2017年12月,A公司董事会批准了一项股份支付协议。协议规定,2018年1月1日起在公司向其400名管理人员每人授予1 000份股票期权。这些管理人员必须从2018年1月1日起在公司连续服务3年,服务期满才能够以每股5元的价格购买1 000股A公司股票。公司估计该期权在授予日(2018年1月1日)的公允价值为每股12元。

(1)第1年有40名管理人员离开A公司,该公司估计3年中离开的管理人员比例将达到20%。

(2)第2年又有20名管理人员离开公司,公司将估计的管理人员离开比例修正为15%。

(3)第3年又有30名管理人员离开。

(4)第4年末(2021年12月31日),有30名管理人员放弃了股票期权。

(5)第5年末(2022年12月31日),剩余280名管理人员全部行权,A公司股票面值为每股1元,管理人员以每股5元购买。

根据上述资料,A公司所做的会计处理如下。

1.计算费用和资本公积

计算过程如表8-1所示。

表8-1 费用和资本公积计算表

单位:元

年份	计算	当期费用	累计费用
2018	$400 \times (1-20\%) \times 1\,000 \times 12 \times 1/3$	1 280 000	1 280 000
2019	$400 \times (1-15\%) \times 1\,000 \times 12 \times 2/3 - 1\,280\,000$	1 440 000	2 720 000
2020	$310 \times 1\,000 \times 12 - 2\,720\,000$	1 000 000	3 720 000

2.会计处理

(1)授予日:

2018年1月1日,不做处理。

(2)等待期内的每个资产负债表日:

①2018年12月31日:

借:管理费用等   1 280 000

    贷:资本公积——其他资本公积   1 280 000

②2019年12月31日:

借:管理费用等   1 440 000

    贷:资本公积——其他资本公积   1 440 000

③2020年12月31日:

借:管理费用等　　　　　　　　　　　　　　　　　　1 000 000
　　贷:资本公积——其他资本公积　　　　　　　　　　　　　　1 000 000

(3)可行权日及之后:

①2021年12月31日:

不调整成本费用和资本公积。

②2022年12月31日:

借:银行存款　　　　　　　(280×1 000×5)　1 400 000
　　资本公积——其他资本公积　　　　　　　3 720 000
　　贷:股本　　　　　　　(280×1 000×1)　280 000
　　　资本公积——股本溢价　　　　　　　　　　4 840 000

(二)附非市场业绩条件的以权益结算的股份支付

【例8-3】　2019年1月1日,A公司为其200名管理人员每人授予1 000份股票期权,可行权条件为:2019年末,公司当年净利润增长率达到20%;2020年末,公司2019—2020年两年净利润平均增长率达到15%;2021年末,公司2019—2021年3年净利润平均增长率达到10%。每份期权在2019年1月1日的公允价值为20元。

2019年12月31日,净利润增长了18%,同时有16名管理人员离开,公司预计2020年将以同样速度增长,即2019—2020年两年净利润平均增长率能够达到18%,因此预计2020年12月31日可行权,另外预计第2年又将有16名管理人员离开公司。

2020年12月31日,公司利润仅增长了10%,但公司预计2019—2021年3年净利润平均增长率可达到12%,因此预计2021年12月31日可行权。另外,实际有20名管理人员离开,公司预计第3年将有24名管理人员离开。

2021年12月31日,公司净利润增长了8%,3年平均增长率为12%,满足了可行权条件(即3年净利润平均增长率达到10%)。当年有16名管理人员离开。

本例的可行权条件是一项非市场业绩条件。

第1年末,虽然没能实现净利润增长20%的要求,但公司预计下年将以同样的速度增长,因此能实现两年平均增长15%的要求,所以公司将其预计等待期调整为2年。第2年末,虽然两年实现15%增长的目标再次落空,但公司仍然估计能够在第3年取得较理想的业绩,从而实现3年平均增长10%的目标,所以公司将等待期调整为3年。第3年末,目标实现。公司根据实际情况确定累计费用,并据此确认了第3年费用的调整。

费用和资本公积计算过程见表8-2。

表8-2　费用和资本公积计算表

单位:元

年份	计算	当期费用	累计费用
2019	(200−16−16)×1 000×20×1/2	1 680 000	1 680 000
2020	(200−16−20−24)×1 000×20×2/3−1 680 000	186 666.67	1 866 666.67
2021	(200−16−20−16)×1 000×20−1 866 666.67	1 093 333.33	2 960 000

会计分录如下:

(1)2019 年 12 月 31 日:

借:管理费用 　　　　　　　　　　　　　　　1 680 000

　　贷:资本公积——其他资本公积 　　　　　　　　　　1 680 000

(2)2020 年 12 月 31 日:

借:管理费用 　　　　　　　　　　　　　　　186 666.67

　　贷:资本公积——其他资本公积 　　　　　　　　　　186 666.67

(3)2021 年 12 月 31 日:

借:管理费用 　　　　　　　　　　　　　　　1 093 333.33

　　贷:资本公积——其他资本公积 　　　　　　　　　　1 093 333.33

第三节　以现金结算的股份支付的确认和计量

以现金结算的股份支付是指企业为获取服务而承担以股份或其他权益工具为基础计算的交付现金或其他资产的义务的交易。以现金结算的股份支付最常用的工具有两种:现金股票增值权和模拟股票。

一、以现金结算的股份支付的确认和计量原则

在实际行权或者结算之前,以现金结算的股份支付实质上是企业欠职工的一项负债。企业应该在等待期内的每个资产负债表日,以对可行权情况的最佳估计为基础,按照企业承担负债的公允价值,将当期取得的服务计入相关资产成本或当期费用,同时计入负债,并在结算的每个资产负债表日和结算日对负债的公允价值重新进行计量,将其变动计入公允价值变动损益。

对于授予后立即可行权的以现金结算的股份支付,企业应当在授予日按照企业承担负债的公允价值计入相关资产成本或费用,同时计入负债,并在结算前的每个资产负债表日和结算日对负债的公允价值重新进行计量,将其变动计入损益。

二、以现金结算的股份支付的会计处理

股份支付的会计处理必须以完整、有效的股份支付协议为基础。

1. 授予日

和以权益结算的股份支付相同,除了立即可行权的股份支付外,企业在授予日不做会计处理。

2. 等待期内每个资产负债表日

对于以现金结算的股份支付,企业应当在等待期内的每个资产负债表日,将取得职工或其他方提供的服务计入成本或费用,同时确认负债。以现金结算的股份支付在未结算时确认为负债,因其相当于是欠职工的薪酬负债,这是和以权益结算的股份支付的较大区别之一。

根据某一资产负债表日预计可行权工具的数量乘以当日权益工具的公允价值,借记"生产成本""制造费用""管理费用""研发支出""在建工程""销售费用"等科目,贷记"应付职工薪

酬——股份支付"项目。

值得注意的是,对于以现金结算的股份支付,如果各个资产负债表日的权益工具的公允价值发生变化,应当按照每个资产负债表日权益工具的公允价值重新计算,确定成本或费用和应付职工薪酬,其会计分录的做法不变。

3.可行权日

在可行权日,也就是等待期结束,有权利参加行权的职工人数应当确定,预计应付职工薪酬也应当确定,且应和未来实际支付金额保持一致。因此,可行权日的会计处理和等待期内的资产负债表处理一样,只是应付金额是确定的。

4.可行权日之后

对于以现金结算的股份支付,企业在可行权日之后不再确认成本或费用,但是对用以计算负债的权益工具公允价值发生变动引起的负债(应付职工薪酬)公允价值的变动,应当进行确认,计入当期损益,即公允价值变动损益。这也是和以权益结算的股份支付的较大区别之一。

5.行权日

企业在职工行权日根据行权情况,按照所支付现金,借记"应付职工薪酬——股份支付"科目,贷记"银行存款"等科目。

三、以现金结算的股份支付的应用举例

以现金结算的股份支付的主要支付工具是现金股票增值权,以下就用现金股票增值权为例来说明。

【例8-4】 2017年12月,A公司为其400名中层以上职员每人授予1 000份现金股票增值权,并规定这些职员从2018年1月1日起在该公司连续服务3年即可按照当时股价的增长幅度获得现金,该增值权应在2022年12月31日之前行使。A公司估计的该增值权在负债结算之前的每一资产负债表日以及结算日的公允价值和可行权后的每份增值权现金支出额如表8-3所示。

表8-3　各年公允价值与支付现金一览表

单位:元

年份	公允价值(每份)	支付现金(每份)
2018	28	
2019	30	
2020	36	32
2021	42	40
2022		50

第1年有40名中层以上职员离开A公司,A公司估计3年中还有30名中层以上职员离开;第2年又有20名中层以上职员离开,公司估计还将有20名中层以上职员离开;第3年又有30名中层以上职员离开。第3年末,有140人行使股票增值权取得了现金。第4年末,有100人行使了股票增值权。第5年末,剩余70人也行使了股票增值权。

1. 费用和负债计算

费用和负债计算过程见表 8-4。

表 8-4　费用和负债计算表

单位:元

年份	负债计算 (1)	支付现金计算 (2)	负债 (3)	支付现金 (4)	当期费用 (5)
2018	$(400-70)\times 1\ 000\times 28\times 1/3$		3 080 000		3 080 000
2019	$(400-80)\times 1\ 000\times 30\times 2/3$		6 400 000		3 320 000
2020	$(400-90-140)\times 1\ 000\times 36$	$140\times 1\ 000\times 32$	6 120 000	4 480 000	4 200 000
2021	$(400-90-140-100)\times 1\ 000\times 42$	$100\times 1\ 000\times 40$	2 940 000	4 000 000	820 000
2022	0	$70\times 1\ 000\times 50$	0	3 500 000	560 000
总额				11 980 000	11 980 000

注:表中(1)计算得出(3),(2)计算得出(4),当期(3)-前一期(3)+当期(4)=当期(5)。

2. 会计分录

(1)2018 年 12 月 31 日:

借:管理费用　　　　　　　　　　　　　　　3 080 000

　　贷:应付职工薪酬——股份支付　　　　　　　　　3 080 000

(2)2019 年 12 月 31 日:

借:管理费用　　　　　　　　　　　　　　　3 320 000

　　贷:应付职工薪酬——股份支付　　　　　　　　　3 320 000

(3)2020 年 12 月 31 日:

借:管理费用　　　　　　　　　　　　　　　4 200 000

　　贷:应付职工薪酬——股份支付　　　　　　　　　4 200 000

借:应付职工薪酬——股份支付　　　　　　　4 480 000

　　贷:银行存款　　　　　　　　　　　　　　　　　4 480 000

(4)2021 年 12 月 31 日:

借:公允价值变动损益　　　　　　　　　　　820 000

　　贷:应付职工薪酬——股份支付　　　　　　　　　820 000

借:应付职工薪酬——股份支付　　　　　　　4 000 000

　　贷:银行存款　　　　　　　　　　　　　　　　　4 000 000

(5)2022 年 12 月 31 日:

借:公允价值变动损益　　　　　　　　　　　560 000

　　贷:应付职工薪酬——股份支付　　　　　　　　　560 000

借:应付职工薪酬——股份支付　　　　　　　3 500 000

　　贷:银行存款　　　　　　　　　　　　　　　　　3 500 000

本章小结

本章在阐述股份支付的内涵、股份支付的环节和时点、股份支付工具的主要类型等的基础上,重点介绍了以权益结算的股份支付的会计处理和以现金结算的股份支付的会计处理。

股份支付,是"以股份为基础的支付"的简称,是指企业为获取职工和其他方提供的服务而授予权益工具或者承担以权益工具为基础确定的负债的交易。从环节上说,典型的股份支付通常涉及四个主要环节:授予环节、等待可行权环节、行权环节和出售环节。股份支付主要可以划分为两类:以权益结算的股份支付和以现金结算的股份支付。

以权益结算的股份支付是指企业为获取服务而以股份或其他权益工具作为对价进行结算的交易。以权益结算的股份支付最常用的工具有两类:限制性股票和股票期权。以现金结算的股份支付是指企业为获取服务而承担以股份或其他权益工具为基础计算的交付现金或其他资产的义务的交易。以现金结算的股份支付最常用的工具有两类:模拟股票和现金股票增值权。

思政园地

股权激励措施带动公司科技创新

随着经济进入新常态,经济增长处于从要素驱动转向创新驱动的关键时期,创新已成为企业提升竞争力的力量来源,而研发活动则是增强企业科技创新能力的重要环节。股权激励则是在经营权和所有权相分离的前提下,企业实施的一种激励机制。

华为公司向来注重实施股权激励。在创业初期,员工薪酬设计中就包含给予员工分红权,演变到后来则为给予员工限制性股权。随着公司股权结构改革,华为公司又实行虚拟股权激励计划。华为公司在设计股权激励方案时,激励对象不局限于公司管理人员,有一定级别的研发人员等都是公司的激励对象。对研发人员的激励,稳定了研发人员队伍,保证了研发工作的持续性;同时,研发人员通过获取股份增值额,将自身工作与企业发展联系起来,激发了自身工作热情,从而增强了公司整体的研发实力。伴随着股权激励方案的实施,华为公司的研发实力不断增强,年专利申请量达到6 000余件,连续5年霸榜全球第一。

我国已经有越来越多的高新技术企业开始实施股权激励来吸引人才、激励人才、留住人才,从而激发企业创新活力,带动公司科技创新,促使我国科学技术蓬勃发展。

思考题

1.股份支付有哪些主要环节?
2.什么是以权益结算的股份支付和以现金结算的股份支付?
3.什么是可行权条件?可行权条件有哪些?
4.以权益结算的股份支付和以现金结算的股份支付在会计处理上有何区别?

练习题

1.A公司为上市公司。2019年1月1日,A公司向其200名管理人员每人授予100份股票期权,条件是这些管理人员必须从2019年1月1日起在公司连续服务3年,服务期满才能够以每股5元的价格购买100股公司股票,从而获益。公司估计该期权在授予日的公允价值为 18 元。

(1)第 1 年有 20 名管理人员离开 A 公司,该公司估计 3 年中离开的管理人员比例将达到 20%。

(2)第 2 年又有 10 名管理人员离开公司,公司将估计的管理人员离开比例修正为 15%。

(3)第 3 年又有 15 名管理人员离开。

(4)假设 2022 年 12 月 31 日,155 名管理人员全部行权,股票面值为 1 元。

要求:根据上述资料,编制 A 公司的会计分录。

2. 2018 年 1 月 1 日,A 公司为其 200 名中层以上职员每人授予 100 份现金股票增值权,并规定这些职员从 2018 年 1 月 1 日起在该公司连续服务 3 年即可按照当时股价的增长幅度获得现金,该增值权应在 2022 年 12 月 31 日之前行使。A 公司估计的该增值权在负债结算之前的每一资产负债表日以及结算日的公允价值和可行权后的每份增值权现金支出额如表 8-5 所示。

表 8-5 各年公允价值与支付现金一览表

单位:元

年份	公允价值(每份)	支付现金(每份)
2018	14	
2019	15	
2020	18	16
2021	21	20
2022		25

第 1 年有 20 名中层以上职员离开 A 公司,A 公司估计 3 年中还有 15 名中层以上职员离开;第 2 年又有 10 名中层以上职员离开,公司估计还将有 10 名中层以上职员离开;第 3 年又有 15 名中层以上职员离开。第 3 年末,有 70 人行使股票增值权取得了现金。第 4 年末,有 50 人行使了股票增值权。第 5 年末,剩余 35 人也行使了股票增值权。

要求:根据上述资料,编制 A 公司的会计分录。

第九章 企业重组与清算会计

· 学习目标 ·

通过本章学习,学生应了解企业重组和债务重组的内涵,掌握债务重组的各种方式及其会计处理,掌握破产清算的会计处理程序及方法。

· 课前导读 ·

企业间发生的债权、债务关系是经济往来结算的产物。在债务人无法按时偿还款项时,重组债务就具有了特别重要的意义。

在债务人提出因财务困难不能履约支付所欠债务时,债权人应权衡是否做出让步,让步就意味着减收债权的额度或延长收回债权的时间,出现债务重组损失。但如果此时不做出让步,债务人无力付款或因不让步而造成债务人的财务状况进一步恶化,很可能使债务人所欠的"暂时"债务演变成"永久"债务。因此,债务重组尽管给债权人造成了一定数额的经济损失,但使债务人所欠债务的收回可能性增大,有利于最大程度收回债务人所欠款项。

债务人因一时的财务困难而无法全额偿付债务或暂时无法偿付债务,并不意味着财务状况改善无希望可言,此时债权人做出让步,将缓解债务人的财务困难,使其能更充分地利用这一机会解决问题、重现生机。如果债权人与债务人是长期的合作伙伴关系,相互之间有非常紧密的经济关系,彼此之间的财务状况对对方有直接的影响,债务重组的意义就更显重要了。

清算会计原则

企业通过债务重组,可以改善资产负债结构,提高资产质量,提升企业业绩,化解市场风险,优化企业的整体结构。

⑧ / 引 导 案 例 /

佳兆业公司债务重组

佳兆业公司于 1999 年成立,总部位于中国香港,是一家实力雄厚的大型综合性房地产公司,2009 年 12 月在港交所上市。自 2014 年 11 月底被爆出其在深圳的房源被限制销售或查封锁定的消息以来,佳兆业公司陷入债务违约危机中。2015 年 1 月初,由于佳兆业公司又触发了汇丰银行贷款的违约事项,其债务危机进一步恶化。在此背景下,佳兆业公司走上了债务重组的"救赎之路"。佳兆业公司债务问题并不是"资不抵债",而是由于非经济类的风险被锁定楼盘,无法回笼资金,导致对金融机构违约,政府冻结资金。因此,从债务重组处置技术上来看,难度并不大。

佳兆业公司债务重组过程分为境内债务重组与境外债务重组两部分。

(1)境内重组方案。

佳兆业公司采用修改其他债务条件方式制订其境内债务重组方案,该方案可概括为"不削减本金、降低利率和延长展期"。融创中国控股有限公司(简称"融创")是一家于香港联交所上市的专门从事住宅及商业地产综合开发的企业。在融创主导下,佳兆业公司于2015年3月2日公布其境内债务重组计划。根据公告显示,其境内债务涉及两笔贷款,包括银行债务124.18亿元和非银行金融机构债务355.53亿元,共计479.71亿元,占其境内外计息债务总额的73.79%。

佳兆业公司拟重组方案是:在公司境内债务抵押品及担保不出现任何变动且不削减债权人本金的情况下,向所有境内债权人全数支付本金。但是相关债务利息将予减少,减少后利息不低于人民银行贷款基准利率的70%,同时将债务剩余期限延长到3~6年。原有债务剩余期限多于6年的仍按原有期限执行。

(2)境外重组方案。

佳兆业公司2015年3月8日首次公布其境外重组方案,具体为"保金、降息、延长展期",属于其他债务条件方式。佳兆业公司涉及的境外债务包括5笔高息票据、1笔可转换债券及境外贷款,合计约170亿元人民币。重组方案为:对于5笔高息票据和1笔可转换债券,不削减本金,但票息率由原来的6.875%至12.875%大幅下降为2.7%至6.9%区间,还款年限也将延长5年。

重组方案旨在通过综合施策,降低境外债权人的心理预期,为后续债务重组营造有利于债务人的外部环境和谈判空间。但是,相比于境内债务重组方案,境外债务重组方案的利息削减更多且展期时间整体更长。比如境内债务重组后的利率是不低于同期银行贷款利率的70%,而境外则是50%。因此,境外债务重组方案遭到了海外债权人否决,佳兆业公司首轮重组以失败告终。

后续,佳兆业公司经过妥协让步,提高了境外债权人在债权利率和期限设置上的补偿,于2016年7月成功完成债务重组。2017年3月27日,佳兆业公司在港交所正式复牌。

问题:

(1)该案例中佳兆业公司必须进行债务重组的原因是什么?

(2)该案例中佳兆业公司首次境外重组方案失败的原因是什么?

第一节　企业重组与清算概述

一、企业重组与破产清算的含义

企业在其经营活动中可能会由于自身的经营条件或企业外部的环境等各种原因,无法如期偿还到期债务,而陷入财务困难甚至财务危机。如果企业的财务困难是暂时的,则企业可通过与债务人协商,达成债务重组的协议,或者按照法定程序进行企业重组。企业重组是对企业的资金、劳动力、技术、管理等要素进行重新配置,构建新的生产经营模式,使企业在变化中保持竞争优势的过程。企业重组贯穿于企业发展的每一个阶段。企业重组是针对企业产权关系和其他债务、资产、管理结构所展开的企业的改组、整顿与整合的过程,企业以此从整体上和战略上改善经营管理状况,强化企业在市场上的竞争能力,推进企业创新。

企业重组分为广义的企业重组和狭义的企业重组。广义的企业重组,包括企业的所有权、资产、负债、人员、业务等要素的重新组合和配置。狭义的企业重组是指企业以资本保值增值为目标,运用资产重组、负债重组和产权重组方式,优化企业资产结构、负债结构和产权结构,以充分利用现有资源,实现资源优化配置。本章主要对债务重组的会计处理进行讲解。

如果企业的财务危机十分严重,可以采取破产方式来解决。这就需要按照破产法的规定进行破产清算。破产清算是指破产企业的法人资格消失,通过清算来结束各种债权债务关系。破产清算是解决财务困难最为极端的方式。而破产清算会计是财务会计的一个重要分支,它是以宣告破产企业为主体,对其破产清算期间的各经济事项进行确认、计量、记录和报告,以反映破产企业的资产对债务的清偿过程和结果的一种专门会计。破产清算会计是服务于企业破产这样一个特定法律状态和法律程序的,因此,其相对于财务会计而言,具有显著的特点。

1. 特殊的会计目标

企业会计的目标是向会计信息使用者提供能够反映企业在各会计期间的财务状况、经营成果和现金流量的会计信息,帮助会计信息使用者进行有效的决策。而破产清算会计的目的在于,对破产企业在宣告破产后财产的处理情况及其债务偿还情况进行核算和报告,从而能够有效地管理破产过程,维护债权人、债务人和出资人各方的合法权益。

2. 特殊的计量基础

企业会计的计量属性有历史成本、重置成本、可变现净值、现值和公允价值。破产清算会计关注的是企业现有财产的现时价值对现时债务的偿还程度,因而计量属性以公允价值为基础,以更好地反映企业财产的现时价值。

3. 财务报告体系发生变化

企业会计的报告体系主要包括资产负债表、利润表、现金流量表、所有者权益变动表和附注。由于会计信息的核算过程、核算内容和报告目标都发生了显著的变化,破产清算会计的财务报告体系一般包括清算日的财务状况评估表、破产清算完成日现金收支表、变现及偿债情况表等。

二、企业重组与企业破产的关系

企业重组与企业破产之间有着密切联系,这二者都是改变企业经营状况的重要手段,都可能涉及企业与外部债权债务关系的改变。特别是企业存在财务困境的,可能会先采用债务重组方式来减轻企业债务压力,改善经营状况;在重组无望时,可能就需要通过破产清算来解除与外部经营者之间的债权债务关系了。

企业重组与企业破产也有着本质的区别。首先,企业重组既可能发生在经营良好的企业,如企业进行股份制改造,也可能发生在经营管理不善的企业,如一些 ST 企业通过企业重组以期提高企业业绩;而企业破产往往是在企业经营困难、资不抵债的情况下才会进行。其次,企业重组仍然是在"持续经营"的基础上进行的,企业重组的结果不是企业经营活动的终止,而是使企业"轻装上阵";而企业破产的最终结果是解除与外部经营者的债权债务关系,不再开展经营活动,企业丧失其法人资格。

第二节　债　务　重　组

一、债务重组的内涵

债务重组是指在不改变交易对手方的情况下,经债权人和债务人协定或法院裁定,就清偿债务的时间、金额或方式等重新达成协议的交易。如果是不同交易对手方之间的债权债务相互抵销、重新修订协议等,应按金融工具相关准则进行处理。

债务重组主要有以下几种方式。

(1)以资产清偿债务。

以资产清偿债务是指债务人转让其资产给债权人以清偿债务的债务重组方式。债务人通常用于偿还债务的资产包括货币资金、存货、固定资产、无形资产等。

(2)将债务转为资本。

将债务转为资本是指债务人将债务转为资本,同时债权人将债权转为股权的债务重组方式。但债务人根据转换协议,将应付可转换企业债券转为资本的,属于正常情况下的债务转资本,不能作为债务重组处理。

(3)修改其他债务条件。

修改其他债务条件是指减少债务本金、减少债务利息等,不包括上述(1)、(2)的债务重组方式。

(4)以上三种方式的组合。

这种方式是指采用上述三种方法共同清偿债务的债务重组方式,例如,以转让资产清偿某项债务的一部分,另一部分债务通过修改其他债务条件进行债务重组。

二、以资产清偿债务

(一)以现金清偿债务

对于债务人而言,以现金清偿债务,债务人应当将重组债务的账面价值与实际支付现金之间的差额确认为债务重组利得,计入"营业外收入——债务重组利得"科目。按应付债务的账面余额,借记"应付账款"等科目;按实际支付的金额,贷记"银行存款"科目。

对于债权人而言,债务人以现金清偿债务,债权人应当将重组债权的账面余额与收到的现金之间的差额先冲减已计提的减值准备,冲减后仍有损失的,计入"营业外支出——债务重组损失"科目;冲减后减值准备仍有余额的,应予转回并抵减当期资产减值损失。

【例 9-1】　A 公司于 2022 年 1 月 20 日销售一批材料给 B 公司,不含税价格为 200 000元,增值税税率为 13%,按合同规定,B 公司应于 2022 年 4 月 1 日前偿付货款。由于 B 公司发生财务困难,无法按合同规定的期限偿还债务,经双方协商于 2022 年 5 月 1 日进行债务重组。债务重组协议规定,A 公司同意减免 B 公司 30 000 元债务,余额用现金立即偿清。A 公司已于 5 月 10 日收到 B 公司通过转账偿还的剩余款项。A 公司已为该项应收债权计提了 20 000元的坏账准备。

要求:分别做出 A、B 公司的会计处理。

(1)B 公司(债务人)的会计处理:

借:应付账款	226 000	
贷:银行存款		196 000
营业外收入——债务重组利得		30 000

(2)A 公司(债权人)的会计处理:

借:银行存款	196 000	
营业外支出——债务重组损失	10 000	
坏账准备	20 000	
贷:应收账款		226 000

假设 A 公司对该应收账款计提坏账准备 5 万元,则其会计处理为:

借:银行存款	196 000	
坏账准备	30 000	
贷:应收账款		226 000
借:坏账准备	20 000	
贷:信用减值损失		20 000

(二)以非现金资产清偿债务

以非现金资产清偿债务的,债务人应当将重组债权的账面价值与转让的非现金资产公允价值之间的差额确认为债务重组利得,计入"营业外收入——债务重组利得"科目。转让的非现金资产公允价值与其账面价值之间的差额,作为转让资产损失,计入当期损益。

债务人在转让非现金资产的过程中发生的一些费用,如评审费和运杂费等,直接计入转让资产损益。对于增值税应税项目,如债权人不向债务人另行支付增值税,则债务重组利得应为转让非现金资产的公允价值和该非现金资产的增值税销项税额与重组债务账面价值的差额;如债权人向债务人另行支付增值税,则债务重组利得应为转让非现金资产的公允价值与重组债务账面价值的差额。

1.以原材料、库存商品抵偿债务

债务人以原材料、库存商品抵偿债务,应视同销售进行核算。企业可将该项业务分为两个部分。一是将原材料、库存商品出售给债权人,取得货款。出售原材料、库存商品业务与企业正常的销售业务处理相同,其发生的损益计入当期损益。二是以取得的货币清偿债务。当然,在这项业务中实际上并没有发生相应的货币流入和流出。

【例 9-2】　A 公司欠 B 公司购货款 350 000 元。由于 A 公司财务发生困难,短期内不能支付货款。经协商,A 公司以其生产的产品偿还债务,该产品的公允价值为 200 000 元,实际成本为 120 000 元。A 公司为一般纳税企业,增值税税率为 13%。B 公司接受 A 公司以产品偿还债务,将该产品作为库存商品入库;B 公司未对该项应收账款计提坏账准备。根据上述资

料,A 公司和 B 公司应做如下会计处理:

(1)A 公司的会计处理:

①以产品偿还债务视同销售处理:

借:应收账款	226 000	
贷:主营业务收入		200 000
应交税金——应交增值税(销项税额)		26 000
借:主营业务成本	120 000	
贷:库存商品		120 000

②清偿债务:

债务重组利得＝350 000 元－226 000 元＝124 000 元。

借:应付账款	350 000	
贷:应收账款		226 000
营业外收入——债务重组利得		124 000

在本例中,销售产品取得的利润体现在营业利润中,债务重组损益作为营业外收入和支出处理。如果债务人以库存材料清偿债务,则债务重组损益作为其他业务收入和支出处理。

(2)B 公司的会计处理:

借:库存商品	200 000	
应交税金——应交增值税(进项税额)	26 000	
营业外支出——债务重组损失	124 000	
贷:应收账款		350 000

2. 以固定资产抵偿债务

债务人以固定资产抵偿债务,应将固定资产的公允价值与该项固定资产账面价值和清理费用的差额作为转让固定资产的损益处理;同时,将固定资产的公允价值与应付债务的账面价值的差额,作为债务重组利得,计入营业外收入。债权人收到的固定资产应按公允价值计量。

【例 9-3】 2022 年 1 月 5 日,B 公司销售一批材料给 A 公司,价款为 1 100 000 元(包括应收取的增值税税额),按购销合同约定,A 公司应于 2022 年 4 月 5 日前支付价款,但至 2022 年 6 月 30 日 A 公司尚未支付。由于 A 公司发生财务困难,短期内无法偿还债务,经过协商,B 公司同意 A 公司用其一台机器设备抵偿债务。该项设备的账面原价为 1 200 000 元,累计折旧为 330 000 元,公允价值为 850 000 元。抵债设备已于 2022 年 7 月 10 日运抵 B 公司,B 公司将其用于本公司产品的生产。

(1)A 公司的会计处理:

债务重组利得＝1 100 000 元－(850 000 元＋850 000 元×13%)＝139 500 元。

固定资产清理损益＝850 000 元－(1 200 000 元－330 000 元)＝－20 000 元。

首先,将固定资产净值转入固定资产清理:

借:固定资产清理——设备	870 000	
累计折旧	330 000	
贷:固定资产——设备		1 200 000

其次,结转债务重组利得:

借:应付账款——B 公司	1 100 000	

贷:固定资产清理——设备		850 000
应交税费——应交增值税(销项税额)		110 500
营业外收入——债务重组利得		139 500

最后,结转转让固定资产损失:

借:营业外支出——处置非流动资产损失	20 000	
贷:固定资产清理——设备		20 000

(2)B公司的会计处理:

计算债务重组损失:1 100 000 元－(850 000 元＋850 000 元×13%)＝139 500 元。

借:固定资产——设备	850 000	
应交税费——应交增值税(进项税额)	110 500	
营业外支出——债务重组损失	139 500	
贷:应收账款——A 公司		1 100 000

3. 以股票或债券等金融资产抵偿债务

债务人以股票或债券等金融资产抵偿债务,应按相关金融资产的公允价值与其账面价值的差额,作为转让金融资产的利得或损失处理;相关金融资产的公允价值与重组债务的账面价值的差额,作为债务重组利得。债权人收到的相关金融资产应按公允价值计量。

【例 9-4】 B公司于 2022 年 7 月 1 日销售给 A 公司一批产品,价款为 500 000 元,按购销合同约定,A 公司应于 2022 年 10 月 1 日前支付价款。至 2022 年 10 月 20 日,A 公司尚未支付。由于 A 公司发生财务困难,短期内无法偿还债务,经过协商,B 公司同意 A 公司以其所持有作为可供出售金融资产核算的某公司股票抵偿债务。该股票账面价值为 440 000 元,公允价值变动计入资本公积的金额为 0,债务重组日的公允价值为 450 000 元。B 公司为该项应收账款提取了坏账准备 25 000 元。用于抵债的股票已于 2022 年 10 月 25 日办理了相关转让手续;B 公司将取得的股票作为可供出售金融资产核算。假定不考虑相关税费和其他因素。

(1)A 公司的会计处理:

计算债务重组利得:500 000 元－450 000 元＝50 000 元。

转让股票收益:450 000 元－440 000 元＝10 000 元。

借:应付账款——B 公司	500 000	
贷:可供出售金融资产——成本		440 000
营业外收入——债务重组利得		50 000
投资收益		10 000

(2)B 公司的会计处理:

计算债务重组损失:500 000 元－450 000 元－25 000 元＝25 000 元。

借:可供出售金融资产——成本	450 000	
坏账准备	25 000	
营业外支出——债务重组损失	25 000	
贷:应收账款——A 公司		500 000

假定债务重组日可供出售金融资产的账面价值为 440 000 元(成本 400 000 元,公允价值变动 40 000 元),其他条件不变。

A 公司的会计处理如下:

借:应付账款——B公司　　　　　　　　　　　　　　　500 000
　　贷:可供出售金融资产——成本　　　　　　　　　　　　　　　400 000
　　　　可供出售金融资产——公允价值变动　　　　　　　　　　　40 000
　　　　营业外收入——债务重组利得　　　　　　　　　　　　　　50 000
　　　　投资收益　　　　　　　　　　　　　　　　　　　　　　　10 000
借:资本公积——其他资本公积　　　　　　　　　　　　40 000
　　贷:投资收益　　　　　　　　　　　　　　　　　　　　　　　40 000

三、将债务转为资本

债务人为股份有限公司时,债务人应将债权人因放弃债权而享有的股份的面值总额计入"股本"科目,股份的公允价值总额与股本之间的差额计入"资本公积——股本溢价"科目,重组债务的账面价值与股份的公允价值总额之间的差额计入"营业外收入——债务重组利得"科目。债务人为其他企业时,债务人应将债权人因放弃债权而享有的股份份额计入"实收资本"科目,股权的公允价值与实收资本之间的差额计入"资本公积——资本溢价"科目,重组债务的账面价值与股权的公允价值之间的差额计入"营业外收入——债务重组利得"科目。

债权人应将放弃债权而享有的股份按公允价值计量。重组债务的账面余额与因放弃债权而享有的股份的公允价值之间的差额,先冲减已提取的减值准备,减值准备不足冲减的部分,或未提取减值准备的,将该差额计入"营业外支出——债务重组损失"科目;冲减后减值准备仍有余额的,应予转回并递减当期资产减值损失。同时,发生的相关税费,分别按照长期股权投资或者金融工具确认和计量的规定进行处理。

【例9-5】　2022年2月10日,B公司销售一批材料给A公司,价款为200 000元(包括应收取的增值税税额),合同约定6个月后结清款项。6个月后,A公司由于发生财务困难,无法支付该价款,与B公司协商进行债务重组。经双方协议,B公司同意A公司将该债务转为A公司的股份。B公司对该项应收账款计提了坏账准备10 000元。转股后A公司注册资本为5 000 000元,抵债股权占A公司注册资本的2%。债务重组日,抵债股权的公允价值为152 000元。2022年11月1日,相关手续办理完毕。假定不考虑其他相关税费。

(1)A公司的会计处理:

计算应计入资本公积的金额:152 000元-5 000 000元×2%=52 000元。

计算债务重组利得:200 000元-152 000元=48 000元。

借:应付账款——B公司　　　　　　　　　　　　　　200 000
　　贷:实收资本——B公司　　　　　　　　　　　　　　　　　100 000
　　　　资本公积——资本溢价　　　　　　　　　　　　　　　　52 000
　　　　营业外收入——债务重组利得　　　　　　　　　　　　　48 000

(2)B公司的会计处理:

计算债务重组损失:200 000元-152 000元-10 000元=38 000元。

借:长期股权投资——A公司　　　　　　　　　　　　152 000
　　坏账准备　　　　　　　　　　　　　　　　　　　10 000
　　营业外支出——债务重组损失　　　　　　　　　　38 000
　　贷:应收账款——A公司　　　　　　　　　　　　　　　　　200 000

四、修改其他债务条件

(一)不附或有条件的债务重组

不附或有条件的债务重组是指在债务重组中不存在或有应付(或应收)金额。或有应付(或应收)金额是指需要根据未来某种事项出现而发生的应付(或应收)金额,并且该未来事项的出现具有不确定性。

债务人应将修改其他债务条件后债务的公允价值作为重组后债务的入账价值。重组债务的账面价值与重组后债务的入账价值之间的差额计入"营业外收入——债务重组利得"科目。

债权人应当将修改其他债务条件后的债权的公允价值作为重组后债权的账面价值,重组债权的账面余额与重组后债权的账面价值之间的差额确认为债务重组损失,计入"营业外支出——债务重组损失"科目。如果债权人已对该项债权计提了减值准备,应当首先冲减已计提的减值准备,减值准备不足以冲减的部分,作为债务重组损失,计入营业外支出。

【例 9-6】 2022 年 11 月 10 日 A 公司销售一批商品给 B 公司,价款为 5 200 000 元(包括应收取的增值税税额)。按双方协议规定,款项应于 2022 年 12 月 10 日之前付清。由于连年亏损,资金周转发生困难,B 公司不能在规定的时间内偿付 B 公司,经协商,于 2022 年 12 月 31 日进行债务重组。重组协议如下:A 公司同意豁免 B 公司债务 200 000 元,其余款项于重组日起 1 年后付清;债务延长期间,A 公司加收余款 2%(等于实际利率)的利息,利息与债务本金一同支付。假定 A 公司为债权计提的坏账准备为 150 000 元。

(1)B 公司的会计处理:

$$债务重组利得＝应付账款的账面价值－重组后债务公允价值$$
$$＝5\ 200\ 000\ 元－5\ 000\ 000\ 元＝200\ 000\ 元$$

债务重组时的会计分录为:

借:应付账款　5 200 000
　贷:应付账款——债务重组　5 000 000
　　营业外收入——债务重组利得　200 000

2023 年 12 月 31 日偿还本金和利息:

借:应付账款——债务重组　5 000 000
　财务费用　(5 000 000×2%)　100 000
　贷:银行存款　5 100 000

(2)A 公司的会计处理:

$$债务重组损失＝应付账款的账面价值－重组后债权公允价值－已计提坏账准备$$
$$＝5\ 200\ 000\ 元－5\ 000\ 000\ 元－150\ 000\ 元＝50\ 000\ 元$$

债务重组时的会计分录为:

借:应收账款——债务重组　5 000 000
　营业外支出——债务重组损失　50 000
　坏账准备　150 000
　贷:应收账款　5 200 000

2023 年 12 月 31 日收到本金和利息:

借:银行存款　5 100 000

　　贷：应收账款——债务重组　　　　　　　　　　　　　　　5 000 000
　　　　财务费用　　　　　　　　　　　　　　　　　　　　　100 000

(二)附或有条件的债务重组

对债务人而言,修改后的债务条款如涉及或有应付金额,且该或有应付金额符合或有事项中有关预计负债确认条件的,债务人应当将该或有应付金额确认为预计负债。重组债务的账面价值与重组后债务的入账价值和预计负债金额之和的差额,作为债务重组利得,计入营业外收入。

对债权人而言,修改后的债务条款中涉及或有应收金额的,不应当确认或有应收金额,不得将其计入重组后债权的账面价值。根据谨慎性原则要求,或有应收金额属于或有资产,或有资产不予确认;只有在或有应收金额实际发生时,才计入当期损益。

五、以上三种方式的组合

1.现金、非现金资产的组合

债务人以现金、非现金资产的组合清偿某种债务的,应将重组债务的账面价值与支付的现金、转让的非现金资产的公允价值之间的差额作为债务重组利得。非现金资产的公允价值与其账面价值的差额作为转让资产损益。

债权人应将重组债权的账面余额与收到的现金、受让的非现金资产的公允价值,以及已提取坏账准备之间的差额作为债务重组损失。

2.现金、将债务转为资本的组合

债务人以现金、将债务转为资本的组合清偿某项债务的,应将重组债务的账面价值与支付的现金、债权人因放弃债权而享有的股权的公允价值之间的差额作为债务重组利得。股权的公允价值与股本(或实收资本)的差额作为资本公积。

债权人应将重组债权的账面余额与收到的现金、因放弃债权而享有的股权的公允价值,以及已计提坏账准备之间的差额作为债务重组损失。

3.非现金资产、将债务转为资本的组合

债务人以非现金资产、将债务转为资本的组合清偿某项债务的,应将重组债务的账面价值与转让的非现金资产的公允价值、债权人因放弃债权而享有的股权的公允价值之间的差额作为债务重组利得。非现金资产的公允价值与账面价值的差额作为转让资产损益;股权的公允价值与股本(或实收资本)的差额作为资本公积。

债权人应将重组债权的账面余额与受让的非现金资产的公允价值、因放弃债权而享有的股权的公允价值,以及已计提坏账准备的差额作为债务重组损失。

4.现金、非现金资产、将债务转为资本的组合

债务人以现金、非现金资产、将债务转为资本的组合清偿某种债务的,应将债务重组的账面价值与支付的现金、非现金资产的公允价值、债权人因放弃债权而享有的股权的公允价值之间的差额作为债务重组利得;非现金资产的公允价值与账面价值的差额作为转让资产损益;股权的公允价值与股本(或实收资本)的差额作为资本公积。

债权人应将重组债权的账面余额与收到的现金、非现金资产的公允价值、债权人因放弃债权而享有的股权的公允价值,以及已计提坏账准备的差额作为债务重组损失。

5.其他组合方式

在以资产、将债务转为资本等清偿某项债务的一部分,并对该项债务的另一部分以修改其他债务条件进行债务重组的方式下,债务人应先以支付的现金、转让的非现金资产的公允价值、债权人因放弃债权而享有的股权的公允价值冲减重组债务的账面价值,余额与将来应付金额进行比较,据此计算债务重组利得。债权人因放弃债权而享有的股权的公允价值与股本(或实收资本)的差额作为资本公积;非现金资产的公允价值与账面价值的差额作为转让资产损益,计入当期损益。

债权人应先以收到的现金、受让的非现金资产的公允价值、因放弃债权而享有的股权的公允价值冲减重组债权的账面价值,差额与重组后债务的公允价值进行比较,据此计算债务重组损失。

第三节 破产清算会计

一、破产清算会计核算的前提

1.破产会计主体假设

企业投资者的经济活动中,企业宣告破产后便丧失了法人主体资格,由受托人行使破产企业法人主体职权,负责破产企业财产的保管、清理、估价、处理和分配等。尽管仍需要区分破产企业与其他企业、债权人以及投资者的界限,以正确反映清算过程和结果,但作为会计核算的单位,受托人实际上代替了破产前的企业会计主体。

2.终止经营假设

持续经营假设是财务会计的四大基本假设之一,是指会计主体的生产经营活动将无限期地延续下去,在可以预见的将来不会进行清算、倒闭。但是,企业宣告破产后,其生产经营活动即告终止。在持续经营假设的基础上进行会计处理的程序和方法不再适用。因此,企业进入法定的破产程序后,应确立终止经营假设,并形成以此为前提的会计核算和报告形式。

3.不固定的会计期间

会计分期假设也是财务会计的四大基本假设之一,是指将企业持续不断的生产经营活动分割为既定的期间,据以结算账目,编制财务报表,向有关各方及时提供该期间企业经营情况的财务信息。在会计分期假设基础上,产生了本期和非本期,并由此产生了权责发生制和收付实现制;在会计处理上产生了预收、预付、应收、应付和摊销等特殊方法。

但是,企业进入破产程序后,在终止经营假设的基础上,破产企业没有再进行分期核算经营成果和报告的必要。宣告破产日至破产完成日,是法律意义上的破产清算期间,破产清算会计的目的就是服务于这个期间的,因此,没有必要划分其他的会计期间。同时,破产清算是一次性的,不存在持续性和周期性。这也说明破产清算的会计期间具有独立性和不固定性。

二、破产清算会计核算的程序和内容

(1)界定与核算破产财产和破产债权。

破产财产和破产债权是破产清算会计的两大会计要素,因而也是破产清算会计核算的主要内容。正确地界定破产财产和破产债权是实施破产财产和破产债权会计核算的基本前提。

(2)破产清算开始日,对破产企业财务状况的估算。

破产清算日,原企业提供的会计信息都是以历史成本为基础的,而历史成本所提供的会计信息对于破产清算企业而言相关性不强,无法提供精确的财务信息。因此,在破产清算过程中,各利益相关者一般要求只按清算价格对企业的财产进行估价,这就提出了财务状况估算表的编制要求,以便评估资产的变现能力和其市价损失,同时分析负债的偿还情况。

(3)清算过程中所涉及的会计事项。

破产清算中的会计事项主要为资产的变卖、费用的清理、负债的清偿等。

(4)会计档案的移交。

破产企业是破产会计的主体,而清算组是破产会计的行为主体。在破产清算会计中,破产企业一般应在破产清算日向清算组办理会计档案移交手续,而在破产清算结束日,清算组则应向破产企业的主管部门或法院办理会计档案的移交手续。

三、破产财产和破产债权

(一)破产财产

破产财产是指破产宣告时及破产程序终结前,破产人所有的供破产清偿的全部财产,其着眼点是财产的构成与来源。破产财产由下列财产构成:

(1)破产时破产企业经营管理的全部财产。但破产企业内属于他人的财产,如由破产企业保管、租用的财产等,由该财产的权利人通过清算组行使取回权。

(2)破产企业在破产宣告后至破产程序终结前所取得的财产,如财产持有人交还的财产、应收账款、投资收益等。

(3)应当由破产企业行使的其他财产权利,如专利权、商标权、著作权等。

宣告破产时,在破产企业内的财产不一定都是破产财产,在破产企业之外的财产也不一定都不是破产财产。根据破产法的规定,下列财产不属于破产财产:

(1)特定物买卖中,尚未转移占有但相对人已完全支付对价的特定物;

(2)依法律规定存在优先权的财产,但权利人放弃优先受偿权或优先偿付特定债权剩余的部分除外;

(3)担保物灭失后产生的保险金、补偿金、赔偿金等代位物;

(4)破产企业已作为债务担保物(如抵押、留置、出质的物)的财产;

(5)债务人基于仓储、保管、加工承揽、委托交易、代销、借用、寄存、租赁等法律关系占有、使用的他人财产;

(6)所有权专属于国家且不得转让的财产;

(7)尚未办理产权证或产权过户手续但已向买方交付的财产;

(8)破产企业工会所有的财产等。

根据破产法的规定,在破产清算中应优先从破产财产中随时拨付破产费用。《中华人民共和国企业破产法》第四十一条规定,破产费用包括破产案件的诉讼费用,管理、变价和分配债务人财产的费用,以及管理人执行职务的费用、报酬和聘用工作人员的费用等。破产费用支付后破产财产应按以下顺序清偿:

(1)破产企业所欠职工工资和劳动保险费用等;

(2)破产企业所欠税费等;

(3)破产债权。

在前一顺序的债权得以全部偿还之前,后一顺序的债权不予分配。破产财产不足以清偿同一顺序债权时,按比例向债权人清偿。

(二)破产债权

破产债权是在破产宣告时成立的、经依法申报确认、对破产人发生的无财产担保的可强制执行的财产请求权。破产债权人有权依照破产程序获得公平清偿,但要受破产程序的限制,不得单独、自由地要求清偿。

根据破产法的规定,属于破产债权的有:

(1)破产宣告前发生的无财产担保的债权;

(2)破产宣告前发生的债权人放弃优先受偿权的有财产担保的债权;

(3)破产宣告前发生的有财产担保的债权中数额超过担保物价款未受优先清偿的债权;

(4)破产宣告时尚未到期的债权;

(5)票据出票人宣告破产,承兑人或付款人不知其事实而向持票人付款或承兑所产生的债权;

(6)清算组解除破产企业未履行的合同,对方当事人依法或依合同约定产生的对债务人可以用货币计算的损失赔偿债权;

(7)债务人的受托人在债务人破产后,为债务人的利益处理委托事务所发生的债权;

(8)债务人发行债券形成的债权;

(9)债务人的保证人预先行使追偿权而申报的债权;

(10)债务人的保证人代替债务人清偿债务后依法可以向债务人追偿的债权;

(11)债务人为保证人的,在破产宣告前已经被生效的法律文书确定承担的保证责任;

(12)债务人在破产宣告前因侵权或违约给他人造成财产损失而产生的赔偿责任;

(13)人民法院认可的其他债权。

根据破产法的规定,下列债权不属于破产债权:

(1)破产宣告后的债务利息;

(2)人民法院受理破产案件后债务人未支付应付款项的滞纳金;

(3)债务人开办单位对债务人未收取的管理费、承包费;

(4)债权人为个人利益参加破产程序的费用;

(5)超过诉讼时效债权;

(6)破产财产分配后向清算组申报的债权;

(7)破产企业的股权、股票持有人在股权、股票上的权利;

(8)破产宣告前行政、司法机关对破产企业的罚款、罚金及其他有关费用。

破产债权既区别于可以从破产财产中优先拨付受偿的破产费用请求权,也区别于将不属于破产人的财产从破产企业取回的取回权,以及有担保的债权人行使的别除权,因此其具有以下五个特点：

（1）破产债权基于破产宣告前的原因成立。只有在法律特别规定的情况下，某些债权虽发生于破产宣告之后，仍得为破产债权。

（2）对破产人发生的无财产担保的债权，或放弃优先受偿权利的有财产担保的债权，必须依破产程序从破产财产中平等受偿。

（3）破产债权为财产上的请求权，即必须是表现为金额或能折算为金钱的债权，具有人身性质的财产权利不得作为破产债权。

（4）可强制执行，故已过诉讼时效的自然债权或非法债权不得为破产债权。

（5）依法申报登记并取得确认，有权在破产程序中实际受偿。

债权人对清算组确认或否认的债权有异议的，可以向清算组提出。债权人对清算组的处理仍有异议的，可以向人民法院提出。人民法院应当在查明事实的基础上依法作出裁决。

四、破产清算的会计处理

（一）破产清算会计需设立的账户

受托人接管属于破产企业的财产和有关会计账册后，应对破产清算过程中的有关事项加以如实记录。一般来说，受托人应于清算开始日另立新账，设置的账户与一般企业大体相同。具体内容为：

（1）应收款，记录被清算企业除应收票据外的各种应收款项；

（2）投资，记录被清算企业持有的各种投资，包括股票投资、债券投资和其他投资；

（3）固定资产，记录被清算企业所有的固定资产净值；

（4）借款，记录被清算企业需偿还的各种借款，包括短期借款和长期借款；

（5）其他应收款，记录被清算企业需偿付的除应付票据外的各种款项。

此外，为反映清算业务，还应增设以下账户：

（1）"清算费用"账户，用以记录破产企业在破产清算期间发生的各项费用，清算终结时其余额转入"清算损益"账户。也可以不单独设置"清算费用"账户，破产清算过程中发生的清算费用直接记入"清算损益"账户的借方。

（2）"土地转让收益"账户，用以记录破产企业转让土地使用权取得的收入以及用土地使用权转让所得支付的职工安置费等。

（3）"清算损益"账户，用以记录破产企业在破产清算期间处理资产、确认债务等发生的损益。被清算企业的所有者权益，也可以转入本账户反映。

（二）破产清算会计处理的主要步骤

破产清算会计处理的主要步骤包括：

（1）编制清算日的资产负债表；

（2）核算清算费用；

（3）核算变价收入；

（4）核算收回的债权及清偿的债务；

（5）核算剩余的股东权益；

（6）编制清算报表；

(7)归还各类股东权益。

(三)破产清算会计处理的案例

【例 9-7】 甲股份公司成立于 2022 年 1 月,由于经营不善,连年发生亏损,现有资产不能抵偿债务,经全体股东大会讨论决定申请破产,经人民法院裁定,自 2022 年 9 月 1 日按规定程序进行清算。该公司清算前的资产负债表见表 9-1 所示。

表 9-1 资产负债表(清算前)

编制单位:甲股份公司　　　　　　　　　2022 年 8 月 31 日　　　　　　　　　单位:元

资产	金额	负债及所有者权益	金额
流动资产		流动负债	
货币资金		短期借款	2 400 000
其中:库存现金	12 000	应付票据	1 200 000
银行存款	3 840 000	应付账款	22 800 000
应收票据	480 000	应付职工薪酬	1 200 000
应收账款	13 200 000	应交税费	720 000
减:坏账准备	360 000	流动负债合计	28 320 000
应收账款净额	12 840 000	非流动负债	
存货	8 400 000	长期借款	12 000 000
流动资产合计	25 572 000	负债合计	40 320 000
		股东权益	
非流动资产		股本	
固定资产原值	9 120 000	其中:优先股	12 000 000
减:累计折旧	3 000 000	普通股	36 000 000
固定资产净值	6 120 000	资本公积	4 800 000
		盈余公积	2 400 000
		未分配利润	(63 828 000)
		股东权益合计	(8 628 000)
资产合计	31 692 000	负债及股东权益合计	31 692 000

在清算过程中,发生的经济业务如下:

(1)支付各项清算费用 1 212 000 元,包括清算人员酬金 168 000 元,公告费用 48 000 元,咨询费用 48 000 元,诉讼费用 60 000 元,利息净支出 888 000 元。

(2)处理存货共获得价款 8 400 000 元,其中原材料和产成品溢价出售(超过账面价值 720 000 元),在产品和低值易耗品折价低于账面价值 720 000 元。

(3)处理固定资产收入 6 840 000 元,超过账面价值 720 000 元。

（4）在上述被处理固定资产中有一建筑物原来作价 2 400 000 元，用作长期借款的担保品，现在应当优先偿还有抵押的长期借款。

（5）收回应收票据 480 000 元、应收账款 12 000 000 元，冲销坏账准备后还有 840 000 元无法收回，作为坏账损失，记入"清算损益"科目的借方。

（6）经过上述处理，剩余财产仅有银行存款 27 960 000 元。

相关事项的会计处理为：

（1）核算清算费用：

借：清算费用	1 212 000	
贷：库存现金		12 000
银行存款		1 200 000

（2）处理存货：

借：银行存款	8 400 000	
贷：存货（原材料/库存商品/生产成本/低值易耗品）		8 400 000
借：存货（原材料/库存商品）	720 000	
贷：清算损益		720 000
借：清算损益	720 000	
贷：存货（生产成本/低值易耗品）		720 000

（3）处理固定资产：

借：银行存款	6 840 000	
贷：固定资产		6 840 000
借：累计折旧	3 000 000	
贷：固定资产		2 280 000
清算损益		720 000

（4）优先偿还有抵押的长期借款：

借：长期借款	2 400 000	
贷：银行存款		2 400 000

（5）核算收回的债权：

借：银行存款	480 000	
贷：应收票据		480 000
借：银行存款	12 000 000	
坏账准备	360 000	
清算损益	840 000	
贷：应收账款		13 200 000

在进行破产公司剩余财产的分派时，必须按照法律规定的程序进行清偿：

（1）支付职工薪酬 1 200 000 元，支付应交税费 720 000 元。会计处理为：

借：应付职工薪酬	1 200 000	
应交税费	720 000	
贷：银行存款		1 920 000

（2）清偿应归还债权人款项。该公司所欠债权人款项达 36 000 000 元，包括短期借

款 2 400 000 元、应付票据 1 200 000 元、应付账款 22 800 000 元、长期借款 9 600 000 元(＝12 000 000 元—2 400 000 元),而现有的剩余财产只有银行存款 26 040 000 元(＝27 960 000 元—1 920 000 元),因此,只能按 72.33%的比例部分偿还债务。

偿还比例＝26 040 000 元/36 000 000 元＝72.33%。

通过计算,可以归还的负债按比例计算的金额分别为:短期借款 1 736 000 元,应付票据 868 000 元,应付账款 16 492 000 元,长期借款 6 944 000 元。会计处理为:

借:短期借款	1 736 000
应付票据	868 000
应付账款	16 492 000
长期借款	6 944 000
贷:银行存款	26 040 000

剩余无力偿还的部分总额为 9 960 000 元,应当转入"清算损益"科目。

借:短期借款	664 000
应付票据	332 000
应付账款	6 308 000
长期借款	2 656 000
贷:清算损益	9 960 000

(3)将清算费用转入"清算损益"科目,并结转清算损益。

借:清算损益	1 212 000
贷:清算费用	1 212 000

(4)甲股份公司于 2022 年 9 月 30 日完成破产清算,清算组编制清算费用表(见表 9-2)、清算利润表(见表 9-3)、清算资产负债表(见表 9-4)等。

表 9-2 清算费用表

编制单位:清算组　　　　　　2022 年 9 月 1 日—9 月 30 日　　　　　　单位:元

费用项目	金额
清算人员酬金	168 000
公告费用	48 000
咨询费用	48 000
诉讼费用	60 000
利息支出	888 000
合计	1 212 000

表 9-3 清算利润表

编制单位:清算组　　　　　　2022 年 9 月 1 日—9 月 30 日　　　　　　单位:元

清算损失及清算费用	金额	清算收益	金额
清算费用	1 212 000	变卖存货溢价收入	720 000

清算损失及清算费用	金额	清算收益	金额
应收账款坏账损失	840 000	变卖固定资产溢价收入	720 000
变卖存货损失	720 000	短期借款按比例偿还后的差额转入	664 000
		应付票据按比例偿还后的差额转入	332 000
		应付账款按比例偿还后的差额转入	6 308 000
		长期借款按比例偿还后的差额转入	2 656 000
合计	2 772 000	合计	11 400 000

表 9-3 中"清算收益"与"清算损失及清算费用"两项的差额为 8 628 000 元,会计处理为:

借:清算损益　　　　　　　　　　　　　　　　8 628 000

　　贷:利润分配　　　　　　　　　　　　　　　　　　8 628 000

结转后,该公司清算剩余的未弥补亏损为 55 200 000 元。

表 9-4　清算资产负债表

编制单位:清算组　　　　　　　　　2022 年 9 月 30 日　　　　　　　　　单位:元

资产	金额	股东权益	金额
未弥补亏损	55 200 000	优先股	12 000 000
		普通股	36 000 000
		资本公积	4 800 000
		盈余公积	2 400 000
资产合计	55 200 000	股东权益总计	55 200 000

由于该公司不能抵偿债务,除按比例偿还的债务外,无力支付优先股股利和股本,结清账务的处理为:

借:股本——优先股　　　　　　　　　　　　12 000 000

　　股本——普通股　　　　　　　　　　　　36 000 000

　　资本公积　　　　　　　　　　　　　　　 4 800 000

　　盈余公积　　　　　　　　　　　　　　　 2 400 000

　　贷:利润分配　　　　　　　　　　　　　　　　　　55 200 000

本章小结

本章主要介绍了企业重组的内涵、债务重组的主要方式及其会计处理、破产清算的程序及其会计处理等内容。

企业在其经营活动中可能会由于自身的经营条件或企业外部的环境等各种原因,无法如期偿还到期债务,而陷入财务困难甚至财务危机。如果企业的财务困难是暂时的,则企业可通过与债务人协商,达成债务重组的协议,或者按照法定程序进行企业重组。如果企业的财务危机十分严重,可以采取破产方式来解决。

债务重组是指在债务人发生财务困难的情况下,债权人按照其与债务人达成的协议或者法院的裁定做出让步的事项。以资产清偿债务、将债务转为资本、修改其他债务条件及以上三种方式的组合,是债务重组的主要方式。

破产清算会计是财务会计的一个重要分支,它是以宣告破产企业为主体,对其破产清算期间的各经济事项进行确认、计量、记录和报告,以反映破产企业的资产对债务的清偿过程和结果的一种专门会计。

思政园地

并购重组助推实体经济高质量发展

近年来,中国资本市场一跃成为全球第二大资本市场。上市公司在 2012 年至 2021 年这十年里从两千家迈上了五千家整数关口,这十年是上市公司走向高质量发展的十年,资本市场并购重组为服务实体经济高质量发展发挥了重要助推作用。

2022 年 12 月 30 日,在 2022 中国上市公司高峰论坛召开期间,中国上市公司协会特别策划"这十年资本市场并购重组经典案例"评审活动,为落实《国务院关于进一步提高上市公司质量的意见》及证监会近期印发的《推动提高上市公司质量三年行动方案(2022—2025)》等文件精神,聚焦甄选上市公司在 2012 年至 2021 年十年间完成的并购重组案例,引导上市公司规范并购重组行为,充分发挥资本市场的并购重组主渠道作用,盘活存量、提质增效、转型发展。在新发展阶段,并购重组作为典型的市场配置资源的方式,正以前所未有的活力成为供给侧结构性改革的重要手段,在提高上市公司质量方面发挥着不可替代的作用。

思考题

1. 如何界定债务重组?债务重组有哪些方式?
2. 债务重组中,债务重组损益该如何确认?
3. 与持续经营会计相比,破产清算会计有何特点?
4. 破产清算中,清算损益该如何确认?

练习题

1. A 公司和 B 公司均为增值税一般纳税人,适用的增值税税率均为 13%。A 公司欲就其所欠 B 公司的一笔货款 300 万元(含税价)进行债务重组,经双方协商,B 公司同意 A 公司用其所生产的产品和一项可供出售金融资产偿债。A 公司产品的成本为 50 万元,市场价格为 80 万元。该项可供出售金融资产的账面价值为 160 万元(其中成本为 130 万元,公允价值变动为 30 万元),债务重组日的公允价值为 180 万元),B 公司没有向 A 公司另行支付增值税,假定交易中不考虑其他相关税费。产品已运抵 B 公司,相关的股权划转手续已经办理完毕。B 公司将收到的产品作为生产用的原材料、将收到的金融资产作为交易性金融资产进行核算。B 公司对该项债权计提了 60 万元的减值准备。

要求:

(1)计算 A 公司的债务重组利得,做出相关的债务重组的分录。

(2)计算 B 公司的债务重组损失,做出相关的债务重组分录。(答案中的金额用万元表示)

2.长江股份有限公司(以下简称长江公司)2022年发生以下经济业务:

(1)应收A公司一笔款项200万元,已提坏账准备10万元。因A公司发生财务困难,到期无法偿还长江公司的债务,2022年4月10日,长江公司与A公司达成债务重组协议,长江公司同意A公司用一批产品和一辆小轿车抵偿上述全部账款。产品的成本为60万元,市场价格为80万元,增值税税额为10.4万元;小轿车账面原价为150万元,已计提折旧80万元,已计提减值准备10万元,公允价值为50万元。

A公司于2022年5月20日将上述产品和小轿车运抵长江公司,并解除了债权债务关系。假定不考虑换出小轿车所发生的相关的增值税。长江公司将用于抵债的产品作为库存商品进行核算,将小轿车作为管理用固定资产进行核算。长江公司没有向A公司单独支付产品的相关增值税税额。

(2)2022年6月30日,长江公司已为上述小轿车计提折旧1万元,预计上述小轿车的可收回金额为45万元。

假定不考虑交易过程中的除增值税以外的其他相关税费。

要求:

(1)确定债务重组日。

(2)分别编制长江公司和A公司在债务重组日的会计分录。

(3)编制长江公司2022年6月30日小轿车计提减值准备的会计分录。(答案中的金额用万元表示)

3.某破产清算企业发生下列经济业务:

(1)收回应收账款120 000元,余款20 000元无法收回。

(2)应收票据账面价值为350 000元,收回30 000元,余款无法收回,其中20 000元立即支付给企业有担保的应付票据债权人。

(3)出售账面价值为280 000元的机器设备,取得价款250 000元,其中100 000元支付给长期抵押借款债权人。

(4)支付破产企业所欠职工工资120 000元,支付破产企业所欠国家税款170 000元。

要求:根据以上经济业务编制会计分录。

4.上市公司S于2022年2月10日销售一批材料给Y公司,同时收到Y公司签发并承兑的一张面值为200 000元、年利率为7%、6个月期、到期一次还本付息的票据。2022年8月10日,Y公司发生困难,无法兑现票据,于是双方协议债务重组。

(1)假设S公司同意Y公司用一台设备抵偿该应收票据。这台设备历史成本为240 000元,累计折旧为60 000元,评估确认的原价为240 000元,评估确认的净价为190 000元,Y公司发生的评估费用为2 000元,对此固定资产提取减值准备18 000元。S公司未对债权计提坏账准备。假定不考虑其他税费。

(2)假设S公司同意Y公司用其发行的普通股抵偿该票据。Y公司用于抵债的普通股为20 000股,股票市价为每股8元,面值为每股1元。假定印花税税率为0.4%。S公司未对债权计提坏账准备。假定不考虑其他税费。

要求:根据上述业务,做出S公司与Y公司的账务处理。

第十章 分部报告与中期报告

·学习目标·

通过本章学习,学生应了解分部报告的含义及其确定方法,熟悉中期财务报告的构成,掌握编制中期财务报告确认与计量的基本原则,掌握比较中期财务报告的编制方法。

·课前导读·

随着现代经济的飞速发展,企业的经营规模、经营范围越来越大,导致了集团企业的大量涌现。集团企业通过编制合并报表,能够从整体上反映合并主体的财务状况和经营成果,在一定程度上能够满足信息用户的需要。

但合并报表在展示集团整体状况的同时,也掩盖了集团由于跨行业、跨地区、跨国界经营而内部各部分面临不同的机会和风险、呈现不同的盈利水平和增长趋势的情况,使信息用户难以做出全面、准确的判断。鉴于此,西方各国自 20 世纪 60 年代以来,先后制定和发布准则,要求企业除编制一般会计报表外,还需编制分部报告。美国于 1976 年发布了企业分部财务报告相关准则,国际会计准则委员会(IASC)也于 1981 年发布了"按分部编报财务资料"的相关要求。在广泛征求意见的基础上,IASC 于 1997 年正式批准了新修订的《国际会计准则第 14 号——分部报告》(IAS 14),取代了原分部报告准则,并自 1998 年 7 月 1 日开始实施新准则。我国也于 2006 年 2 月 15 日发布了《企业会计准则第 35 号——分部报告》,2007 年 1 月 1 日起施行。分部报告的完善与发展,也标志着编制分部报告已是一种必然趋势。

分部报告编制的
立足点

引 导 案 例

顺丰集团的分部报告

在 2021 年度报告中,顺丰集团不仅披露了 2021 年分部报告,还根据 2021 年报告分部项目对 2020 年报告分部做出了调整,将 2020 年原速运分部拆分为速运分部、同城分部、供应链及国际分部,调整后的这三个单个报告分部依然满足独立报告分部的 10% 重要性标准要求,因此可以将这三个分部进行单独披露。

尽管在 2020 年顺丰集团就可以将报告分部设定为四个,但是因为同城分部经营不善且分部亏损比较大(约 756 534 元,占合并亏损总额的 45%),供应链及国际分部的利润较低(仅占分部利润总额的 10%），管理者将同城分部和供应链及国际分部合并到了分部经营比较好的速运分部（利润占总利润的 90%）中，从而达到隐藏不利信息的目的。但是对股东来说，如果不单独披露同城分部和供应链及国际分部的财务业绩，股东就无法识别每个分部的不同风险和增长机会，从而可能无法对顺丰集团控股进行准确的估值，最后由于缺乏真实有效的信息，股东可能会因决策不当而遭受财务损失。

问题：

（1）为什么在该案例中顺丰集团不将 2020 年的分部报告以速运分部、同城分部、供应链、国际分部四个板块进行报告披露？其隐藏动机是什么？

（2）如何判断企业是否正常进行分部报告披露，没有恶意隐藏不利信息？

第一节 报告分部及其确定方法

分部报告是企业以经营分部为财务报告对象，分别报告企业各个经营部门（经营分部）的资产、负债、收入、费用、利润等财务信息的财务报告。随着市场经济的发展和经济全球化的深入，现代企业的生产经营规模日益扩大，经营范围也逐步突破单一业务界限，成为从事多种产品生产经营或从事多种业务经营活动的综合经营体。另外，现代企业经营的地域范围也在日益扩大，有的企业分别在国内不同地区甚至在国外设立分公司或子公司。随着企业逐渐跨行业和跨地区经营，许多企业生产和销售各种各样的产品并提供不同形式的劳务，这些产品和劳务广泛分布于各个行业或不同地区。由于企业生产的各种产品或提供的劳务在其整体的经营活动中占的比重各不相同，其营业收入、成本费用以及产生的利润或亏损也不尽相同。同样，每种产品或提供的劳务在不同地区的经营业绩也存在差异。只有分析每种产品或提供的劳务在不同经营地区的经营业绩，才能更好地把握企业整体的经营业绩。在这种情况下，反映不同产品或劳务以及不同地区经营风险和报酬的信息越来越受到会计信息使用者重视。

企业的整体风险是由企业经营的各个业务部门（品种）或各个经营地区的风险和报酬构成的。一般来说，企业在不同业务部门和不同地区的经营，会具有不同的利润率、发展机会、未来前景和风险。评估企业整体的风险和报酬，需要借助企业在不同业务和不同地区经营的信息，即分部报告信息。我国《企业会计准则第 35 号——分部报告》和《企业会计准则解释第 3 号》（以下简称"分部报告准则"）专门规范了企业分部报告的编制方法和应该披露的信息。根据分部报告准则的规定，对于存在多种经营或跨地区经营的企业，应当正确确定需要单独披露的报告分部，并充分披露每个报告分部的信息，以满足会计信息使用者的决策需求。本章将结合分部报告准则的规定，阐述报告分部的确定及相关分部信息的披露等内容。

报告分部是指在分部报告中单独披露其财务信息的经营分部。因此，要确定企业的报告分部，首先要确定企业的经营分部。

一、经营分部的概念及确定

（一）经营分部的概念

经营分部是企业确认分部报告中的报告分部的基础，是指企业内部同时满足下列条件的各组成部分：①该组成部分能够在日常经营活动中单独产生收入并发生费用；②企业管理层能够定期或分期评价该组成部分的经营成果，以决定向其配置资源和评价其业绩；③企业能够取得该组成部分的财务状况、经营成果和现金流量等会计信息。

在理解经营分部的概念时，注意把握以下要点：

（1）不是企业的每个组成部分都是经营分部或经营分部的一个组成部分。例如，企业的管理总部或某些职能部门一般不单独产生收入，或仅仅取得偶发性收入，在这种情况下，这些部门就不是经营分部或经营分部的一个组成部分。

（2）经营分部概念中所指的"企业管理层"强调的是一种职能，而不是具有特定头衔的某一具体管理人员。企业管理层可能是企业的董事长、总经理，也可能是由其他人员组成的管理团队。该职能主要是向企业的经营分部配置资源，并评价其业绩。

（3）对许多企业来说，根据经营分部的概念，通常就可以清楚地确定经营分部。但是，企业可能将其经营活动以各种不同的方式在财务报告中予以披露，如果企业管理层使用多种分部信息，其他因素可能更有助于企业管理层确定经营分部，如每一组成部分经营活动的性质、对各组成部分负责的管理人员和董事会呈报的信息等。

（二）经营分部的确定方法

企业一般应当以内部组织结构、管理要求、内部报告制度为依据确定单独的经营分部。每一个经营分部一般应具有独自的经济特征，比如生产的产品或提供的劳务的性质、生产过程的性质、销售产品或提供劳务的方式、客户群等，不管哪一方面，只要具有独自的特征，都适合设定为一个经营分部。经济特征不相似的经营分部，必须分别确定为不同的经营分部，不可以合并。

但在实务中，并非所有的经营分部都适合作为独立的经营分部来考虑。在某些情况下，如果两个或两个以上的经营分部具有相似的经济特征，这些经营分部通常就会表现出相似的长期财务业绩，如长期平均毛利率、资金回报率、未来现金流量等，因此，企业应该将它们合并为一个经营分部。适合合并的经营分部包括：

（1）单项产品或劳务性质相同或相似的经营分部。

各单项产品或劳务的性质主要指产品或劳务的规格、型号和最终用途等。在通常情况下，如果产品和劳务的性质相同或相似，其风险、报酬率及成长率可能较为接近，因此，一般可以将其划分到同一经营分部中。对于性质完全不同的产品或劳务，则不应当将其划分到同一经营分部中。

【例 10-1】　甲公司主要从事产品的生产和销售，业务范围包括饮料、奶制品及冰淇淋、碗碟、饮具用品、巧克力、糖果及饼干、制药等。其经营分部的确定方法如下：

甲公司经营的商品分别有食品（饮料、奶制品及冰淇淋、巧克力、糖果及饼干）、饮具（碗碟、饮具用品）和药品，这几类商品的性质不相同，因此，应当分别作为独立的经营分部处理；而饮料、奶制品及冰淇淋、巧克力、糖果及饼干等都属于食品类，适合合并为一个经营分部。

（2）生产过程的性质相同或相似的经营分部。

生产过程的性质主要包括采用劳动密集方式或资本密集方式组织生产、使用相同或相似设备和原材料、采用委托生产或加工方式等。对于生产过程的性质相同或相似的经营分部，可以将其划分为一个经营分部，如可以分别按资本密集型和劳动密集型划分经营分部。对资本密集型的部门而言，其占用的设备较为先进，占用的固定资产较多，相应地负担的折旧费也较多,其经营成本受资产折旧费用影响较大,受技术进步因素的影响也较大;而对劳动密集型部门而言,其使用的劳动力较多,相对而言其受劳动力的成本及人工费用的影响较大,因而其经营成果受人工成本的高低影响较大。

(3)产品或劳务的客户类型相同或相似的经营分部。

产品或劳务的客户类型主要包括大宗客户、零散客户等。同一类型的客户,如果其销售条件基本相同,例如采用相同或相似的销售价格、销售折扣或售后服务,往往具有相同或相似的风险和报酬,适合设置为一个经营分部;而其他不同类型的客户,由于其销售条件不尽相同,往往具有不同的风险和报酬,就不适合设置为一个经营分部。例如,某计算机生产企业,其生产的计算机可以分为商用计算机和个人用计算机。商用计算机主要的销售客户是企业,一般是大宗购买,对计算机专业性要求比较强,售后服务相对比较集中;而个人用计算机,其客户对计算机的通用性要求比较高,其售后服务相对比较分散。因此,商用计算机和个人用计算机就不适合合并为一个经营分部。

(4)销售产品或提供劳务的方式相同或相似的经营分部。

销售产品或提供劳务的方式主要包括批发、零售、自产自销、委托销售、承包等。经营分部销售产品或提供劳务的方式相同或相似,往往具有相同或相似的风险和报酬,适合设置为一个经营分部,但如果各经营分部销售产品或提供劳务的方式不同,其承受的风险和报酬也不相同,就不适合合并为一个经营分部。比如,在赊销方式下,可以扩大销售规模,但发生的收账费用较大,并且发生应收账款坏账的风险也很大;而在现销方式下,则不存在应收账款的坏账问题,不会发生收账费用,但销售规模的扩大有限。因此,分别采用赊销和现销方式销售产品或提供劳务的经营分部就不适合合并为一个经营分部。

(5)生产产品或提供劳务受法律、行政法规的影响相同或相似的经营分部。

企业生产的产品或提供的劳务总是处于一定的经济法律环境之下,受法律和行政法规的影响,包括法律法规规定的经营范围或交易定价机制等,在不同法律环境下生产的产品或提供的劳务可能面临不同的风险和报酬,所以,对不同法律环境下生产的产品或提供的劳务应分别设置经营分部,而对具有相同或相似法律环境的产品生产或劳务提供,适合合并设置经营分部。只有这样,才能向会计信息使用者提供不同法律环境下产品生产或劳务提供的信息,有利于会计信息使用者对企业未来的发展走向做出判断和预测。比如,商业银行、保险公司等金融企业易受特别的、严格的监管政策影响,该类企业在考虑以产品或劳务确定经营分部时,应特别考虑各项产品或劳务所受监管政策的影响。

二、报告分部的概念及确定

(一)报告分部的概念

报告分部是指在分部报告中单独披露其财务信息的经营分部。根据分部报告准则的规定,并非所有的经营分部都有必要在分部报告中单独披露相关的财务信息。前面已经阐述,经营分部的划分通常以不同的风险和报酬为基础,而不论其是否重要。存在多种产品经营或者跨多个地区经营的企业可能会拥有大量规模较小、不是很重要的经营分部,如果单独披露大量规模较小的经营分部信息不仅会给财务报告使用者带来困惑,也会给财务报告编制者带来不必要的披露成本。因此,在确定报告分部时,应当考虑重要性原则,在通常情况下,符合重要性标准的经营分部才能确定为报告分部。

(二)报告分部的确定标准

根据前面的阐述,只有符合重要性标准的经营分部才能确定为报告分部。根据分部报告准则的规定,判断经营分部是否重要的标准主要有以下三个,满足三者中任意一条标准,都被认为是重要分部,并应确定为报告分部:

(1)分部收入占所有分部收入合计的 10% 或者以上的经营分部。

分部收入,是指可归属于经营分部的对外交易收入和对其他分部交易收入。分部收入主要由可归属于经营分部的对外交易收入构成,通常为营业收入。可归属于经营分部的收入来源于两个渠道:一是可以直接归属于经营分部的收入,即直接由经营分部的业务交易而产生;二是可以间接归属于经营分部的收入,即将企业交易产生的收入在相关经营分部之间进行分配,按属于某经营分部的收入金额确认为分部收入。

分部收入通常不包括下列项目:①利息收入(包括因预付或借给其他分部款项而确认的利息收入)和股利收入(采用成本法核算的长期股权投资取得的股利收入),但分部的日常活动就是金融性质的除外。②营业外收入,如固定资产盘盈、处置固定资产净收益、罚没收益等。③处置投资产生的净收益,但分部的日常活动是金融性质的除外。④采用权益法核算的长期股权投资确认的投资收益,但分部的日常活动是金融性质的除外。

【例 10-2】　某上市公司 2022 年分部资料如表 10-1 所示。

表 10-1　分部资料

单位:万元

项目	第一分部	第二分部	第三分部	第四分部	第五分部	合计
营业收入	8 000	1 000	5 000	7 000	4 000	25 000
对外交易收入	6 000	1 000	4 000	6 000	3 000	20 000
分部间交易收入	2 000	0	1 000	1 000	1 000	5 000
……						
营业利润	500	(100)	200	(300)	600	900
资产	3 000	1 000	2 000	3 000	6 000	15 000

从表 10-1 中可见,分部的大部分收入是对外交易收入,符合大部分收入为对外交易收入的条件。各分部的营业收入占所有分部收入合计的百分比计算如下:

第一分部 $=8\,000$ 万元 $\div 25\,000$ 万元 $\times 100\% = 32\%$。

第二分部 $=1\,000$ 万元 $\div 25\,000$ 万元 $\times 100\% = 4\%$。

第三分部 $=5\,000$ 万元 $\div 25\,000$ 万元 $\times 100\% = 20\%$。

第四分部 $=7\,000$ 万元 $\div 25\,000$ 万元 $\times 100\% = 28\%$。

第五分部 $=4\,000$ 万元 $\div 25\,000$ 万元 $\times 100\% = 16\%$。

从计算结果可知,第一分部、第三分部、第四分部、第五分部都应确定为报告分部。

(2)分部利润(亏损)的绝对额占所有盈利分部利润合计数或者所有亏损分部亏损合计数的绝对额两者中较大者的 10% 或者以上的经营分部。

分部利润(亏损),是指分部收入减去分部费用后的余额。在计算分部利润(亏损)时,应注意将不属于分部收入和分部费用的项目剔除。

分部费用,是指可归属于经营分部的对外交易费用和对其他分部交易费用。分部费用主要由可归属于经营分部的对外交易费用构成,通常包括交易成本、营业税金及附加、销售费用等。与分部收入的确认相同,归属于经营分部的费用也来源于两个渠道:一是可以直接归属于经营分部的费用,即直接由经营分部的业务交易而产生;二是可以间接归属于经营分部的费用,即将企业交易发生的费用在相关分部之间进行分配,按属于某经营分部的费用金额确认为分部费用。

分部费用通常不包括下列项目:①利息费用(包括因预收或向其他分部借款而确认的利息费用),如发行债券产生的利息费,但经营分部的日常活动是金融性质的除外。②营业外支出,如处置固定资产、无形资产等发生的净损失。③处置投资发生的净损失,但经营分部的日常活动是金融性质的除外。④采用权益法核算的长期股权投资确认的投资损失,但经营分部的日常活动是金融性质的除外。⑤与企业整体相关的管理费用和其他费用。

【例 10-3】 沿用例 10-2 资料。从表 10-1 中资料得知,该公司的第一、第三、第五分部为盈利分部,各盈利分部的营业利润合计额为 1 300 万元(=500 万元+200 万元+600 万元);第二和第四分部为亏损分部,亏损分部的亏损合计额为 400 万元(=100 万元+300 万元)。由于 1 300 万元大于 400 万元,因此该公司在测试某一分部的营业利润或营业亏损是否满足 10% 重要性标准时,应该以所有盈利分部营业利润合计额 1 300 万元作为比较基数,计算各分部的营业利润或营业亏损的绝对额占 1 300 万元的百分比是否大于或等于 10%,以此判断是否确定为报告分部。具体计算如下:

第一分部=500 万元÷1 300 万元×100%=38.5%。

第二分部=100 万元÷1 300 万元×100%=7.7%。

第三分部=200 万元÷1 300 万元×100%=15.4%。

第四分部=300 万元÷1 300 万元×100%=23.1%。

第五分部=600 万元÷1 300 万元×100%=46.2%。

从计算结果可知,第一、第三、第四和第五分部都应确定为报告分部。

(3)分部资产占所有分部资产合计额的 10% 或者以上的经营分部。

分部资产是指经营分部日常活动中使用的可归属于该经营分部的资产,不包括递延所得税资产。企业在计量分部资产时,应当按照分部资产的账面净值进行计量,即按照原值扣除相关累计折旧或摊销额以及累计减值准备后的金额计量。

企业在确认分部资产时,应注意分部资产与分部利润(亏损)、分部费用等之间存在的对应关系,这些关系主要包括:①如果分部利润(亏损)包括利息或股利收入,分部资产中就应当包括相应的应收账款、贷款、投资或其他金融资产。②如果分部费用包括某项固定资产的折旧费用,分部资产中就应当包括该项固定资产。③如果分部费用包括某项无形资产或商誉的摊销额或减值额,分部资产中就应当包括该项无形资产或商誉。

由两个或两个以上经营分部共同享有的资产,其归属权取决于与该资产相关收入和费用的分配,与共享资产相关的收入和费用归属哪个经营分部,共享资产就应该分配给哪个经营分部。共享资产的折旧费或摊销费应该在其所归属的分部经营成果中扣减。

【例 10-4】 沿用例 10-2 资料。根据表 10-1 中各分部的资产数据,计算各分部资产占所有分部资产合计额的百分比如下:

第一分部＝3 000万元÷15 000万元×100％＝20％。

第二分部＝1 000万元÷15 000万元×100％＝6.7％。

第三分部＝2 000万元÷15 000万元×100％＝13.3％。

第四分部＝3 000万元÷15 000万元×100％＝20％。

第五分部＝6 000万元÷15 000万元×100％＝40％。

从计算结果可知,第一、第三、第四和第五分部应确认为报告分部。

需要注意的是,某一分部在其大部分收入是对外交易收入的情况下,只要满足上述营业收入、营业利润(或亏损)和资产三个10％重要性条件的其中任一条件,即可确定为报告分部,因此,上面三个例题中,不管从哪一条件方面计算都可以确定第一、第三、第四和第五分部为报告分部。

(三)报告分部确定的其他相关规定

企业在根据重要性10％规则确认报告分部时,还必须遵守分部报告准则关于分部报告确定的以下相关规定:

第一,不满足报告分部确认标准的经营分部处理。如果经营分部未满足上述10％重要性标准,可以按照下列规定确定报告分部:①企业管理层如果认为披露该经营分部信息对会计信息使用者有用,那么,无论该经营分部是否满足10％重要性标准,都可以将该经营分部直接指定为报告分部。②将未满足报告分部确认标准的经营分部与一个或一个以上的具有相似经济特征、满足经营分部合并条件的其他经营分部合并,作为一个报告分部。③不将该经营分部直接指定为报告分部,也不将该经营分部与其他未作为报告分部的经营分部合并为一个报告分部的,企业在披露分部信息时,也应当将该分部的信息与其他组成部分的信息合并,作为"其他项目"单独在分部报告中披露。

第二,分部报告中各个报告分部对外交易收入合计应占企业总收入的75％以上。根据分部报告准则的规定,企业在确定报告分部时,除了要满足前述报告分部10％重要性的确定标准外,还要注意报告分部的75％外部交易收入约束条件。"报告分部的75％外部交易收入约束条件"是指被确定为报告分部的经营分部,不管数量有多少,各个报告分部的对外交易收入合计数占企业总收入的比重必须达到75％或以上。如果报告分部对外交易收入的总额未达到企业总收入的75％,则企业必须增加该报告分部中的报告分部数量,将原未作为报告分部的经营分部确认为报告分部,直到该比重达到75％。此时,其他未作为报告分部的经营分部很可能未满足前述规定的10％重要性标准,但为了使报告分部的对外交易收入合计额占合并总收入或企业总收入的总体比重能够达到75％的比例要求,也应当将其确定为报告分部。

第三,分部报告中报告分部的数量不应该超过10个。根据前述报告分部的确定标准以及外部交易收入占企业总收入75％的约束条件,企业最终确定的报告分部数量可能会超过10个。如果这样,企业提供的分部信息可能变得非常烦琐,不利于会计信息使用者的理解和使用。因此,分部报告准则规定,在分部报告中,报告分部的数量不应超过10个。如果按照规定标准确定的报告分部数量超过10个,企业应当考虑将具有相似经济特征、满足经营分部合并条件的报告分部进行合并,以确保报告分部的数量不超过10个。

第四,分部报告中报告分部的确定应遵循可比性原则。企业在确定报告分部时,除应遵循相应的确定标准及约束条件外,还应当考虑不同会计期间分部信息的可比性和一致性。对于某一经营分部,在上期可能满足报告分部的确定条件从而确定为报告分部,但本期可能并不满足报告分部的确定条件,基于可比性原则,如果企业认为该经营分部仍然重要,单独披露该经营分部的信息能够更有助于会计信息使用者了解企业的整体情况,则无须考虑该经营分部确定为报告分部的条件,仍应当将该经营分部确定为本期的报告分部。反之,对于某一经营分部,在本期可能满足报告分部的确定条件从而确定为报告分部,但上期可能并不满足报告分部的确定条件从而未确定为报告分部,基于可比性原则,企业亦可以将以前会计期间该分部信息进行重述,并追溯披露该分部信息;如果重述所需要的信息无法获得,或者不符合成本效益原则,则无须重述以前会计期间的分部信息。不论是否对以前期间相应的报告分部进行重述,企业均应当在报表附注中披露这一事实。

第二节　分部报告的编制

一、分部报告的种类

分部报告按报告的形式分为主要报告形式和次要报告形式。所谓主要报告形式,是指按规定应当披露较为详细的分部信息的报告形式;次要报告形式则是指可以披露较为简化的分部信息的报告形式。企业可以采用其中之一进行报告。

企业在确定分部信息的主要报告形式和次要报告形式时,应当以其风险和报酬的主要来源和性质为依据,同时结合企业的内部组织结构、管理结构以及董事会或类似机构的内部财务报告制度。

二、分部会计信息的披露

分部会计信息的披露是指分部报告应披露的会计信息内容。企业在确定报告分部及其主要次要报告形式之后,应按规定的内容进行分部会计信息的披露。

(一)主要报告形式下会计信息的披露

1. 主要报告形式下会计信息披露的内容

第一,分部收入。

分部收入由可归属于分部的对外交易收入和对其他分部交易收入两部分构成,两部分收入应当分别披露。其中,可归属于分部的对外交易收入是分部收入的主要构成部分,通常为营业收入,主要来源有两个:一是直接由分部的业务交易产生的可以直接归属于分部的收入;二是将企业交易产生的收入在相关分部之间进行分配,可间接归属于分部的收入。分部收入通常不包括下列以企业整体为基础来计划和管理投资、融资行为所产生的收入以及非营业活动产生的收入:

(1)利息收入和股利收入。如因预付或借给其他分部款项而确认的利息收入、债券投资的利息收入、采用成本法核算的长期股权投资股利收入(投资收益)等,不作为分部收入。但日常活动是金融性质的分部(如商业银行、证券公司、保险公司等,下同),利息收入应当作为分部收入披露。

（2）采用权益法核算的长期股权投资在被投资单位实现的净利润中应享有的份额。因其属于投资收益，所以不属于营业收入的范畴。但分部日常活动是金融性质的，应将其作为分部收入。

（3）处置投资形成的净收益。因其不属于企业的营业收入范畴，所以不应包括在分部收入中。但分部日常活动是金融性质的，处置投资形成的净收益则属于日常经营收入的范围，应将其作为分部收入。

（4）营业外收入。如固定资产盘盈、处置固定资产净收益、出售无形资产净收益、罚没收入等，因其与日常经营业务无直接关系，故不属于分部收入。

第二，分部费用。

分部费用是指可归属于分部的对外交易费用和对其他分部交易费用。分部费用主要由可归属于分部的对外交易费用构成，通常包括营业成本、营业税金及附加、销售费用等。其主要来源有两个：一是直接由分部的业务交易产生的可以直接归属于分部的费用；二是将企业交易发生的费用在相关分部之间进行分配，可间接归属于分部的费用。分部费用通常不包括下列项目：

（1）利息费用。如发行债券、因预售或向其他分部借款的利息费用等，不作为分部费用；但分部日常活动是金融性质的，其利息费用应当作为分部费用披露。

（2）采用权益法核算的长期股权投资在被投资单位发生的净损失中应当承担的份额。但分部日常活动是金融性质的除外。

（3）营业外支出。如处置固定资产、无形资产等发生的净损失，不作为分部费用。

（4）所得税费用。其是企业整体税收政策所考虑的内容而非某一分部活动所考虑的内容，因此，不属于分部费用。

（5）与企业整体相关的管理费用和其他费用。但是，企业代所属分部支付的、与分部的经营活动相关且能直接归属于或按合理基础分配给该分部的费用，属于分部费用。

企业在披露分部费用时，对于分部的折旧费用、摊销费用以及其他重大的非现金费用，应当分别披露。

第三，分部利润（或亏损）。

分部收入减去分部费用后的余额为分部利润（或亏损）。分部利润（或亏损）与企业的利润（或亏损）总额或净利润（或净亏损）包括的内容不同。不属于分部收入的总部收入和营业外收入等，以及不属于分部费用的所得税费用、营业外支出等，在计算分部利润（或亏损）时不得考虑。

在企业需要提供合并财务报表的情况下，合并利润表中，分部利润（或亏损）应当在调整少数股东权益前确定。

第四，分部资产。

企业在披露分部资产时，应单独披露当期发生的在建工程成本总额、购置的固定资产和无形资产的成本总额等。对于不属于任何一个分部的资产，应当作为其他项目单独披露。

第五，分部负债。

分部负债是指分部经营活动形成的可直接归属于该分部的负债，以及能够以合理的基础分配给该分部的负债，如应付账款、其他应付款、预收账款等。

由于企业发生的借款或发行的债券通常是以整个企业为基础而发生或发行的，不可能直接归属于某个分部,因此分部负债通常不包括借款、应付债券、融资租入固定资产所发生的相关债务、在经营活动之外为融资目的而承担的负债等。但如果某个分部的分部费用包括利息支出,则其分部负债中就应该包含该项借款或应付债券。

分部负债也不包含与企业整体相关的递延所得税负债。

2. 分部信息与企业财务报表总额或企业合并财务报表信息的衔接

企业披露的分部信息,应当与企业合并财务报表中的总额信息相衔接,其相互衔接关系主要包括以下几个方面:

第一,分部收入应当与企业的对外交易收入相衔接。企业的对外交易收入包括企业对外交易取得的、未包括在任何分部收入中的收入,所以企业在将分部收入与对外交易收入相衔接时,需要将分部之间的内部交易进行抵销。各个报告分部的对外交易收入加上未包含在任何分部中的对外交易收入金额之和,应当与企业的对外交易收入总额一致。

第二,分部利润(或亏损)应当与企业营业利润(或亏损)和企业净利润(或净亏损)相衔接。如前所述,分部收入和分部费用与企业的对外交易收入和对外交易费用不一致,相应地,企业的分部利润(或亏损)与企业的营业利润(或亏损)和净利润(或净亏损)之间也存在差异。在企业的分部利润(或亏损)基础上,调整不属于分部的收入或费用等因素之后,便可以计算出企业的营业利润(或亏损)和企业的净利润(或净亏损)。

第三,分部资产总额应当与企业资产总额相衔接。企业的资产总额由归属于分部的资产总额和未分配给各个分部的资产总额组成。分部资产总额加上未分配给各个分部的资产总额的合计额,应与企业资产总额相一致。

第四,分部负债总额应当与企业负债总额相衔接。与分部资产的相衔接相对应,由于企业的负债总额由归属于分部的负债总额和未分配给各个分部的负债总额组成,因此,分部负债总额加上未分配给各个分部的负债总额的合计额,应与企业负债总额相一致。

(二)次要报告形式下会计信息的披露

分部信息的次要报告形式应披露下列信息:

第一,对外交易收入占企业对外交易收入总额10%或者以上的分部,以外部客户为基础披露对外交易收入。

第二,分部资产占所有分部资产总额10%或者以上的分部,披露分部资产总额。

(三)分部报告的其他披露内容

企业在编制分部报告时,除对上述会计信息进行披露外,还应披露下列内容。

(1)分部间转移价格的确定及其变更。

通常分部之间的交易定价与市场的公允交易价格不同,因此,为准确计量分部间的转移交易,企业在确定分部间交易收入时,应当以实际交易价格为基础计量。转移价格的确定基础应当在附注中予以披露。同时,企业不同期间生产的产品的成本等不同,可能会导致不同期间分部间转移价格的确定产生差异,对于转移交易价格的变更情况,也应当在附注中予以披露。

(2)分部会计政策及其变更。

分部会计政策是编制企业财务报表或合并财务报表时采用的会计政策,以及与分部报告特别相关的会计政策。与分部报告特别相关的会计政策,包括分部的确定、分部间转移价格的确定方法,以及将收入和费用分配给分部的基础等。

需要注意,如果分部采用的会计政策与企业财务报表或合并财务报表一致,且按规定在附注中进行了相关披露,则无须在披露分部信息时重复披露。

当分部会计政策发生变更且对分部的会计信息产生实质性影响时,企业应当披露这一变更情况,并按规定提供相关比较数据;提供比较数据不切实可行的,应当说明原因。

(3)前期比较数据。

依据可比性的会计信息质量要求,企业在披露分部信息时,应当提供前期的比较数据。如果某一分部本期满足报告分部的确定条件并被确定为报告分部,即使前期未满足报告分部的确定条件而没有被确定为报告分部,也应当提供前期的比较数据,除非提供比较数据不切实可行。

第三节　中期财务报告概述

一、中期财务报告的含义

中期财务报告是以中期为基础编制的财务报告。中期,是指短于一个完整的会计年度(自公历1月1日起至12月31日止)的报告期间,它可以是一个月、一个季度或者半年,也可以是短于一个会计年度的其他期间,如1月1日至9月30日的期间等。根据编制的期间不同,中期财务报告可分为月度财务报告、季度财务报告、半年度财务报告以及期初至本中期末的财务报告。

在市场经济条件下,投资者、债权人等对公开披露的财务报告信息的及时性和相关性提出了更高的要求,而中期财务报告可以使投资者对企业进行业绩评价和监督管理更加及时,更有助于及时发现企业存在的问题,寻求相应的应对措施,从而规范企业经营者行为,以满足投资者决策的需求,因此,中期财务报告目前已经成为年报之外非常重要的财务报告。我国《企业会计准则第32号——中期财务报告》要求我国上市公司必须公开披露半年报,但很多上市公司已经开始自愿披露季报。我国的中期财务报告不要求经过审计。

二、中期财务报告的构成

中期财务报告的构成与年度财务报告大同小异。我国中期财务报告准则对中期财务报告进行了详尽的规范。根据中期财务报告准则的规定,中期财务报告至少应当包括以下几部分:①资产负债表;②利润表;③现金流量表;④附注。这四部分是中期财务报告最基本的构成。与年度财务报告相比,中期财务报告准则不要求编制所有者权益变动表。

企业在编制中期财务报告时,应当注意以下几点:

第一,在中期财务报告中,企业至少要提供资产负债表、利润表、现金流量表和附注四个部分内容。对其他财务报告或相关信息,如所有者权益(或股东权益)变动表等,企业可以根据需要自行决定提供与否。但如果企业自愿提供其他财务报表或相关信息,则必须遵循中期财务报告的相关规定,比如,企业若提供中期所有者权益(或股东权益)变动表,则其内容和格式也应当与上年度报表保持一致。

第二,中期财务报告的格式和内容应当与上年度财务报告相一致。如果当年新施行的会计准则对财务报表格式和内容做了修改,中期财务报告应当按照修改后的报表格式和内容编制,与此同时,在中期财务报告中提供的上年度比较财务报表的格式和内容也应当做相应的调整。假设最新中期财务报告准则规定,基本每股收益和稀释每股收益在中期利润表中应单独列示,而上年度利润表中并没有单独列示,则企业在提供比较中期财务报告时,对于上年度利润表应做相应调整,将基本每股收益和稀释每股收益单独列示。

第三,中期财务报告中的附注可适当简化。中期财务报告附注必须充分披露中期财务报告准则规定披露的信息,对于其他信息的披露,可遵循重要性原则,适当简化。

在我国,上市公司的半年报比较规范,企业除了按照会计准则的规定提供半年期资产负债表、半年期利润表和半年期现金流量表之外,还普遍提供半年期所有者权益变动表。我国的上市公司一般都主动提供季报,但季报一般不提供所有者权益变动表,所披露的内容比较简单。由于中期财务报告无须审计,因此,目前我国上市公司所提供的中期财务报告一般都不经过审计。

三、中期财务报表的种类

根据我国会计准则的要求,作为母公司的上市公司提供的年度财务报表中包括母公司个别财务报表和合并财务报表两类。与年报类似,中期财务报表也分为母公司个别财务报表和企业集团合并财务报表。根据《企业会计准则第 32 号——中期财务报告》的要求,对于上年度编制合并财务报表的公司,中期末也应当编制合并财务报表;对于上年度同时提供母公司个别报表和合并报表的公司,中期末也应当同时编制母公司个别报表和合并报表。关于母公司单独的中期财务报表确认与计量的原则及报表编制要求,本章将在第四节重点阐述。关于中期合并财务报表,其报表的格式、合并范围和编制方法应当与上年度合并财务报表相一致,本章不再阐述。对于上年度包括在合并财务报表中、本中期处置的子公司,应当并入本中期合并范围;对于本中期新增的子公司,在本中期末应当纳入合并范围。

四、编制中期财务报告的基本原则

与编制年度财务报告一样,企业在编制中期财务报告时,应当遵守基本准则中的相关原则,尤其要遵守一致性、重要性和及时性的原则。

1. 一致性原则

企业在编制中期财务报告时,应当将中期视同一个独立的会计期间,所采用的会计政策应当与年度财务报告所采用的会计政策相一致,且在编制中期财务报告时不得随意变更会计政策。

2. 重要性原则

企业在编制中期财务报告时,必须坚持重要性原则。重要性原则是指企业对于某项重要的会计信息,必须在中期财务报告中予以报告,否则就会影响或误导投资者等会计信息使用者对这个期间企业财务状况、经营成果和现金流量的正确判断。企业在遵循重要性原则时应注意以下几点:

第一,重要性程度的判断应当以中期财务数据为基础,而不得以预计的年度财务数据为基础。这里所指的"中期财务数据",既包括本中期的财务数据,也包括年初至本中期末的财务数据。

第二,重要性原则要求企业在中期财务报告中应当提供与理解企业本中期末财务状况、中期经营成果和中期现金流量相关的所有信息。企业在运用重要性原则时,应当避免在中期财务报告中由于不确认、不披露或者忽略某些信息而对信息使用者决策产生误导。

第三,重要性程度的确定需要根据具体情况具体分析和运用一定的职业判断。通常,在判断某一项目的重要性程度时,应当将该项目的金额和性质结合在一起予以考虑,而且在判断项目金额重要性时,应当以资产、负债、净资产、营业收入、净利润等直接相关项目数字作为比较基础,并综合考虑其他相关因素。在一些特殊的情况下,单独依据项目的金额或者性质就可以判断其重要性。例如,企业发生会计政策变更,该变更事项对当期期末财务状况或者当期损益的影响可能比较小,但对以后期间财务状况或者损益的影响却比较大,因为会计政策变更从性质上属于重要事项,应当在中期财务报告中予以披露。

3. 及时性原则

企业编制中期财务报告的目的就是向会计信息使用者提供比年度财务报告更加及时的会计信息,以提供会计信息的决策有用性。中期财务报告所涵盖的会计期间短于一个会计年度,所以,提供的会计信息更加具有及时性。为了在中期及时提供相关的财务信息,企业在会计计量上应该使用更多的会计估计手段。例如,企业通常会在会计年度末对存货进行全面、详细的实地盘点,因此,对年末存货可以实现较为精确的计价,但是在中期末,由于时间上的限制和成本方面的考虑,不大可能对存货进行全面、详细的实地盘点,在这种情况下,对于中期末存货的计价就可在更大程度上依赖会计估计。

就会计原则而言,一致性、重要性和及时性是编制中期财务报告时必须遵守的几条重要原则,但其他一些会计原则,如可比性原则、谨慎性原则、实质重于形式原则等,在编制中期财务报告时也应当遵循。

第四节　中期财务报告的编制

会计确认和计量主要涉及确认什么、怎样确认和确认多少等会计问题,涉及的原则应该包括会计准则对会计确认和计量的全部要求,包括会计确认的一般标准(符合要素定义等)、会计确认的基础(权责发生制)、会计计量属性的要求(历史成本、公允价值等)以及会计信息的质量特征等。在编制年度财务报告时,企业应当根据基本准则和具体准则的要求对财务报表要素进行正确的确认与计量。与年度财务报告一样,企业在编制中期财务报告时,也要涉及会计要素的确认与计量问题。中期财务报告的会计确认与计量是指中期财务报表中相关会计要素的确认和计量,主要涉及以下几个方面。

一、中期财务报告会计确认与计量的基本原则

(一)与年度财务报告相一致的会计确认与计量原则

中期财务报告中会计要素的确认和计量原则应当与年度财务报告所采用的原则相一致,

即企业在中期根据所发生交易或者事项对资产、负债、所有者权益(或股东权益)、收入、费用和利润等会计要素进行确认和计量时,应当符合会计要素的定义以及相关会计确认和计量的标准,不能因为中期财务报告期间的缩短而改变会计确认和计量的原则。企业在编制中期财务报告时,不能根据年度内以后中期将要发生的交易或者事项来判断当前中期的有关项目是否符合会计要素的定义,也不能人为地均衡会计年度内各中期的收益和费用。

【例 10-5】 A 公司是一家图书代理商,其日常经销中收到订单和购书款与发送图书往往分属于不同的中期,如果该公司编制中期财务报告,则中期收入确认的原则如下:

A 公司编制中期财务报告时,在其收到订单和购书款的中期不能确认图书销售收入,因为在此中期,与图书所有权有关的风险和报酬尚未转移,不符合收入确认的条件。A 公司只能在发送图书的那个中期才能确认收入,因为在该中期,与图书所有权有关的风险和报酬已经转移。A 公司中期收入的确认标准应该保持一致。

(二)以年初至本中期末为基础的计量原则

中期财务报告准则规定,中期会计计量应当以年初至本中期为基础,财务报告的频率不应当影响年度结果的计量。也就是说,无论企业中期财务报告的频率是月度、季度还是半年度,企业中期会计计量的结果最终应当与年度财务报告中的会计计量结果相一致。为此,企业中期财务报告的计量应当以年初至本中期末为基础,即企业应当以年初至本中期末作为中期会计计量的期间基础,而不应当仅仅以本中期作为会计计量的期间基础。如企业编制第 2 季度财务报表,应当以 1 月 1 日至 6 月 30 日为计量期间考虑会计计量问题,而不应该仅仅以第 2 季度的状况为基础考虑会计计量问题。

总之,根据现行中期财务报告的规定,单纯以某个中期为基础对中期财务报告进行计量是不正确的。为了避免企业中期会计计量与年度会计计量的不一致,防止企业因财务报告的频率而影响其年度财务结果的计量,企业必须以年初至中期末为基础进行中期财务报告的会计计量。

(三)会计政策应当与年度财务报告相一致的原则

为了保持企业前后各期会计政策的一贯性,提高会计信息的可比性和有用性,企业在中期应当采用与年度财务报告相一致的会计政策,且不得随意变更会计政策。如果上年度资产负债表日之后,企业按规定变更了会计政策,且该变更后的会计政策将在本年度财务报告中采用,则中期财务报告也应当采用变更后的会计政策。

中期财务报告准则不允许各中期随意变更会计政策,企业中期会计政策的变更应当符合《企业会计准则第 28 号——会计政策、会计估计变更和差错更正》规定的条件,只有在满足下列条件之一时,才能在中期进行会计政策变更:①法律、行政法规或者国家统一的会计制度等要求变更;②会计政策变更能够提供更可靠、更相关的会计信息。

(四)中期财务报告会计估计变更的处理原则

对于中期财务报表中的项目在中期发生了会计估计变更的,根据中期财务报告准则及《企业会计准则第 28 号——会计政策、会计估计变更和差错更正》的规定,企业只需在以后中期及年度财务报告中反映会计估计变更后的金额,并在附注中做相应披露,无须对年内前一个或前几个中期财务报告(如季报)做追溯调整,也无须重编年内前一个或前几个中期的财务报告(如季报)。

二、季节性、周期性或者偶然性收入确认和计量的原则

在通常情况下,企业的收入都是在一个会计年度内均匀发生的,各中期的营业收入差异不会很大,但也有某些企业的收入具有季节性、周期性或者偶然性特征。季节性收入是指企业取得的具有季节性特征、不在一个会计年度均匀发生的营业收入。这些营业收入的取得或者营业成本的发生主要集中在全年的某一季节或者某个期间内。例如,供暖企业的营业收入主要来自冬季;冷饮企业的营业收入主要来自夏季。周期性收入是企业取得的具有周期性特征的、不在一个会计年度均匀发生的营业收入。赚取周期性收入的企业往往每隔一个周期就会获得一笔稳定的营业收入或者支付一定的成本。例如,房地产开发企业的开发项目通常需要在一年以上,比如2~3年才能完成,因此,其营业收入通常也是2~3年才能完成一个循环周期。偶然性收入是企业从某些偶发事项中取得的一些非经常性收入,比如企业因意外获得的保险赔偿金等。

对于季节性收入、周期性收入和偶然性收入,中期财务报告准则规定,企业应当在发生时予以确认和计量,不应当为了平衡各中期的收益而将这些收入在会计年度的各个中期之间进行分摊。同时,中期财务报告准则还规定,如果季节性、周期性或者偶然性收入在会计年度末允许预计或者递延,这些收入的确认标准和计量基础都应当遵循《企业会计准则第14号——收入》的规定。

【例10-6】 某房地产开发公司采取滚动方式开发房地产,即每开发完成一个房地产项目,再开发下一个房地产项目。公司采取边开发、边销售楼盘的策略。假定该公司在2×21年各季度分别收到楼盘销售款1 000万元、3000万元、2 500万元和2 000万元;分别支付开发成本2 000万元、1 500万元、2 200万元和1 800万元;在2×22年各季度分别收到楼盘销售款2 500万元、3 000万元、3 000万元和1 000万元;分别支付开发成本1 000万元、1 700万元、1 500万元和300万元。小区所有商品房于2×22年11月完工,12月全部交付给购房者,并办理完有关产权手续。

在本例中,A公司的经营业务具有明显的周期性特征,根据企业会计准则的规定,公司只有在每个周期房地产开发项目完成并实现对外销售后,才能确认收入。因此,该房地产开发公司只在2×22年12月所建商品房完工、商品房有关的风险和报酬已经转移给了购房者时,才能确认收入。在2×22年12月之前的各中期既不能预计收入,也不能将已经收到的楼盘销售款直接确认为收入,只能将其作为预收款处理。对于开发项目所发生的成本也应当先归集在"开发成本"中,待到确认收入时,再结转相应的成本。

三、不均匀发生的费用确认与计量的原则

在通常情况下,与企业经营和管理活动有关的费用往往是在一个会计年度的各个中期内均匀发生的,各中期之间发生的费用不会有太大的差异。但是,对于某些费用,如员工培训费等,往往集中在会计年度的个别中期内,属于会计年度内不均匀发生的费用。中期财务报告准则规定,企业在会计年度中不均匀发生的费用,应当在发生时予以确认和计量,不应当为了平衡各中期之间的收益而将这些费用在会计年度的各个中期之间进行分摊,但如果企业会计准则允许会计年度内不均匀发生的费用在会计年度末预提或者待摊的,在中期末财务报告中也允许预提或者待摊。

【例 10-7】　某公司根据年度培训计划,在 2022 年 6 月对员工进行了专业技能和管理知识方面的集中培训,共发生培训费用 30 万元。

在本例中,该项培训费用应当计入 2022 年 6 月的损益,不能在之前预提,也不能在之后分摊。

四、中期财务报告会计政策变更的处理原则

中期财务报告准则规定,企业在中期发生了会计政策变更的,应当按照《企业会计准则第28 号——会计政策、会计估计变更和差错更正》规定处理,并在财务报表附注中做相应的披露。会计政策变更的累积影响数能够合理确定且涉及本会计年度以前中期财务报表相关项目数字的,应当予以追溯调整,视同该会计政策在整个会计年度一贯采用;同时,上年度可比中期财务报表也应当做相应调整。

中期财务报告准则对中期会计政策变更会计处理的规定是:当中期会计政策变更时,企业应当根据中期财务报告准则的要求,对以前年度比较中期财务报表最早期间的期初留存收益和其他相关项目的数字,进行追溯调整;同时,涉及本会计年度内会计政策变更以前各中期财务报表相关项目数字的,也应当予以追溯调整,视同该会计政策在整个会计年度和可比中期财务报表期间一贯采用。如果会计政策变更的累积影响数不能合理确定,以及不涉及本会计年度以前中期财务报表相关项目数字,应当采用未来适用法。在财务报表附注中应说明会计政策变更的性质、内容、原因及影响数;累积影响数不能合理确定的,也应当说明理由。

中期财务报告准则对中期会计政策变更在附注中披露的规定是:当中期会计政策变更时,企业应当披露会计政策变更对以前年度的累积影响数,包括对比较中期财务报表最早期间期初留存收益的影响数、以前年度可比中期损益的影响数;披露会计政策变更对变更中期、年初至变更中期末损益的影响数;披露会计政策变更对当年度会计政策变更以前各中期损益的影响数。

五、比较中期财务报表的编制

为了提高财务报告信息的可比性、相关性和有用性,中期财务报告准则规定,企业在中期财务报告中提供的中期财务报表(包括母公司单独报表和合并财务报表)必须是比较中期财务报表,要求同时提供可比上期及本中期的相关财务信息。比较中期财务报表要求企业在中期财务报告中,除了提供本中期末资产负债表、本中期利润表和本中期现金流量表外,还要提供上年度及相关中期的财务报表。比较中期财务报表主要包括以下报表:

(1)本中期末的资产负债表和上年度末的资产负债表。

(2)本中期的利润表、年初至本中期末的利润表以及上年度可比期间的利润表。上年度可比期间的利润表包括上年度可比中期的利润表和上年度年初至上年可比中期末的利润表。

(3)年初至本中期末的现金流量表和上年度年初至上年可比中期末的现金流量表。

如果企业同时提供中期所有者权益变动表,也必须是比较所有者权益变动表。由于会计准则对于可比中期所有者权益变动表没有进行规范,从上市公司实际披露情况来看,做法不完全一致。

【例 10-8】　A 公司按集团财务制度规定编制季度财务报告,根据中期财务报告准则的规定,A 公司在 2022 年 3 月 31 日、6 月 30 日和 9 月 30 日应当编制的第 1 季度、第 2 季度和第 3

季度中期财务报表分别见表10-2至表10-4。

表 10-2　A 公司 2022 年第 1 季度报表

报表类别	本年度中期财务报表时间(或期间)	上年度比较中期财务报表时间(或期间)
资产负债表	2022 年 3 月 31 日	2021 年 12 月 31 日
利润表	2022 年 1 月 1 日至 3 月 31 日	2021 年 1 月 1 日至 3 月 31 日
现金流量表	2022 年 1 月 1 日至 3 月 31 日	2021 年 1 月 1 日至 3 月 31 日

表 10-3　A 公司 2022 年第 2 季度报表

报表类别	本年度中期财务报表时间(或期间)	上年度比较中期财务报表时间(或期间)
资产负债表	2022 年 6 月 30 日	2021 年 12 月 31 日
利润表(本中期)	2022 年 4 月 1 日至 6 月 30 日	2021 年 4 月 1 日至 6 月 30 日
利润表(年初至本中期末)	2022 年 1 月 1 日至 6 月 30 日	2021 年 1 月 1 日至 6 月 30 日
现金流量表	2022 年 1 月 1 日至 6 月 30 日	2021 年 1 月 1 日至 6 月 30 日

表 10-4　A 公司 2022 年第 3 季度报表

报表类别	本年度中期财务报表时间(或期间)	上年度比较中期财务报表时间(或期间)
资产负债表	2022 年 9 月 30 日	2021 年 12 月 31 日
利润表(本中期)	2022 年 7 月 1 日至 9 月 30 日	2021 年 7 月 1 日至 9 月 30 日
利润表(年初至本中期末)	2022 年 1 月 1 日至 9 月 30 日	2021 年 1 月 1 日至 9 月 30 日
现金流量表	2022 年 1 月 1 日至 9 月 30 日	2021 年 1 月 1 日至 9 月 30 日

企业在编制比较中期财务报表时,还应注意以下几个方面:

第一,如果企业在中期因企业会计准则的变化而对财务报表项目进行了重新分类或其他调整,则上年度比较财务报表相关项目及金额也应该调整,以确保其与本年度中期财务报表的可比性。同时,企业还应当在附注中说明财务报表项目重新分类的原因及内容。如果企业因原始数据收集、整理或者记录等方面的原因,无法对比较中期财务报表中的有关项目及金额进行调整,应当在附注中说明原因。

第二,如果企业在本中期会计政策发生了变更,而且该变更对本会计年度以前中期财务报表净损益和其他相关项目数字的累积影响数能够合理确定,则应当进行追溯调整。如果对比较中期财务报表可比期间以前的会计政策变更的累积影响数能够合理确定,也应按规定调整比较中期财务报表最早期间的期初留存收益和其他相关项目。同时,还应在财务报表附注中说明会计政策变更的性质、内容、原因及影响数;无法追溯调整的,应当说明原因。

第三,对于在本年度中期内发生的以前年度损益调整事项,企业应当同时调整本年度财务报表相关项目的年初数,同时,比较中期财务报表中的相关项目及金额亦应做相应调整。

六、中期财务报告附注的披露

(一)中期财务报告附注的披露要求

中期财务报告附注是对中期资产负债表、利润表、现金流量表等报表中项目的文字描述或明细阐述以及对未能在这些报表中列示项目的说明等,其目的是使中期财务报告信息对会计信息使用者的决策更加有用。中期财务报告附注披露应该坚持以下原则:

(1)以年初至本中期末会计信息为基础的披露原则。

编制中期财务报告的目的是向报告使用者提供自上年度资产负债表日之后所发生的重要交易或事项,因此,中期财务报告附注应当以"年初至本中期末"为基础进行披露,而不应该仅仅披露本中期所发生的重要交易或事项。

【例 10-9】 A 公司通常按季提供财务报告。2022 年 3 月 5 日,A 公司对外投资,设立了一家子公司,该事项对 A 公司来说是一个重大事项,因此,根据中期财务报告附注以"年初至本中期末"为基础披露原则,该公司对此事项不仅应当在 2022 年第 1 季度财务报告附注中予以披露,而且还应当在 2022 年第 2 季度财务报告和第 3 季度财务报告附注中进行披露。

(2)披露重要交易或事项的原则。

为了全面反映企业财务状况、经营成果和现金流量,中期财务报告附注应当对自上年度资产负债表日以后发生的,有助于理解企业财务状况、经营成果和现金流量变化情况的重要交易或者事项以"年初至本中期末"为基础进行披露,但同时,与理解本中期财务状况、经营成果和现金流量有关的重要交易或者事项,也必须在附注中予以披露。

【例 10-10】 A 公司在 2022 年 1 月 1 日至 6 月 30 日累计实现净利润 2 500 万元,其中,第 2 季度实现净利润 80 万元,公司在第 2 季度转回前期计提的坏账准备 100 万元,第 2 季度末应收账款余额为 800 万元。

在本例中,尽管该公司第 2 季度转回的坏账准备仅占该公司 1—6 月份净利润总额的 4%,但是该项转回金额占第 2 季度净利润的 125%,占第 2 季度末应收账款余额的 12.5%,对于理解第 2 季度经营成果和财务状况而言,属于重要事项,所以,该公司应当在第 2 季度财务报告附注中披露该事项。

(二)中期财务报告附注披露内容

中期财务报告准则规定,中期财务报告附注至少应当包括以下信息:

(1)中期财务报表所采用的会计政策与上年度财务报表相一致的声明。企业在中期会计政策发生变更的,应当说明会计政策变更的性质、内容、原因及影响数;无法进行追溯调整的,应当说明原因。

(2)会计估计变更的内容、原因及影响数;影响数不能确定的,应当说明原因。

(3)前期差错的性质及更正金额;无法追溯重述的,应当说明原因。

(4)企业经营的季节性或者周期性特征。

(5)存在控制关系的关联方发生变化的情况;关联方之间发生变化交易的,应当披露关联方关系的性质、交易类型和交易元素。

(6)合并财务报表的合并范围发生变化的情况。

(7)对性质特别或者金额异常的财务报表项目的说明。

(8)证券发行、回购和偿还情况。

(9)向所有者分配利润的情况,包括在中期内实施的利润分配和已提出或者已批准但尚未实施的利润分配情况。

(10)根据《企业会计准则第35号——分部报告》规定应当披露分部报告信息的,应当披露主要报告形式的分部收入与分部利润(亏损)。

(11)中期资产负债表日至中期财务报告批准报出日之间发生的非调整事项。

(12)上年度资产负债表日以后所发生的或有负债和或有资产的变化情况。

(13)企业结构变化情况,包括企业合并,对被投资单位具有重大影响、共同控制或者控制关系的长期股权投资的购买或者处置,终止经营等。

(14)其他重大交易或者事项,包括重大的长期资产转让及其出售情况、重大的固定资产和无形资产取得情况、重大的研究和开发支出、重大的资产减值损失情况等。

企业在披露中期财务报告附注信息时,应注意以下两点:

第一,凡涉及有关数据的,应当同时提供本中期(或者本中期末)和本年初至本期末的数据,以及上年度可比中期(或者可比期末)和可比年初至可比中期末的比较数据,例如上述第(5)条有关关联方交易的信息和第(10)条分部收入与分部利润(亏损)信息等。

第二,在同一会计年度内,如果以前中期财务报告中的某项估计金额在最后一个中期发生了重大变更,而且企业又不单独编制该最后中期的财务报告,企业应当在年度财务报告的附注中披露该项会计估计变更的内容、原因及影响金额。例如,某公司需要编制季度财务报告,但不需单独编制第4季度财务报告。假设该公司在第4季度里,对第1、2或者第3季度财务报表中所采用的会计估计(如固定资产折旧年限、资产减值、预计负债等估计)做了重大变更,则需要在其年度财务报告附注中,按照《企业会计准则第28号——会计政策、会计估计变更和差错更正》的规定,披露该项会计估计变更的内容、原因及影响金额。同样,假如一家公司需要编制半年度财务报告,但不单独编制下半年度财务报告,如果该公司对于上半年度财务报告中所采用的会计估计在下半年做了重大变更,应当在其年度财务报告的附注中予以说明。

本章小结

分部报告是企业以经营分部为财务报告对象,分别报告企业各个经营部门(经营分部)的资产、负债、收入、费用、利润等财务信息的财务报告。报告分部是在分部报告中单独披露其财务信息的经营分部。因此,要确定企业的报告分部,首先要确定企业的经营分部。经营分部是企业确认分部报告中的报告分部的基础。企业通常能够合并的经营分部包括:单项产品或劳务性质相同或相似的经营分部;生产过程的性质相同或相似的经营分部;产品或劳务的客户类型相同或相似的经营分部;销售产品或提供劳务的方式相同或相似的经营分部;生产产品或提供劳务受法律、行政法规的影响相同或相似的经营分部。

通常情况下,符合重要性标准的经营分部才能确定为报告分部。根据分部报告准则的规定,判断经营分部是否重要的标准主要有以下三个,满足三者中任意一条标准,都被认为是重要分部,并应确定为报告分部:分部收入占所有分部收入合计的10%或者以上的经营分部;分部利润(亏损)的绝对额占所有盈利分部利润合计数或者所有亏损分部亏损合计数的绝对额两者中较大者的10%或者以上的经营分部;分部资产占所有分部资产合计额的10%或者以上的经营分部。

分部报告按报告的形式分为主要报告形式和次要报告形式。所谓主要报告形式,是指按规定应当披露较为详细的分部信息的报告形式;次要报告形式则是指可以披露较为简化的分部信息的报告形式。企业可以采用其中之一进行报告。

中期财务报告是以中期为基础编制的财务报告。中期财务报告至少应当包括以下几部分:资产负债表;利润表;现金流量表;附注。与年报类似,中期财务报表也分为母公司个别财务报表和企业集团合并财务报表。企业在编制中期财务报告时,应当遵守基本准则中的相关原则,尤其要遵守一致性、重要性和及时性的原则。

中期财务报告会计确认与计量应遵循以下基本原则:与年度财务报告相一致的会计确认与计量原则;以年初至本中期末为基础的计量原则;会计政策应当与年度财务报告相一致的原则;中期财务报告会计估计变更的处理原则。企业在中期财务报告中提供的中期财务报表(包括母公司单独报表和合并财务报表)必须是比较中期财务报表,要求同时提供可比上期及本中期的相关财务信息。中期财务报告附注是对中期资产负债表、利润表、现金流量表等报表中项目的文字描述或明细阐述以及对未能在这些报表中列示项目的说明等,其目的是使中期财务报告信息对会计信息使用者的决策更加有用。

思政园地

《中华人民共和国证券法》完善了我国会计信息披露制度

2019年12月28日,第十三届全国人大常委会第十五次会议审议通过了修订后的《中华人民共和国证券法》(以下简称"新《证券法》"),已于2020年3月1日起施行。新《证券法》第五章新设"信息披露"专章,以专章规定形式进一步强化信息披露要求,更加系统、明确地凸显了信息披露的重要性。

新《证券法》设专章规定信息披露制度,系统完善了信息披露制度,包括:扩大信息披露义务人的范围;完善信息披露的内容;强调应当充分披露投资者做出价值判断和投资决策所必需的信息;规范信息披露义务人的自愿披露行为;明确上市公司收购人应当披露增持股份的资金来源;确立发行人及其控股股东、实际控制人、董事、监事、高级管理人员等公开承诺的信息披露制度等。新《证券法》大幅提高了对于上市公司信息披露违法行为的处罚力度,从原来最高可处以六十万元罚款,提高至一千万元。

思考题

1.什么是分部报告? 其编制的意义是什么?

2.报告分部确定的方法有哪些?

3.什么是中期财务报告? 中期财务报告的基本构成有哪些?

4.中期财务报告会计确认与计量的原则有哪些?

练习题

1.A公司生产家用电器,其总部在北京市,产品主要销往全国各地,在上海、辽宁、陕西、浙江均设有项目部,各项目部2022年有关财务信息如表10-5所示。

表 10-5　分部资料

单位:万元

项目	上海	辽宁	陕西	浙江	合计
营业收入	300	200	600	400	1 500
对外交易收入	200	200	500	350	1 250
分部间交易收入	100	0	100	50	250
……					
营业利润	50	(10)	200	(40)	200

要求:根据其经营分部情况计算确定其报告分部。

2.某公司于 2021 年 9 月 10 日利用专门借款开工建造一项固定资产。2022 年 3 月 1 日,该项固定资产建造工程由于资金周转发生困难而停工。公司预计在 1 个月内可解决资金周转困难问题,工程可以重新施工。事实上该公司于 2022 年 6 月 15 日获得专门借款,工程才重新开工。

问题:该公司在编制 2022 年第 2 季度财务报告时,对于借款费用该如何反映?

3.E 公司为一家水果生产和销售企业,一般提供季度财务报告,其收获和销售水果主要集中在每年的第 3 季度。该公司在 2021 年 1 月 1 日至 9 月 30 日间累计实现净利润 400 万元,其中第 1 季度发生亏损 1 400 万元,第 2 季度发生亏损 1 200 万元,第 3 季度实现净利润 3 000 万元。第 3 季度末的存货(库存水果)为 50 万元,由于过了销售旺季,可变现净值已经远低于账面价值,E 公司确认了存货跌价损失 40 万元。

问题:E 公司在季度报告附注中应如何披露该事项?

参 考 文 献

[1] 中华人民共和国财政部.企业会计准则(2023 年版)[M].上海:立信会计出版社,2023.

[2] 中华人民共和国财政部.企业会计准则应用指南(2023 年版)[M].上海:立信会计出版社,2023.

[3] 裴仁斯,姜森,弗拜尔,等.国际财务报告准则:阐释与应用[M].王煦逸,译.3 版.上海:上海财经大学出版社,2019.

[4] 中国注册会计师协会.会计[M].北京:中国财政经济出版社,2023.

[5] 刘永泽,傅荣.高级财务会计[M].7 版.大连:东北财经大学出版社,2021.

[6] 黄中生,路国平.高级财务会计[M].3 版.北京:高等教育出版社,2021.

[7] 王竹泉,王苷,高芳.高级财务会计[M].3 版.大连:东北财经大学出版社,2018.

[8] 耿建新,戴德明.高级会计学[M].8 版.北京:中国人民大学出版社,2019.